呉敬璉、中国経済改革への道

呉敬璉 [著]
バリー・ノートン [編・解説]
曽根康雄 [監訳]

*叢書《制度を考える》

NTT出版

WU JINGLIAN: Voice of Reform in China
by edited by Barry Naughton
Copyright©2013 Massachusetts Institute of Technology

Japanese translation published by arrangement with The
MIT Press through The English Agency (Japan) Ltd.

日本語版刊行によせて

　本書『呉敬璉，中国経済改革への道』は，現在中国で最も精力的に活躍し，かつ尊敬を集めている経済学者の，日本の読者にとっても待ち望まれた論集である．だが，それは権威あるとは言え一学者の，通り一遍の論集ではない．編者のバリー・ノートン・カリフォルニア大学教授は，160以上に及ぶ論文を収めた『呉敬璉文集：上・中・下』その他から27編（本日本語版では17編）のエッセイ・論文を選択・翻訳・配列し，邦訳で80ページにも及ぶイントロダクション・解説を加えるという仕事を成し遂げた．同教授は，その卓抜した語学力を駆使した日常観察とデータ・政策の鋭利な分析によって，中国経済に関わる最も権威ある学者の一人として国際的な地位をつとに確立している．それだけに，同教授の考え抜かれた編集設計と，収録論文それぞれの背景にかんする洞察力に満ちた解説には，呉教授を主役とした現代中国のヴィヴィッドな物語という趣がある．

　ノートン教授の編集は，呉教授の果たす四つの役割を鮮明に浮かび上がらせる．第1に，革命前夜から現在にわたり，両親，先輩，友人たちとともに，民主，公正，豊かな中国にむけて行ってきた「愛国的」な志；第2に制度転換の如何を模索する政治指導者たちにたいして，計画経済から市場経済への転移という基本的なアイディアを提供し（80年代），さらにそれに続く包括的な経済改革プランの実際的，具体的な作成過程で指導的役割を果すという，政策的な貢献（90年代）；第3に，2000年代の中国に登場してくるマス・メディアやソーシャル・ネットワークなどの公共言論領域において，腐敗・権威主義の復活・改革停滞などにたいし，勇気に満ちた警告を発する「スーパー・スター的」な活躍；そして第4に周小川（現中国人民銀行総裁），楼継偉（現財政部長）などの経済テクノクラートたちに対するメンタリングと学生・政策当局者・経済ジャーナリストなどにとって

いまや必読書となった教科書（『当代中国経済改革教程』）の執筆と次世代の教育，それに外国経済学者たちとの中国内外における交流（国際経済学会への名誉会長への選出に象徴される）など，グローバルな経済学コミュニティの建設にむけての貢献である．

ノートン教授のイントロダクションは，そうした呉教授個人の多面的な活躍とその周辺を辿りつつ，中国の政策形成メカニズムの機微，そこにおける経済学者たちのインサイダーかつアウトサイダーとしての二重の役割を具体的に描き出して誠に興味深い．それ自体深みのある中国政治経済論として読むことができよう．ノートン教授の仕事に深い敬意を表すとともに，経済学を越えて，中国に関心を持つ幅広い読者に本書を推挙したい．

最後に，私事にわたり恐縮であるが，呉教授に初めてお目にかかったのは，スタンフォード大学に教授が数ヶ月滞在されていた20数年前にもなる．以来，中国経済改革の国際的な政策研究会として今やレジェンドともなった京倫経済改革フォーラム（1984年）や同教授の80歳祝賀国際コンファレンスなど，数々の会合，研究会に同席させていただく機会に恵まれた．またここ十年ほどの間は，教授と共に，トヨタ自動車の中国における社会貢献活動の援助を受けて，清華大学に「産業発展・環境治理センター」の創設を企画し，設立後はその学術委員会の共同主席として活動することにもなった．そうした数々の機会を通して，教授の深い学識，高潔な人格，弛むことのない改革と教育・研究への献身と熱情に常に心を打たれるのであるが，ノートン教授のまたとない編集と解説により，そうした国際的にも稀有の経済学者のあり方が，本書の読者と共有できることになったのは，誠にうれしい．

最後に，中文，英文の双方にわたって注意深い翻訳にかかわられた曽根康雄教授をリーダーとする翻訳者の方々に，叢書《制度を考える》シリーズの監修者として篤い感謝の意を表したい．

青木昌彦
2015年2月1日
スタンフォードにて

目次

日本語版刊行によせて（青木昌彦） ——————————— i

序論（バリー・ノートン） ————————————————— 1

第1部　現在の課題：中国の改革からどのような21世紀型経済が現れるのか？

編者による解説：直面する課題に取り組む ——————————— 21
1 改革の再生に向けて——呉敬璉へのインタビュー ——————— 31
2 中国経済改革30年の制度的思考 ————————————— 59
3 改革をめぐる三つの社会勢力のスタンスに関する分析 ———— 101
4 過大な所得格差の問題への適切な対処 ————————— 107
5 なぜ中国で腐敗が蔓延するのか ————————————— 113
6 「大国の台頭」に見る各国の富強への道 ————————— 129

第2部　自叙伝：社会的に献身した知識人コミュニティーの数世代に跨る歴史

編者による解説：自叙伝のはしがき ——————————— 145
7 企業家精神で人生の理想を追い求める：母への追憶 ———— 169
8 私の経済観の背景——中国経済の振興は市場志向の改革にかかっている
　———————————————————————————— 175
9 顧準との親交 ———————————————————— 185
10 経済観の新たな段階へ ———————————————— 197

第3部 中国の経済改革を設計する

編者による解説：改革の政策アドバイザーとしての経済学者 ——— 213
11 経済体制中期（1988-1995）改革計画綱要 ——— 241
12 短・中期経済体制改革の包括的設計 ——— 247

第4部 改革アジェンダを拡大する

編者による解説：言論人となる ——— 259
13 わが国の証券市場構築の大計 ——— 265
14 株式市場の何が問題なのか ——— 287
15 企業における党組織の役割の改善 ——— 309
16 公開・透明で責任を問えるサービス型政府の構築 ——— 315
17 憲法改正と憲政実施の要点 ——— 323

監訳者あとがき ——— 329
関連年表 ——— 334
原著対照表 ——— 338
事項索引 ——— 345
人名索引 ——— 349

凡例
・〔 〕で括られたものは，訳者による注記．
・原著（英語版）の章番号については，「文献 n」と表記し，本書に未収録のものには「*」マークをつけた．本書における章番号とタイトルについては，巻末の対照表を参照のこと．
・中国語の表記・表現について，簡体字は基本的に日本語の漢字に置き換えた．

序論

バリー・ノートン

　呉敬璉は，中国で最も影響力をもつ著名な経済学者として広く知られている．呉は，30年以上にわたり中国における経済分野の論争や議論への積極的な参加者として，その知的独立性，個人としての誠実さ，そして改革過程への深い関与の点ですでに畏敬の念を得ている．いくつかの決定的な局面において，呉敬璉によるインプットが中国の経済政策を直接的に形作り，それが中国の走るレールを変更し，急速な発展に寄与した．呉は中国で最も影響力のある「言論人」（public intellectuals）の一人として一般に認識されており，例えば，新世紀の最も影響力のある言論人50人のリストのうち6人の経済学者の一人に数えられている[1]．

　呉敬璉の"資質"には，もはや疑いの余地はない．問題となるのは，彼の知的かつ歴史的重要性をどのように位置付けるかである．呉敬璉の果たした全ての貢献を定義する手助けとして，彼の果たした4つの役割に注目することができるだろう．第一に，1970年代末の改革過程の初期段階，中国が文化大革命による知的荒廃から立ち直ったばかりの時期に，呉敬璉は市場経済がいかに機能しているかを学び理解しようとした最初の中国人学者の小さなグループの一員であった．呉敬璉は50歳のときに，10代の頃から彼の知的な世界観を形成していたマルクス主義の概念に別れを告げ，一から勉強をするために文字通り大学に通い直した．そして，中国の市場経済への移行に関するシンプルだが強力かつ有用なアイデアを携えて戻っ

てきた．その後の30年間，彼は経済学の重要な概念——レント・シーキング（rent-seeking）^{訳注1}，コーポレート・ガバナンス，縁故資本主義（クローニー・キャピタリズム）——を中国の知的文脈の中で適切に紹介することに成功し，それによって一般レベルにおいても専門レベルにおいても中国の論説を一変させた．

　第二に，呉敬璉は経済学的なアイデアを実践的な政策提言へと変換し，それらの提言を中国の最高指導者，とりわけ首相であった趙紫陽（1980年代）や朱鎔基（1990年代）の机の上に載せたことである．呉敬璉は学者であり知識人であるにもかかわらず，彼の最大の貢献が政策アドバイザーとしてのものであったことは多くの人々が認めるところである．呉の政策提言は実践的であり，採択された政策は十分な成功を収めた．さらに，呉敬璉は彼自身の政策提言のために戦い，他の多くの有害な提言や退行的な意見と戦った．それゆえに，呉の政策インパクトには2つの側面がある．一つは精緻に設計された効果的な政策を提案したことであり，いま一つは退行的または場当たり的なアプローチに抗して，明確かつ整合性のとれた市場志向の改革を力強く主張したことである．もちろん，呉敬璉は多くの発言者や政策助言者のうちの一人に過ぎず，全ての政策論争で彼の主張が通った訳ではない．しかし，呉敬璉によるインプットが中国における政策の結果の質を著しく引き上げ，初期の20年間の経済改革の成功に重大な貢献を果たしたことは明らかである．

　第三に，1990年代およびそれ以降，インターネットの普及と意見表出手段の多様化により中国で公共の空間が開放されるにつれ，呉敬璉は市場改革を一貫して標榜するとともに，社会的な公平と法の支配に裏打ちされた公正な社会のために戦う著名な言論人として脚光を浴びた．この役割において，彼は広範な大衆に認知され，中国に多様性のある理にかなった公共領域を出現させることに貢献した．呉は，誠実で，慎み深く，中立的な社会評論家として卓越した存在となった．多くの自由市場の唱道者が，市場化の進行過程で物質的な恩恵を受けているとみられた中で，呉はその清廉性とともに，汚職・腐敗行為を糾弾することをいとわない者として広く認められた．個人的な尊厳に加え，公正な社会の実現への深い取り組みが，

様々な問題に対する信頼性の高い発言者としての呉敬璉を形作った．

　第四に，呉敬璉は中国における市場志向の経済学者のコミュニティーの出現を導いた．呉は，市場を基盤とする洗練された経済システムの確立に膨大な貢献を果たすことになる，中国において最も重要な経済学者・テクノクラート集団の知的発展に寄与した．2011年に中国証券監督管理委員会主任に任命された郭樹清〔現・山東省省長〕を含む数人は，個人的に呉敬璉の教え子である．しかし，市場志向の学者・テクノクラートのコミュニティーは，直接の教え子を超えて広がっている．何人かの名前を挙げれば，中国の中央銀行行長（総裁）の周小川，財政部副部長から後に中国のソブリン・ウェルス・ファンド〔中国投資責任有限公司〕董事長兼CEOとなった楼継偉〔現・財政部長〕の両人は，明らかに呉敬璉が育てた人物であり，呉のもつ幅広い知識人ネットワークの一部であるとみなされる．朱鎔基が経済政策を担っていた1990年代，このコミュニティーに属する多くの学者が政策決定の要所に抜擢され，彼らの影響は今日（2012年）まで続いている．ここで断っておかなければならないのは，（知的なものであれ何であれ）派閥あるいは学派の形成について論じているのではないということである．呉は，経済学を科学として扱っている．すなわち，一流の経済学者の挑戦とは，経済学の基本的な原則を，多様性を有する実際的な状況に対して効果的に適用することである．したがって，呉敬璉には学派を形成するつもりはない．むしろ彼は，中国における経済学的論法と議論の水準を引き上げることを目指している．呉敬璉が単純に知識人の派閥を形成したのであれば，経済学コミュニティーの広い領域における呉の影響力は，より幅広く強力なものとなったであろう．そうではなく，呉敬璉は，広範囲におよぶ経済的・社会的分析をサポートするための知的なコミュニティーを育成するために主導的に動いてきた．つまるところ，呉敬璉は教師であり知識人である．彼が仲間から常に「呉老師（先生）」と称されることが，それを物語っている．

　これらの4つの役割のうちのいずれをとってみても，歴史書の中で言及されることは間違いない．そして，これらは一体となって呉の歴史的な重要性を保証するものとなる．呉敬璉という人物が果たした多様な役割ゆえ

に，彼のたどった人生や彼自身の人間性を考察することは，楽しみでもあり，また価値あることになるのである．本書の目的の一つは，呉敬璉個人の知的な進化の過程を読者とともにたどることである．なぜなら，それ自体が，呉の地位や影響力と同じくらい興味深いことだからである．呉の業績や個人的な経験は，中国の経済的変化の過程を解明する手助けとなるだけではなく，毛沢東主義のイデオロギー的動員からより開放的で多様性のある（しかし完全に自由になった訳ではない）知識人社会における，中国の知識人たちの立ち位置と苦境を照射するものでもある．

　それとともに，ある人物が果たした役割の多面性は，その人物を理解し，その人物に近づく上での挑戦にもなり得る．呉敬璉は体制側の人物（インサイダー）であるのか，それとも体制外の人物（アウトサイダー）であるのか？　言うまでもなく，呉敬璉は名実ともに権力機構の一員であり，数知れない肩書きをもち，栄誉に与る主流派の経済学者である．改革派が政府の主要ポストを占めた重要な時期，呉は特定の改革政策の背後で知的な推進力となったがゆえに，少なくとも権力機構の一角を占める知識人とみなされていた．一方で，呉敬璉は，中国の経済的，政治的，社会的システムに対し，独立的な立場で批判的な態度を維持してきた．際立って誠実であると同時に率直にものを言う性格ゆえに，呉は，市場志向の改革陣営の旗手として，また，多岐にわたる社会的・政治的改革と法の支配を含む市場改革への，実にあらゆる分野を包含する広範なアプローチのための集結拠点の役割を果たした．改革の旗手としての役割を如実に物語る最近の例は，2012年9月に呉敬璉が改革志向の重要な経済誌である『財経』の表紙を飾り，経済改革アジェンダの再開を訴えたことである[2]．中国共産党第18回全国代表大会を前にして，同大会への影響力を行使するために計算されたタイミングで行われた，〔市場志向の経済学者たちへの〕召集令状に相当するものであったことは疑いの余地がない．呉敬璉はインサイダーでもあり，アウトサイダーでもあるのだ．

　呉の果たしてきた多様な役割の中で，彼はときに緊張の中に置かれることもあれば，そうでないときもある．呉は学者であり，政府の役人ではない．もちろん，政府が創設し最大のスポンサーとなっている研究所におい

て学者としてのキャリアを積んできたという意味で，彼は政府のために働いている．しかし，それらは学術的な研究所であって，呉が日常業務として政策立案を行っている訳ではない．呉は，中国の官僚システムが依拠する政策文書を日常的に起草している訳ではない．もっとも，例外的に呉のアプローチに説得された政府のトップ指導者が，呉に対して彼のもつ一般的なアイデアを具体的な構想に変換するように求めたことはあった．こうして，1980年代の一時期，呉はほぼ政府官僚として特定の政策プログラムのため懸命に働いた．しかし，そのプロジェクトが終了すると，呉は学者に戻り，自らの信じる変革を「アウトサイダー」の立場から唱道した．この学者であり役人ではないという立場が，呉の独立性（中立性）を説明する手助けとなる．政策決定者が呉のアイデアの追求に興味があるときには，彼らは呉を権力の中枢に招き，そうでないときには彼は招かれない．彼自身は変わらない〔ブレない〕．そのことが，彼の名声の基となっている独立性を維持させているのである．言論人としての彼の資質は，この独立性という評判に間違いなく依存しており，その評判がなければ彼は即座に聴衆の信任を失うことになる．

　このように時に応じて体制内・体制外といった具合に立場を転換することを容認できる点が，中国のシステムの強みである．これを容認できなければ，権威主義的なシステムは融通が利かず，失政が起きやすいものとなり，共産党による支配はより独断的なものとなるであろう．そのような意味で，呉敬璉は，中国が過去30年間にわたり掘り出してきた並外れた資源と言え，公的に献身した知識人の代表と言える．呉の目指すところは，違いを明確にすること，中国を後進性から抜け出させること，そして〔自身の知識と能力を〕実践的に用いることによって中国人民の大多数にとって有益で優れた社会・経済システムを作り上げることである．その願望は，目前の苦境，自らに課せられた責任，崇高な理念を実践的な行動に転換することの困難と格闘してきた中国の知識人が，数世代にわたって等しくもち続けてきたことである．我々は中国の個々の知識人を改革派，反体制派，「新左派」，「体制派知識人」などとレッテルを貼って，相互に排他的で論争的な集団に分類しがちであるが，彼らの多くは，この公的な責任という

共通の感覚を分かち合っているのである[3]．

　呉敬璉は，彼自身の理念を，現実世界に重大な効果をもたらす特定の政策や新制度に変換する機会を，他の多くの知識人よりも一層多く持ち合わせていたという点で抜きん出ている．呉が経済学者であったがゆえに，他の知識人よりも，それが容易であったのかもしれない．体制側は，テクノクラートとしての助言に基づいて経済学者を評価する．その助言は，より良い経済パフォーマンス，ひいては強大で豊かな中国の出現にとって決定的なものとなる．中国の経済学者たちは，言論界においては，米国におけるよりもはるかに重要な集団（vital group）である．経済学者は非常に大きな発言力を有している．彼らはテレビに登場し，定期的に新聞のインタビューに応じる．実のところ，数名の経済学者とメディアとの関係は驚くほど個人的なもので，親密ともいうべきものである．呉敬璉は，中国における少数の「スーパースター」経済学者の一人なのである．

様々な影響力

　呉敬璉のような知識人は，現代中国においてどのような影響をおよぼすのか？　その影響力とは，中国にとって何を意味するのか？　階層的かつ権威主義的な政治システムの中で，一個人がいかにして影響力を行使するのか？　影響力を3つのタイプまたはレベルに区別することで，我々はその答えを見出すことができよう．第一に，最高指導者の机の上に手紙や政策に関する文書を置くことができれば，一個人たりとも影響力をもつことができる．これは，いかなるシステムのもとでも一定の真実である．強大な権力をもつ人物があなたのかけた電話をとるならば，あなたは影響力をもっている．中国のシステムのもとでは，この過程は部分的に制度化されている．国務院総理（首相）のような最高指導者は，膨大な量の書類を処理する複数の「秘書」をもつ．秘書たち（当然ながら，彼らは自分の上司と互いに影響し合う）は，どの文書が指導者の注意を惹くものであるかを決定する．指導者がある文書を承認すれば，彼は筆またはボールペンで読了印を付し，文書の内容が気に入った場合には，ある種のフォローアップを指示する短いコメント（中国語で「批示」）を加筆するかもしれない．中国

の政策過程を丹念に追っている研究者であれば，トップクラスの科学者や政治家，経営者が最高指導者に注意を惹かせ政策課題として取り上げてもらうために，一つの文書を提出したという重要な事例を何十も挙げることができよう[4]．30年間にわたり，呉敬璉は政策に関する文書を3人の総理（首相）――1980年代の趙紫陽，1990年代の朱鎔基，2003年以降の温家宝――の机の上に置くことができた（文献21[*]を参照）．そうした能力をもっているがゆえに，人々は呉敬璉の話に耳を傾けるのであり，また，呉自身も政策課題を作成し，ある問題への新たなアプローチを案出することができるのである．実のところ，政策への見通しが立たない場合や，問題を規定し政策を策定する上で代替的な強調点や公式化が結果を左右しうる場合，この手の影響力は非常に重宝される．

この課題設定過程では，政治家と官僚が特定の政策を練り上げるのではなく，むしろ彼らが政策へのアプローチを叩き出すのを助けるために，しばしば「インフォーマル」でありながら組織的な討論会が開かれる場合がある．例えば，天安門事件の後，エリート政治は強力な反動的傾向に晒されていたが，最高指導者たちは，そうした討論会を何度か開き，経済学者や政治家が中国経済の向かっている方向について熱い議論を交わした（文献17[*]）．後に，より協調的な環境のもとで，朱鎔基（元首相）は時折北京の経済学者たちのグループと討論会をもち，当面の経済状況を検討し政策オプションの探求を行った．

第二のタイプの影響力は，ある個人の政策に対する最大の直接的特徴が発揮され，彼または彼女が特定の政策を立案するための作業グループに組み込まれるときである．中国政府は，正式な政策文書の草案作成のための作業グループを経常的に招集している．起草過程の管理は，最終的な政策結果にとって決定的なものであり，最高指導者はこれらの作業グループのメンバーとして「適切な」人材を慎重に指名する．起草作業は，通常は特定の官僚組織の中で進められる．ある官僚組織が自身の組織や官僚制一般の利益を守るために政策を策定するのは自然なことであるがゆえに，通常は保守的な政策が策定される．これはシステム上の重要な特徴の一つである．しかしながら，例外的に，中国の指導部は通常の官僚的な行為を打ち

破ることがある．中国の経済改革過程のいくつかの決定的な局面において，政策起草作業は相対的に独立したグループ，とりわけ独立性の高い「アウトサイダー」が参画した「部門横断的」なグループに委ねられた．これらの中で最も重要なグループの一つが，統合的な改革プログラム（an integrated reform program）を起草するために1986年に創設された国務院経済体制改革方案検討小組弁公室（中国語の略称は「方案弁」）である（第11章，文献16*を参照）．それ以降，特定の政策を練り上げるフォーマルな作業グループへの呉敬璉の関与は少なくなったが，引き続きセミフォーマルな顧問委員会への奉職は続いている．それらの中には，第11次5ヵ年計画専門家顧問小組（呉は共同議長）や国家情報化専門家諮問委員会が含まれる．呉の政策過程へのフォーマルな関与によって作成された論文は，本書の第3部に収録している[訳注2]．

　第三に，ある個人は，広範な聴衆への働き掛けによって影響力をもつことができる．呉敬璉は経済学者の政策コミュニティー全体に発信し，前述したように，学者・テクノクラートを問わず若手のエコノミスト集団の教育・育成を通じて多大な影響力を有してきた．1990年代半ば以降，部分的にせよ独立した印刷メディアが（とくにビジネスと経済分野において）激増し，呉敬璉のような個人が言論人として影響力をもつことになった．新世紀に入る頃からは，新しいメディアの中でも最も重要性の高いインターネットが爆発的に広がり，今日ではツイッターのようなマイクロブログである「微博」によって，公共領域がさらに拡大している．これらの政治的・技術的な変化は，呉の幅広い大衆への影響力を拡大し，さらに呉が経済学と社会的・政治的・法的な問題の境界を越えることをも許すことになった．こうした広範な聴衆を対象にした呉の業績は，本書の第1部と第4部に収録してある．

経済学的なテーマ

　本書が網羅している時期の呉敬璉は，マルクス主義経済学に見切りをつけ，経済の高成長と市場化に伴い急激に拡大していく問題群に近代経済学的な分析を応用し始めた．途絶えることのない劇的な変化にもかかわらず，

呉の業績には長期にわたりそれを特徴づける一定の変わらぬテーマがある．最も重要な4つのテーマは以下の通りである．

1．あるシステムの制度的な特徴が資源配分のパターンを基本的に決定し，結果として発展戦略を決定する．経済システムは，相当な規模で経済構造を決定する．マルクス主義経済学者であったときにおいても，呉敬璉は経済制度が資源配分のパターンに影響することを強調していた．最も早い時期（1980年）の著作（文献12*）は，まさにこの点を突いたものである．改革初期に誰もが認める目標となった中国経済の不均衡の是正のためには，根本的な制度の問題からまず取り組まなければならない，という点である．急速に発展した25年間を経て，2005年の第11次5ヵ年計画（あるいは1995年の第9次5ヵ年計画）以降，中国の指導者は「経済発展方式」を資源集約型から知識集約型へと転換することの必要性を改めて認識した（実際に，政府がこうした発展目標を認識し高次の政策へと引き上げるに当たって，呉敬璉は重要な役割を果たした）．しかし，経済戦略の転換に対する最高指導部の支持があったにもかかわらず，中国の成長は依然として不均衡であり，成長が投資，建設，輸出に過度に依存するという構造に大きな変化はない．今日，発展方式を規定するシステムおよび制度上の変化の必要性を，呉敬璉は再度強調している．このテーマは，初期から現在に至るまでの呉の業績を特徴づけるものであり，本書に収録したほぼ全ての業績の中に多かれ少なかれ見出すことができる．

2．経済的な歪みによる弊害，および政策決定者がそうした歪みに焦点を当てそれを減じる政策を講じることの必要性を，呉敬璉は常に強調してきた．相対的な供給不足から完全に逸脱しているような固定価格，生産関係の歪みを増幅させる参入規制は，経済に極めて大きな損害をもたらす．それらはインセンティブを歪め，非効率な行為，最適とは言えない行為を招く．一方で，そうした歪みはレント（超過利潤）を生み出し，腐敗やレント・シーキング行為を招く．経済的歪みによって，まず効率が低下し，次に改革過程に対する嫌悪感が醸成される．したがって，歪みを軽減する取り組みを欠いたままで市場化を推し進めることは危険である．こうした議論は，呉敬璉の業績全てを貫くものである．こうした視点があったから

こそ，1980年代に呉は，価格・税制関係の初歩的調整および強力なインセンティブと市場化を伴う「統合的な改革」(integrated reform)の擁護者となったのである．そうした視点ゆえに，2000年代以降も，呉は政府による介入の副作用を強調している．政府の介入は，経済を歪め，腐敗を生み出し，さらに，腐敗への嫌悪感から市場化プロセスに対する抵抗を生み出すことになる．

3．呉敬璉は一貫してインフレ的な成長に固執するという誘惑に異を唱えている．この考え方は，一つには，毛沢東時代に経済がどのようにして悪化したかという分析から導かれたものである．毛沢東的動員の局面では，経済・社会は初期的に成功を収めるが，大躍進のケースに顕著にみられるように，決まって悲惨なる経済の縮小と崩壊を招いた．これと同様の景気循環パターンは，異なる形であるにせよ，引き続き多くの場面で改革期を特徴づけるものとなった．規制緩和(「放」)の局面では，成長とさらなる変化への楽観主義を初歩的に生み出し，分権化と市場化が進められる．しかし，〔その結果生じる〕不均衡，インフレ，その他の歪みによって，ついには損失への対応，幻滅，そして管理強化(「収」)へと行き着く．過去において大衆動員的な経済サイクルに抵抗すべきであったのと同様に，今日においても，持続不可能な高速のインフレ的な成長への誘惑に抵抗することは重要である．歪みを軽減し，安定的な市場条件を創り，低速ではあるが堅実な成長と市場化を進めることに焦点を当てる方がはるかに良い．呉の強調する経済的な歪みの軽減と，呉が反対するインフレの成長や過度に拡張的なマクロ経済政策との間には，密接な関係がある．

4．1970年代末以来，呉敬璉の論文で絶えず繰り返されるテーマは，はっきりとした法的ルールに基づく広範囲の市場改革の実行である．中国における肯定的な社会変動の根本的な前提条件は，公平公正な市場経済を生み出すための制度的改善と一体となった市場化の進展である．

これらのテーマは，極めて明確かつ一貫したヴィジョンの上に展開されている．呉敬璉は常に全体像をもっている．そして，幅広い社会的・経済的目標を達成するため，必ずと言ってよい程，包括的なアプローチ(comprehensive approach)を唱道する．

呉の包括的な視点および制度に対する執着は，中国においてイデオロギー的に彼に反対する者がしばしば「新自由主義」と呼び，我々がより単純化した形で「市場原理主義」と称するものを，彼が超越していることを意味する．市場原理主義とは，市場の自由化および民営化や私有制の促進の必要に圧倒的な重点を置く主流派経済学の解釈のことを言う．1980〜90年代において，市場原理主義が世界的な経済パフォーマンスの好転に寄与した実績はなく，ラテンアメリカやヨーロッパでは「新自由主義」という用語は不名誉なものとなった．それは，現在の中国においても同様である．呉は，こと中国的文脈においては疑いなく市場経済に親和的である．しかし，彼は市場原理主義者ではない．経済的取引は，アクターのインセンティブを形成する制度的文脈に複雑な形で埋め込まれている．このことを認識しているからこそ，呉のアプローチに従う分析者は，いかなる政策措置についてもその文脈的な要件を強調するのである．呉が繰り返し強調するのは，単純に「市場のマジック」に依存するのではなく，まず最も重要性の高い目先の歪みを軽減するような政策を採用する（および制度を適合させる）ことである．皮肉なことに，今日，新左派の面々は，呉敬璉のことを主流派経済学者ではない（これは正しい）と言うだけでなく「新自由主義の経済学者」である（これは正しくない）と言って糾弾している．

本書の構成

　本書は全4部で構成されており，各部の冒頭に編者による解説を付した．4部の順番は，単純な時系列とはなっていない．第1部は，2012年1月に行った呉敬璉へのインタビューに始まり，呉の最近の論文数編から構成されている．これらの論文は，中国が2010年代に直面している最も重要な経済問題を扱ったものである．それらは紛れもなく今日の中国に関連するものであるが，同時に，2010年1月26日に80歳の誕生日を迎えた呉敬璉が，それまでの50年間と同様に，今もなお中国の経済政策とそれに関連する議論に重要な貢献を果たし続けているという驚くべき事実を反映するものでもある．さらに，これらの論文は，過去の改革の意義と将来の適切な方向性に関して，現在進行している中国における議論の一部である．

1990年代の重要な経済改革が完成して以降,中国では大きく2つのオピニオン集団が別々に存在してきた.一つはしばしば「新左派」と呼ばれるもので,彼らは,所得の二極化や腐敗といった中国の社会問題は市場志向に偏った改革によるものだとしている.いま一つは,呉敬璉に代表されるもので,さらなる市場化改革と制度的発展が中国の抱える問題を最適に解決するのであり,それによって中国はより公平公正で腐敗のない,法が支配する社会になると信じるグループである.

本書の第2部は,呉敬璉の伝記の形をとっている.その目的は,呉敬璉の人生を個人的,政治的,歴史的な文脈の中に投影することであり,解説として短い伝記を付した.ここでは,中国の数世代に跨る知識人コミュニティーの一員としての呉敬璉の貢献にスポットを当てた.第2部は,20世紀の初め頃まで一気に時間を遡り,呉敬璉の両親および祖父母への追想から始めている.そして,その時点以降の毛沢東主義・文化大革命のもとでの呉の体験をたどり,改革期へと入っていく.文化大革命期の呉の体験は,強烈な個性をもった顧準という人物との友情を回顧する形で描かれる.顧準は,予見力に富む知性と一徹な性格を持ち合わせ,その正直さと洞察力ゆえに大きな苦しみを受けることになった.顧準の影響により,呉敬璉の鑑識眼は刺激され,呉が改革期の中国で果たす役割を準備することになった.

第3部は,1980年代と90年代の経済改革過程における呉敬璉の実践的・知的な貢献に焦点を当てている.第3部の論文の殆どは,政策決定者または他の政策アドバイザーといった限られた人々のために執筆されたものである.ある意味で,第3部は本書の中で最も堅い部分である.第3部の論文は経済学に最大の焦点を当て,かつ,極めて特定の文脈の中で執筆されたものである.その特異な領域を見れば,中国が採った改革の経路は呉敬璉が作り上げたものである,と掛け値なしに言うことができる.学術的な役割から踏み出し政策アドバイザーとなった1980年代半ば以降,呉敬璉は具体的な政策手段を提言し,さらに中国の最高政策決定者によって受け入れられ完全ではないにせよ採用された改革過程の全体的な方向付けを提言した.この過程における最も重要な出来事は,1980年代半ばに経

済改革の統合的アプローチを設計するため，呉が研究チームを組織したこと，その時点では彼らのアプローチは採用されなかったこと，しかし，1993年以降に彼らの改革プログラムの多くの要素が最終的に採用されたこと，である．これらは歴史的に極めて重要な論文および出来事であり，中国の改革過程を研究する研究者および歴史家が用いるべき資料であり参考文献である〔訳注2を参照〕．

　もっとも，本書のこの箇所は，いくつかの意味で最も難しい．第3部に収められている論文のいずれについても，当時の政治的・経済的文脈が非常に重要である．呉の論文はしばしば政治指導者に直接影響するものとして執筆されたため，早い時期においては，今日時代遅れとみなされるようなマルクス主義の用語の派生形が使用されている．彼は，自分の議論を補強するため，鄧小平，毛沢東，レーニン，マルクスをしきりに引き合いに出している．さらに，これらの論文の中で，当時のスローガンを固守し，政治指導者によって定められた議論の限界ラインの内側で論じるという制約の中にありながら，同時に，呉は常にそれらの限界を押し戻し，ラインの引き直しを行っている．論文の行間および行の内側を同時に読み込むことは，いかなる場合でも容易なことではない．しかし，この時期こそが，呉敬璉が最も大きな歴史的インパクトをもつ時期なのである．そしてまた，この時期こそが，市場志向の改革を頑迷に唱道する者として呉敬璉に「呉市場」（「ミスター・マーケット」とも換言できる）という不朽のニックネームを獲得させた時期だったのである．

　第4部は，1990年代末から2000年代初にかけての呉の最も重要な論文を収めている．これらの論文は，呉の新たな立場，すなわち直接的な政策アドバイザーの役割から言論人としての新たな役割を反映している．中国のメディアの変化と多様化に伴い，彼の聴衆は非常に大きくなった．呉敬璉は大衆に語り始め，著名人としての性格が色濃くなった．その著名人としてのイメージが論争の的となることもあるが，自分の考えに基づいて論点を指摘する，誠実かつ知的に綿密な分析者として，概して高く評価されている．呉が長い間唱道してきた核心的な経済改革手段が中国指導部に採用されるようになると，彼は改革の課題をより広げる方向へと歩み始めた．

その過程において，彼は長い間維持してきた原則を精緻化し，全く新しい領域へと入った．制度を創り上げるだけでは不十分である，制度は公正で透明でなければならない，と呉は語る．このアプローチを適用した最も有名な事例は，彼が中国の株式市場の膨張を「ルールなきカジノ」と形容したことであろう．呉はこのように言った．カジノは悪いものではない．しかし，カジノですらルールはあるのに，中国の株式市場は公正さと透明さの点でテストをクリアできていない．このような見解を公言したことで，公正で実直な評論家として初めて呉が知られるようになったのである．同時に呉は，中国の改革に伴って発生した他の問題の存在を認め，それらへの対応として強力な手段を採ることを促している．小型企業や民間企業の発展を通じた経済のボトムアップの民主化と，より公正で透明な制度が最終的に確立されなければならず，そのために憲法上の改革が求められる．第4部では現代における論点を広範に紹介しているが，我々は必然的に第1部で紹介したいくつかの重要な議論に立ち返ることになる．もっとも，第4部の論文からは第1部の論文に比べてより楽観的な心的状況が伝わってくる．大きな経済改革は成功裏に達成されたのである．より広い範囲の社会的・政治的な改革へと断絶なく移行するであろうと期待することは理にかなっている．

　このように，本書の4つの部分では，それぞれ呉敬璉が広範な活動の中で果たした重要な貢献を余すところなくカバーしている．彼は今も，中国のさらなるシステム改革と経済戦略の課題について，我々に語りかけている．彼の役割は，過去においてと同様に今日の中国における献身的な知識人の優れた実例となっている．彼は知的な方法においても実践的な方法においても中国の改革の経路を形作ってきた．そして，その経路に与えた彼の影響力は，中国における政策決定に関して多くのことを明らかにしてくれる．彼はそれでもなお，中国の改革過程は完成には程遠い，中国には幅広い民主化と社会的公正のための責任ある取り組みが必要である，と主張している．

　読者は，異なる様々な順序で本書に収められた論文を読み進めることができるだろう．編者としては当然ながら，第1部の焦点である現代的な論

点から取りかかり，そこを起点にして全体を通して読み進めるというシンプルな方法が，本書に対する優れたアプローチであると考える．厳密に時系列的なアプローチに関心のある読者は第 2 部から読み始め，順に読み進み最後に第 1 部を読むべきである．〔中国研究者として〕筋金入りの読者は，おそらく第 3 部に直接進むべきであろう．第 3 部には，中国の改革過程に関する重要な文献と歴史的観点がふんだんに盛り込まれている〔訳注 2 を参照〕．読者の中には第 4 部から読み始める者もいるかもしれない．第 4 部では，経済改革の成功に続いて中国が取り組むべき一層の政治的・社会的改革に関する魅力的なヴィジョンが提示されている．残念なことに，その展望は 2001〜2003 年時点に比べて今やはるかに遠のいてしまったようであるが．なお，呉敬璉の業績の豊かさを素早く味わいたい読者は，第 1, 9, 11, 17 章を選ぶのが良かろう．

本書の資料源

本書は非常に豊富な資料，とりわけ呉敬璉の人生を異なる角度から論じた 3 冊の優れた著作から助けを得ている．出発点となったのは，呉敬璉の学術面での秘書を長く務めた柳紅（Liu Hong）によって記された知的活動に関する伝記であった[5]．娘の呉暁蓮（Wu Xiaolian）も，滑稽で，意外で，かつ悲しみを伴う個人としての楽しい思い出を中国語で出版している[6]．さらに最近になって——実のところ，本書が殆ど完成した後であるが——，中国のビジネス・経済ジャーナリストとしてよく知られている呉暁波（Wu Xiaobo，呉と姻戚関係ではない）が著した詳細かつ洞察に富む伝記の助けを得た[7]．呉敬璉本人への長時間のインタビュー，彼自身の協力，および呉の 2 人の娘たちとの会話が，本書の編集と各パートの解説の執筆に大いに役立った．最後に，呉敬璉の著作の編集に関しては，幸いにも最近出版された 3 冊の著作選集から取りかかることができた[8]．これらの資料によって，呉の生き方と業績を稀にみる豊富な文脈の中で描く機会を得ることができた．なお，本書は，カリフォルニア大学サンディエゴ校の大学院生として最初に論文収集にあたった孟磊（Meng Lei）厦門大学教授の継続的な助力なしには存在しなかったであろう．多くの大学院生が編集および翻訳

作業を担ってくれたが，とくにリー・ユーフェ（Li Yuhui），ヤン・ヤン（Yang Yang），そしてロウレン・リード（Lauren Reed）が翻訳，分析，出典の確認を手助けしてくれたことに感謝する．

筆者は4つのパートそれぞれに解説を記した．中国で過去30年間にわたり繰り広げられた生々しくも建設的な経済論議を理解することが，アウトサイダーにとって難しいのは自然なことである．多くの人々は，中国が計画経済から市場経済への移行にあたってユニークな戦略を採用したことを知っている[9]．多くの人々は，この戦略が，西側の経済学者や国際機関によるアドバイスに殆ど依存していないことも知っている．にもかかわらず，アウトサイダーにとっては，中国の政策を導き出した知的基盤を理解することは難しい．それゆえに，中国の目覚ましい体制移行の全体像を理解するのは困難である．単純な言語の障壁以上に，中国における議論の背景は西側におけるものとは大きく異なる．制度的な文脈，知的活動の文脈，文化的な文脈が全て異なるのである．制度的には，数十年にわたり，西側諸国には馴染みのない形で，中国経済を支配するメカニズムが働いてきた．中国共産党は境界線を定め，敢えて公言することなしに，討論者がその範囲内で議論しなければならない正統派の見解を打ち立てる．知的活動についても，何が事実として受け入れられ何が真実として受け入れられるのか，何が新しいもので何が挑戦的なものであるか，はいずれも米国におけるそれとは異なる．文化的にも，知識人がいかに反対者に語りかけるか，いかに自分の考えを主張するか，いかに知識人としての義務を全うするか，は西側諸国と異なる．最後になるが，中国の経済学者は異なる聴衆に語りかけるが，国内の政策決定者に対して話すのと，外国人（アウトサイダー）に中国の経験を紹介し「説明する」のとでは，全く異なる話法を用いる．本書は，中国の改革についてユニークな意見を発する特異な人物に接近するため，〔中国語を解さない〕読者にとっての上述した障壁を引き下げることを試みている．今日のグローバル化した世界においては，中国のように巨大で重要な場所であれば，リアル・タイムのコミュニケーションと「グーグル翻訳」へのアクセスによって，そこでの議論や政策的主張の文化的・知的文脈の理解は容易である，と考える向きもあるかもしれない．し

かし，中国の知識人の生活と公的な議論に少しでも触れたことのある者であれば，精神世界のギャップが依然として大きいことは説明を要しない．本書は，こうしたギャップを狭める作業に貢献するため，そして，傑出した一人の人物に賛辞を贈るために編まれたものである．

注

1) このリストそのものと，リストに選ばれた個人の略歴や紹介については，以下を参照されたい．Nicolai Volland, ed., "Fifty Influential Public Intellectuals,"（原典は，『南方人物周末』2004年9月8日）; David Barboza, "China's Mr. Wu Keeps Talking," *New York Times*, September 26, 2009（2013年2月16日，http://www.nytimes.com/2009/09/27/business/global/27spy.html?pagewanted=all%20.&_r=0)
2) 呉敬璉「重啓改革議程」〔改革アジェンダを再開する〕，『財経』2012年9月5日（http://business.sohu.com/20120905/n352372269.shtml）
3) こうした幅広い観念領域に関する解説については，以下を参照されたい．Carole Lee Hamrin and Timothy Cheek, *China's Establishment Intellectuals*, Armonk, NY: M.E. Sharpe, 1987 ; Merle Goldman and Edward Gu, eds., *Chinese Intellectuals between State and Market*, Routledge, 2004 ; Vera Schwarz, *The Chinese Enlightenment: Intellectuals and the Legacy of the May Fourth Movement of 1919*, Berkeley: Center for Chinese Studies, 1990.
4) もちろん，こうした関係性の中で，最高指導者が受動的な読み手である訳ではない．最高指導者は，自身の政治的利益を伸長するのに利用しうる目新しいアプローチを秘書たちが物色することを期待している．また，秘書たちは，著名な学者に対して，彼らの主張する意見が肯定的に検討されうる政治的状況が熟したことを示す微妙なシグナルを出すことによって，文書提出の引き金を引くこともある．
5) 柳紅『呉敬璉（当代中国経済学家学術評伝)』，西安，陝西師範大学出版社，2002年．
6) 呉暁蓮『我和爸爸呉敬璉』，北京，当代中国出版社，2007年．
7) 呉暁波『呉敬璉伝：一個中国経済学家的肖像』，北京，中信出版社，2010年．
8) 呉敬璉『呉敬璉自選集』，太原，山西経済出版社，2004年；呉敬璉『改革：我們正在過大関』，北京，三聯書店，2001年；呉敬璉『呼喚法治的市場経済』，三聯書店，2007年．
9) この過程についてのわかりやすい解説，および中国経済の他の側面に関しては，以下を参照されたい．Barry Naughton, *The Chinese Economy: Transitions and Growth*, Cambridge: MIT Press, 2007.

訳注1　レント・シーキングとは，正常な水準を上回る受け取り（超過利潤＝レント）を追求する行為を指し，腐敗や格差の問題を経済学的に分析する際に用いられる概念である．詳しくは，本書の第2章，第3章，第5章を参照されたい．

訳注2　一般の読者を想定した本書の性格上，また紙幅の制約上，日本語版の第3部においては，文献15（第11章）および文献20（第12章）を収録するにとどめた．英文版に収録された第3部の論文の概要およびそれが執筆された背景と政治経済的文脈については，編者（ノートン）による解説を読んでいただきたい．

第1部

現在の課題：中国の改革からどのような21世紀型経済が現れるのか？

編者による解説：直面する課題に取り組む

バリー・ノートン

　第1部は，呉敬璉の最近の著述のうち，2010年代の中国が直面している最も差し迫った課題に取り組んだもので構成されている．第1部は，すなわち本書は，経済改革の復活を求める2012年のインタビューから始まる．経済改革と法の支配に基づく市場経済の創出が，呉の関心の中心にある．呉は，中国の市場改革の過去，現在，未来について語っている．彼は，過去の成功について述べてはいるが，今日よく知られ広く認められている中国の過去の改革の成果にはあまり時間を割いていない．むしろ，これまでの成果と欠点を踏まえて，今日採られるべき対策を説明することの方にはるかに重きを置いている．「何がなされるべきか？」がこのパートの著作を貫く根本的な問いである．呉の究極的な回答は，極めて明確である．経済改革を活性化する必要があり，また，経済改革をより広い領域に拡大しなければならない．経済改革を完成へと推し進める新たな力が必要であり，同時に，市場経済が十分に機能するためには，それを補完する法制度・政治制度の改革が必要である．中国の現在の経済発展戦略が直面している差し迫った問題は，制度改革のさらなる進展が待ったなしの状況にあることを意味している．裏返せば，将来的により優れた発展戦略の潜在性は非常に大きく，さらなる経済改革，より良い社会制度，より効率的な成長の経路が一つになれば，真に繁栄した経済と善き社会を中国で実現することができるのである．

こうした主張を強固なものとするため，呉敬璉は活発な論争に挑み，さらなる改革を唱道し，これまでの改革の正当性を立証し，反対者との相違点を明らかにすることに心血を注いでいる．これらの論争における呉の立場は，今日の中国において，すでに30年にわたり市場志向の改革を進めてきたにもかかわらず，改革のゴールと原則がなお争点となっているという事実を抜きには理解できない．ある意味で，これは大変な驚きである．もとより，市場改革は中国に先例のない経済的成功――歴史上最も長い経済成長という「奇跡」，生活水準の著しい改善，文字通り数億の人々の貧困からの脱出――を収めた．これらの成功を見れば，市場改革を継続することに対して広範な政治的・社会的コンセンサスが形成されるのは自明である，と期待する向きもあろう．しかしながら，呉敬璉ら改革派知識人は，市場改革の方針の正当性を立証するために戦い続けることの必要性を依然として感じている．2012〜2013年に新しい政権が誕生し，新任の習近平総書記と李克強首相は，新たな経済改革を広範に進めていく意思を明らかにした．しかし，これらの改革の特定の内容や究極的な目標は不透明であり，最高指導部内においても明確なコンセンサスは形成されていない．中国ではなぜ，改革の基本的な目標に関してなお論争されているのか？　呉は，この疑問に対し，中国の改革プロセスの綿密かつ独特な分析を提示することで答えている．彼の答えは2つの部分からなる．すなわち，中国の改革には客観的に見て欠陥があること，そして改革に抗する実体的な敵が存在すること，である．第一に，中国の改革経験の際立った特徴が意味するものは，改革が部分的で不完全なものになっており，そのことが客観的に認識され分析されるべき経済的・社会的な問題をもたらしているということである．例えば，2007年に発表された論文の序文で，呉は次のように述べている．

　　経済改革・政治改革の遅れは，2つのタイプの深刻でネガティブな副次作用を生み出した．一つは，中国経済が資本と天然資源の投入増加に依存した拡張的な経済成長戦略を過度に追い求めていることであり，それが一連の全ての経済的・社会的な問題を生み出していること

である．いま一つは，改革がレントおよびレント・シーキング（rent-seeking）活動が増大するような環境を助長し，それに伴う腐敗や所得格差の拡大が，社会的な不満を生み出していることである[1]．

　これらの問題に取り組むことによってのみ，改革戦略はより徹底され，改革を成功へと導くことができる．第二に，改革には2種類の実体的な敵が存在する．計画経済へのノスタルジーを抱く保守派は，常に改革に反対している．彼らにはもはや改革を停止させる能力がないにもかかわらず，特定の状況下において驚くべき影響力を行使している．さらに深刻なのは，部分的な経済改革による受益者が，市場を規範化し，歪みを排除し，公正な競争を作り出す手段に反対していることである．なぜなら，それらは彼らのレント・シーキングの機会を排除することになるからである．改革が部分的で不完全であるという性質ゆえに，腐敗が生まれ，さらなる改革の最大の障害となっているクローニー・キャピタリズム（縁故資本主義）が今日助長されている，と呉が主張する際に，これら2つの論点は常に言及される．改革への反対が複雑であるという性質は，翻って，改革派知識人が改革の原則を明確化し，法によって支配される市場経済という究極の目標を揺るぎないものとするために，一層の努力をしなければならないことを意味する．このように，呉の分析は論争の一部であると同時に，その論争がいまだに必要とされる理由を理解しようとする営みの一部なのである．

　改革に関する呉の分析は，市場改革と補完的な関係にある2つの政策分野の議論へと進む．その一つは，公正で機能的な法的枠組みをあらゆるレベルにおいて構築することである．それは，財産権の保護と公平な監督制度の創出に始まり，独立した司法制度を通して，立憲政府そして究極的に民主主義を建設することである．これらの法的制度は，実際上極めて急を要するものである．既存の企業統治と市場競争のシステムは，より良い法制度なしには機能しないのである．同時に，今すぐ必要とされる制度的イノベーションは，最終的に，憲法に基づいた民主的な政府を導くための制度的な端緒となる．その意味で，徹底的な市場改革とは，中国の全ての公民にとって公平公正な社会を建設する上での構成要素——おそらく最も重

要な要素——なのである．

　市場改革を補完するもう一つの政策分野は，より優れた成長戦略である．財産権の強化を含むより効率的な市場志向政策は，さらに洗練されたインセンティブ・システムと革新的な報酬制度，そして人的スキルの蓄積を生み出す．それによって，中国はその豊富な人的資源を活用できるようになり，その見返りとして，中国全体の成長を高める効率性を向上させることができる．その意味で，成長は，「粗放的」（要素投入の増大に牽引される）なものではなく，より「集約的」（生産性の増大に牽引される）なものとなる．実際に，中国では，成長戦略をこのように転換すべきであり，中国は「イノベーティブ国家」となるべきである，という目標がすでに公式の方針となっている．しかし，発展戦略の転換が政府によって最初に宣言されてから多くの年数が経過しても，望まれる転換はまだ起きていない．その転換は，さらなる経済改革に依存しているからである．企業家が，元々リスクの高い事業から利益を生み出す機会がある，ということを確実に期待できてこそ，イノベーションは経済発展の牽引役となりうるのである．この分野において，呉敬璉は，経済学者としての見解に，彼自身が長く抱いてきた科学技術への憧憬を加味している．裏返せば，成長の経路をより良いものに変えることができれば，中国の改革は，急速な工業化に伴って生じた社会や環境の問題を解決することができる．繰り返しになるが，中国という国が，より幸せで満ち足りた国民の暮らす，発展に成功し繁栄した国家となるために，改革の復活こそが広範な社会的変革の鍵となっているのである．

　第1章は，2012年1月に行われた呉とのインタビューである．インタビューの中で，呉は多種多様な問題を射程に入れ，また，特定の出来事，人々，逸話を盛り込みながら話をしている．ここには，呉の主要な知的関心事の全てが披露されているが，彼が根本的に問いかけているのは「2003年以降，中国の経済改革が減速したのはなぜか？」という点である．この問いに対する呉の答えは，洞察に富み，率直で，時として驚くべきものである．同時に，呉は今日最も重要とされる挑戦が何であるかを判断し，さらに，習近平政権が改革の復活という差し迫った必要に取り組む可能性に

ついての評価を下している．インタビューの時点以降，呉敬璉による改革復活の訴えは一般大衆からの共鳴を得ており，改革に関する議論は間違いなく拡大している．

　第2章は，中国の30年にわたる改革過程を詳細な分析とともに概観することに焦点を当てている．この論文は，現代の問題を意識したものであるが，本書の中での歴史的な記述部分の案内役とみなすことができる．本論は，経済改革の過程をわかりやすく概観し，その成功と失敗という両面から説明したものである．改革が歪んだ形で実行に移されたがゆえに，その不完全な改革は，中国に利と弊が複雑に絡み合った遺産を置き去ることになった．経済的には改革の成功は明らかであるが，社会的・政治的には，取り組まなければならない夥しい数の問題が残されている．したがって，この論文は，今日の問題の根本的原因と，これまでの改革過程とがいかに連関しているかを示している．

　政策決定と密接に関わる内部者（インサイダー）であると同時に外部者（アウトサイダー）でもあるという呉のユニークな立場が，本論において発揮されている．インサイダーとして，実質的に全ての重要な政策決定に際し，彼は非常に具体的かつ明確な見解をもっている．アウトサイダーとして，彼は改革過程全体を臆することなく痛烈に批判し，その成功と欠陥を客観的に分析している．

　呉敬璉は，改革期全体を3つの連続する時期に区分している．1970年代末から1980年代初の「改革初期」は大胆であった．この時期は，官僚的な指令〔計画〕経済からの転換を始めた時期であったが，それは青写真なしに「石を探りながら河を渡る」〔中国語で「摸着石頭過河」〕ごとく進められた．1984年頃から80年代終わりまでは顕在的な「双軌制」〔体制移行の過程で計画経済の制度と市場経済の制度を併存させること〕の時期であり，改革をいかに進めていくかという問題に対して「双軌制」が暫定的な解決策を提供していた時期であった．呉は，この時期を「経済改革の目標を少しずつ明確にしていった」時期と呼んでいる．第三の時期は，呉が「新しい経済システムの確立」と呼ぶ1993〜94年に始まる時期である．ゆゆしきことに，この時期は終わっていないと呉は考えている．この時期は今日

まだ続いている．我々はまだ，「改革終期」と呼びうる新しい時期には最終的に入っていない．「改革終期」には，改革過程を経た暁に現れるはずの社会的・政治的システムの全体像が決定される．

この時期区分で注目すべきは，改革の前進する各時期が，いずれも論争と政策競争の時期に重なるという点である．改革において大きな前進があった"まさにその後に"論争の時期が起こることは顕著であるが，それは急激な変化によって混乱と経済的困難がもたらされた時期でもあった．1981～83年に，計画と市場のメリット・デメリットをめぐり中国で初めての本格的な論争が起きたが，これによって改革初期の時期が終わることになる．1989～91年には，1988年のインフレに起因する経済的混乱と1989年の政治的風波に誘発され，市場改革という目標が妥当であるかどうかをめぐる2回目の論争が起きた．（鄧小平によって）論争に決着がつけられて初めて，第3の時期つまり新しい経済システムの確立の時期へと真に移行することができた．さらに，中国社会の在り方と改革過程に関する「第三の大論争」が今日展開されている，と呉は考える．この論争は2004年に始まり2006年まで続いた，と呉は述べている．後年，胡錦濤は経済改革が現体制の鍵となる目標であることを再確認する重要講話を行ったが，それは論争の中で最も激しい争点となった部分に線を引く〔決着をつける〕ことを意図したものであった．しかしながら，振り返ってみれば，その論争が終わっていないことは明白であり，事実それは異なる形態で今日まで続いている．この論争が実際上解決されていないがゆえに，中国は依然として改革の新たな時期の入り口に立つことを躊躇しており，ドアを開いて中に入り，より公正で繁栄した社会を創り上げる機会をつかむことができずにいる．

ある意味で「三大論争」は「三度の大きな揺り戻し」でもあった．いずれの時も，政策の不手際や経験不足や近視眼によって改革過程の運営を誤り，改革に対する大衆の支持を失った．これが保守的な政治家とイデオローグからの巻き返しを招いた．1981～83年の揺り戻しは，1980年のインフレ圧力と財政不均衡が引き金となり，共産党の保守的な長老によって率いられた．改革路線からの完全な撤退には成功しなかったものの，1989

年の天安門事件の後，保守派は共産党内の改革派に対して報復を果たした．このときの天安門事件は，経済改革とマクロ経済運営上の失政が引き金となった．その失政は，1988年のハイパーインフレを生み出し，社会的緊迫を掻き立て，それによって，学生のストライキに対して大衆が大々的に支持を表明したのである．保守派は，改革過程の巻き返しを図り，大衆の不満や政治的・経済的無秩序をあげつらえて1989〜91年の揺り戻しが発生した．この決定的な時期については，第3部に収めた論文，とくに文献17*，18*，19*でより詳しく論じられている．喧々諤々の論争の末，結局は保守派の巻き返しが実を結ぶことはなかった．これは，保守派の経済プログラムに欠陥があったことに加え，呉敬璉ら献身的な改革派の精力的な努力があったためである．

　1992年に第二の巻き返しが撃退されたことは，1993年から始まる目覚ましい成果を上げた改革期への扉を開いた．その後の10年間，中国はほぼ全ての経済領域において一連の改革を開始し，市場経済の基本的な仕組みを創り，これが爆発的な経済発展の引き金となった．それと同時に，改革過程の欠陥は，急速な成長が助長した社会面・環境面での緊張と相まって，市場改革という目標への疑問を常に投げかけている．呉敬璉によれば，中国における現在の論争が，改革の理念に対する第三の揺り戻しを代表しているのは明らかである．今日の反改革の揺り戻しは，それ以前の揺り戻しに比べ，より広範でより多様化した基盤の上にある．これは，中国社会がより多元化し，公共空間においてより多様性に富んだ見解が表明されることをみれば理解できることである．市場モデルに対する「新左派」的論評に与する真摯な知識人がいる．しかし，初期の揺り戻しと同じように，舞台裏の強力なイデオローグや大規模な宣伝工作によって支えられた確信犯的な活動もある．さらに，力のある利益集団が，自らの利益のために改革を妨害している．これが改革の原則をめぐる闘争をより複雑なものにしている．呉は，改革過程の正当性を立証し，平和な，繁栄した，民主的な社会という究極の目標を再確認するために，これらの論争の中に身を投じている．このため，彼は敢えて社会問題の存在を認め，それらへの対策を唱道する．彼は，社会保障制度の抜本的改革，すなわち医療保険制度の再

建と農民に対する最低所得の保障，を支持する．彼はまた，一定の産業政策についても，その狙いが適切でありそのコストが適切に評価されることを条件として，支持を与える．第1部の全ての論説は，この「第三の大論争」への呉敬璉の貢献を示すものであると言えよう．よくよく認識しておくべきことは，30年以上にわたり繰り広げられた3回の大論争の全てにおいて，呉敬璉が重要な当事者であったということである．

　文献3*「金融危機（津波）と中国経済」〔邦訳では未収録〕は2009年初めという時点で執筆されたという点で特筆すべきものである．それは，グローバル金融危機の影響を全面的に受け，グローバル経済が回復し始める2009年4月よりも前の時期に当たる．この論文で注目すべきことは，短期的な危機対応策への洞察のみならず，中国経済の長期的な問題と短期的な危機との関連を分析した点である．危機対応策に関して，呉敬璉はこの論文の中で，過剰に反応すること，および中国の景気を刺激し金融危機の波及を防ぐために行われる銀行貸出の急増に過度に依存すること，に対し警告を発している．振り返ってみれば，この警告は全く正しいものであった．現時点では，殆どの中国人経済学者が，中国の危機対応策は効果的であったものの，それが過剰であったこと，また，中国に困難な問題という負の遺産をもたらしたことを認めている．重要な点は，呉敬璉が，グローバル危機の脅威が最大関心事であった正にその時点で，これらの議論をすでに始めていたということである．事態が進行している真っただ中で正しい判断をすることは，事態を振り返る中で正しい判断を見出すことよりも，はるかに難しい．

　呉はこれらの問題を，グローバル金融危機が突きつけた中国の経済成長への挑戦と併せて議論している．彼の見解によれば，中国経済の歪んだ構造——繰り返しになるが突き詰めれば経済改革の不完全性に起因する——がグローバル危機の勃発するような環境を醸成し，また，潜在的には中国を危機に対し脆弱なものにしてしまうのである．中国の輸出志向型成長戦略は事実上従来の「粗放型」発展戦略の延長に過ぎない，という呉敬璉の主張は最大の争点である．これは，中国の輸出製品は概して労働集約型のものであるという事実を踏まえた議論である．輸出の殆どは低スキルの労

働集約型産業によるものであり，それらの成長は農村部から大量の労働力を移転することに依存している，と呉は論ずる．すなわち，要素投入労働力の継続的な増加に依存しているという意味で，この成長は「粗放型」なのである．さらに，呉は，内需の弱さも，これに関連付けて考察している．粗放型の高速成長は，海外市場が中国の工場で生産された製品を吸収する限りにおいて持続可能である．東アジアの輸出産業の歴史的経験に照らしてみれば，この戦略が問題なく機能するのは，せいぜい20年間という限られた時期のみである，と呉は主張する．中国でもこの時期の終焉が近づいていることを，近年のグローバル危機は示唆している．

　続く3本の短い論文（第3，4，5章）は，いずれも腐敗の問題を扱っているが，それぞれの分析の視角は全く異なる．呉が，これらを通じて，改革の現状および現代中国社会に対する批判のターゲットとしているのは，説明責任（アカウンタビリティー）を伴わずに経済活動に携わる官僚と企業家による権力の乱用である．呉は単に腐敗を罵るのではなく，腐敗がいかに他の社会問題と絡み合っているかを示している．「三つの社会勢力」論文では，腐敗した官僚，レント・シーカー，特権的な利益集団が改革の完成を阻害する社会的・政治的勢力となっていることが論じられている．腐敗は，何か良いことに寄与するような歯車の潤滑油とはなり得ず，万民が利益を得るはずの社会的発展の障害となるだけである．「過大な所得格差」論文では，腐敗が，中国で拡大する所得格差を背後で助長する最大の要因となっていることが論じられている．この論文で呉は，結果の平等性と機会の平等性の違いという根本的な概念に立ち返り，中国に必要なのは結果を制限したり引き上げたりする政策ではなく，より公平な市場競争であると論じている．本論の分析で腐敗がクローズアップされているのは，それが単に不平等な社会を生み出すという甚大な作用のゆえではなく，さらなる市場改革が腐敗を軽減し所得格差を軽減する，という明確な分析のゆえである．一方で，より平等主義的な方法による直接的な所得再分配の試みは失敗するであろう．なぜなら，それらは市場に歪みをもたらし，中国を今日のような不平等な社会にしてしまった腐敗をさらに助長するような新たなレント・シーキングの機会を生み出すだけだからである．腐敗に

関する最後の論文（第5章）は，大きく趣が異なるものである．これは，腐敗取り締まりを担う中国の政府機関の職員を前にして2003年に行われた講演である．その中には具体的な提言が盛り込まれており，それが忌憚なく語られている．その最後の部分で，民主的なシステムのもと，司法機関と国民自身による独立した監督を通じてのみ腐敗を撲滅することができる，と述べている．この論文は，現実主義と理想主義が見事に融合したものである．

最後になるが，第1部を締めくくる文献〔第6章〕は，呉敬璉の広い教養，学術的知識，そして歴史観を示すものである．2007年に中国で放映された人気テレビ番組の取材に対し，呉敬璉は豊かで強大になった国の特徴について論じている．ここにおいて，呉は明らかに，自分自身を偉大な啓蒙運動の伝統に同一化している．力と富は，新しい知識・新しい技術に投資を行う個人が報われるような開放的で民主的な社会から生み出されるものである．歴史を通じて，偉大な大国としての地位を築き上げた国民に一貫してみられる，いくつかの特徴がある．それは，自由な市場経済，法の支配，立憲民主主義，思想の自由，そして「オリーブ型の社会構造」〔富裕層・貧困層が少なく中間所得層が多い所得分配構造〕である．これと同じ一般的経路を歩むことが中国にとって利となることは明らかである．これらの制度建設を脇に置くことを容認するような，特殊な「中国モデル」などはあり得ない．呉の西洋諸国の歴史に対する見方はそれ自体興味深いものであるが，それは，中国の発展の次の段階を考える上で有益なものとなるようにと念入りに考えられたものである．

注
1) 呉敬璉「前言」『呼喚法治的市場経済』，三聯書店，2007年，3頁．

1
改革の再生に向けて
――呉敬璉へのインタビュー

2012年1月5日，1月21日[1)]
聞き手：バリー・ノートン，ロウレン・リード

ノートン 中国の改革は1990年代に長足の前進を遂げたが，2001年の世界貿易機関（WTO）加盟以降，改革のペースは劇的に減速している．2001年以降の改革の減速の原因は何か？

呉敬璉 2001年以降の改革の減速には，経済的原因と政治的原因がある．まず経済的原因から述べよう．1990年代の経済改革は実に偉大な成果を上げた．1990年代の経済改革の中で，最初に挙げるべきものは機能的な財政・金融システムの創設であり，そして小型の郷鎮企業〔農村部の企業〕の民営化である．これに加え，グローバリゼーションの進展もあった．中国では「グローバリゼーション」と言った時に，人々が世界貿易機関（WTO）加盟のインパクトを思い描くのは自然なことであるが，実際には，中国が実行した最初の総合的な開放政策は1994年の外国為替制度の改革である．それは強力なプラス効果をもたらした．1994年より前の貿易収支は赤字であったり黒字であったりしたが，1994年以降は輸出の伸びが極めて高く，通年で貿易赤字に陥ったことはない．WTOへの加盟は対外開放をさらに後押しするものであった．殆ど全ての貿易障壁が引き下げられ，中には撤廃されたものもあり，保護主義が排除され，対外貿易は急速に発展し，さらに加速した．これら全ての改革のおかげで2002年以降の経済状況は極めて良好であったが，こうした恵まれた状況の中で，誰もがさらなる改革を望まなくなるという問題が生じた．これは，改革が常に何

者かの利益を損ない，とりわけ政府の利益を損なうものだったからである．仮に経済状況が非常に悪ければ，改革以外に選択肢はない．生き延びるために，いずれかの利益集団を犠牲にする必要がある．しかし，経済状況が非常に良ければ，政府は改革を望まない．

　そのようなわけで，基本的に改革は停止した．2003年以降は，いかなる改革についても考えることが極めて難しくなった．この2日間，私は張卓元（中国社会科学院経済研究所の前主任，現在は退職）のある論文を読んでいたが，彼の主張は以下のように要約できる．「過去10年間は2つの段階に分けることができる．最初の5年間（2003～2007年），中国経済は改革開始以来3度目の超高度成長の時期に入り，二桁成長の年が続いた．この成長は，WTO加盟のタイムラグ配当と1990年代の改革のタイムラグ効果が牽引したものである．しかし，厳密には，高速の経済成長がもたらした楽観主義の浸透によって，一貫して実行されてきた経済改革が事実上棚上げにされてしまった」．張卓元は言う，「生活が楽になって，改革の歩みは止まってしまった」と．張卓元は政治経済学者であり，1990年代末から全ての主要な中央決議の起草グループに参画してきたがゆえに，彼ほどそれぞれの決議で何が盛り込まれ，その結果がどうであったかを知る者はいない．彼によれば，いくつかの改革は，利益集団の抵抗に遭うやいなや即座に断念された．

　張卓元は，2007年以降の状況の変化について論じている．グローバル金融危機が勃発した際に，政府は一連の景気刺激策を講じたが，それは（改革という点については）状況をさらに悪化させた．そこには3つの大きな問題がある．第一に，マクロ経済学的観点からは，マネーサプライの急激な増加と銀行融資の急激な拡張が，近年の（過剰流動性とインフレ圧力という）ジレンマを造り出した．誰もが何をすればよいかわからない．第二の問題は，共産党は（2005年時点で）すでに第11次5ヵ年計画における成長方式の転換を標榜していたにもかかわらず，金融危機によって旧態依然とした成長方式に逆戻りしてしまったことである．投資を行いうる限り，経済は成長を維持できる．実のところ，旧来の成長方式はより堅牢なものになった．中国は，投資を拡大することによって危機を乗り切ったからで

ある.

　第三の問題は，銀行融資と投資の大部分が，国有企業とりわけ中央企業〔中央政府が管理する国有企業〕に供与されたことである．その結果，国有部門と地方政府・地方経済が強化され，それらがあらゆる部門に進出し民営企業を買収したのである．あらゆる地域，あらゆる省が「投資誘致」のスローガンを掲げたとみられる．過去においては，このスローガンは外資誘致を意味するものであったが，今や中央企業を誘致して中央政府の投資を取り込むことを意味する．例えば，温州市は現在問題を抱えており，温州モデルはもはや機能しない，と人々は言っているが，それは馬鹿げたことだ．温州市は，ずいぶん前に（民営企業が支配的な地位を占める）温州モデルを諦めているのである．過去5年間の温州市のスローガンは「中央企業を誘致して，投資率を引き上げよう」であった．温州市政府はつい最近の会議で，彼らの経験を総括し，近年温州市が他の地域に後れをとっていることを認めた．彼らによれば，その理由は，十分な投資がなされてこなかったということである．では彼らは何をすべきなのか？　投資を誘致すべきであり，中央企業に焦点を定めて投資促進の努力をすべきだ，と彼らは言っているのである．中央企業は現時点においても，2009年の間に調達した使いきれないほど潤沢な資金を有しているのである．したがって，我々は2009年の間ずっと，成長方式の転換を加速するために改革を実行する代わりに，膨大な融資と投資，特に地方政府と中央企業の投資を利用して経済を牽引したと言える．これは，結果として，中国経済の長期的な発展にとって大きな損失をもたらすことになろう．これらのことによって，〔2012年末に発足した〕習近平をトップとする政権は，非常に深刻な問題に直面する．

　改革が減速した主要な政治的原因は，1990年代を通じた改革の凄まじい進行が極めてバランスを欠いたものだったことである．改革が支配的であったのは経済に関してであり，政治の分野ではなかった．そして，経済改革の内側においても，政府や国有経済に関連する分野では改革が最も遅れていた．これは，腐敗がますます深刻となるような環境を醸成した．翻って，この状況は，いわゆる「左派」のイデオロギーが低所得者層から

の支持を得る機会を提供した．左派思想――毛沢東思想――は消滅してはいないが，普通の人々からの支持を欠いているために，改革期においては殆ど勢いを得ることはなかった．腐敗問題が普通の人々の間で広範な関心事となったのは，1980年代の後半が最後であったが，その時には，殆どの人々は改革を信じ，改革こそが腐敗問題を解決する最も有効な方法であると信じていた．例えば，1989年5～6月の学生運動において，最も重要と思われる2つの問題は腐敗――官僚ブローカー――とインフレであった．当時の学生は，経済改革とともに政治改革を通じてこれらの問題が解決されることをずっと望んでいた．政府は学生の見解を受け入れようとしなかったがゆえに，政治闘争へと転化してしまった．

さらに，1990年代の改革が政府の構造や国有経済を根本的に変質させるまでには至らなかったために，21世紀初頭には，腐敗問題が1980年代半ばよりもはるかに深刻なものになってしまった．改革は確かに大きな成果を上げたにもかかわらず，この点において大衆に対する魅力を失ってしまった．腐敗の原因を探すならば，普通の人々にとっては「改革」が完璧に自明な説明となるだろう．この点において，政府によるメディアの指導――または情報操作――も特に重要なものとなる．なぜ腐敗が蔓延ったのか？ 新聞では，ある一つのシンプルな原因（改革）の直接的な結果として，腐敗が説明される．例えば，1980年代半ば，レント・シーキング（rent-seeking）理論は誰にでも受け入れられていたのに，21世紀初頭には，その理論はもはや説得的ではなくなった．それに代わり，改革――市場志向改革――が腐敗の原因だとする説明が支配的となった．

2003年12月，以前私の友人だった馬賓は左派勢力のリーダーになった．国務院発展研究センターの要職にあった彼は，かつて鉄鋼の専門家でもあり，冶金工業部の副部長も務めた[2]．1980年代，我々は共にインフレと腐敗に反対を唱え，彼とは本当に良き友人になった．2003年12月26日の毛沢東の生誕日，彼はとても長い論文を発表し，その論文は引退した幹部に回覧された．彼は，鄧小平が改革の根拠（reason）であり，改革は鄧小平の改革であると論じた．この論文は非常に影響力があった．彼は，我々は皆，文化大革命が間違いであったと信じる間違いを犯した，と述べた．事

実，文化大革命は正しかった．なぜなら，毛沢東は老齢になるにつれて共産党内に走資派（資本主義への道を歩む者）がいることをよりはっきりと見極めたからである．それらの走資派とは劉少奇と鄧小平であり，それゆえ文化大革命は絶対的に正しかった．しかし，毛沢東は間違いを犯した．毛は「文革の評価は覆さない」と約束する鄧小平を信じ，鄧を追い詰めずに擁護したのである．ところが，鄧小平は権力の座に復帰すると，資本主義を復活させた．彼の改革は全て資本主義の単なる復活であり，資本主義が腐敗を生み出したのである．その後，馬の多くの友人は彼の見解を受け入れた．2004年，『鄧小平の晩年の道』（『鄧小平晩年之路』）というタイトルの大書（20万字）が左派のウェブサイト全てに掲載された．その内容全体が鄧小平の改革に対する批判となっており，改革に関するあらゆる事柄を完全に否定するものであった．この書は，馬賓が関係する執筆グループによって書かれたものであった．電子書籍の形態で発表されたので，いかなる左派のウェブサイトからもダウンロード可能である[3]．これらの連中は，本当に人々を狼狽させた．この書は非常に影響力があり，何事についてもあらゆる手法で改革批判を大衆に吹き込むものであった．

その後，郎咸平事件[4]のような，世論の展開において重要性があると人々が考える出来事がいくつかあった．しかし，それらの問題は，実際のところあの本ですでに提起されていた．〔馬賓らの〕この書は，中国の全ての問題は改革に起因するものであるとしている．例えば，同書は医療保険改革をめぐる論争にも影を落としている．人々はしばしば，医療保険に関する議論として，後に（2005年に）国務院発展研究センターの数人の若手研究者によって執筆された報告書に遡及する．その報告書では，1990年代に過度に市場に依存したことが医療保険改革の失敗の原因であるとしているが，そのような批判は実は『鄧小平の晩年の道』で指摘されている．結果として，今日に至るまで，医療保険改革は実行するのが極めて困難な状況となっている．

馬賓の議論は，詰まるところ，1989年から91年に王忍之と他の左派系人物が行った議論の蒸し返しである（第3部を参照）が，当時の人物が全ての責任を趙紫陽に押し付けたのに対し，今日の左派は鄧小平を直接批判

の対象としている．私にはなぜなのかは正確にはわからないが，まさに今この時，中国の指導者もまた左傾化している．中国社会科学院が主導している「新自由主義を批判する」という動きがある．それは，中国の改革の間違いは新自由主義の経済学者が招いたものであり，新自由主義のイデオロギーによって改革が袋小路に入ってしまった，と論じている．こうして，全ての改革が停止してしまった．全ての改革の中で最も重要な改革は，政府の改革と国有経済の改革だから（それらの改革の進展が最も遅れているから）である．

　2011年11月の『財経』の年次総会で，このトピックを集中して議論するセッションがあった．李剣閣がディスカッションの司会を行ったが，彼は，振り返ってみれば，いずれの主要な改革も困難があったからこそ我々の関心が集まった，と述べた．1978年の改革の初期において，農家生産責任制〔戸別農家経営請負制〕が導入されたのは，人々が飢えていたから，十分な食料がなかったからなのだ．その後の改革についても同様である．より最近についても，2003年10月に共産党が「社会主義市場経済を完成する」と呼ばれる決議を採択したのが記憶に新しい．周知のとおり，中国では，いずれの三中全会においても極めて重要な経済政策文書となる決議を採択する．1978年の決議は，改革過程を開始するものであった．1984年12月の決議は，包括的な改革と都市部の改革を主導するものであった．1993年11月の第14期中央委員会第3回全体会議（三中全会）は，1990年代に実行されることになる改革の開始を促す決議を採択した．その後2003年に開かれた第16期三中全会では，改革の細部にまで言及された決議が採択され，我々は皆非常に喜んだ．我々は，様々な分野の改革が引き続き実行に移され，1990年代初頭に開始された改革の基礎の上に，広大な領域で進展が続くものと考えた．しかし，実際には何も起こらなかった．今となっては，殆ど誰も2003年の決議を覚えていないし，誰もその決議に注意を払ったりすることはない．

　経済的理由と政治的理由は，相互に補強し合っている．非常に良好な経済状況は，改革を実行する強い動機の存在意義を弱める．一方で，左派の影響力が伸張し，また国有経済と政府の中に依然として強い既得権益が存

在し，彼らが改革に抵抗する動機が強まっている．

事実上，2003年以降は重要な改革は殆ど実行されなかった．2003年の間は重要な改革が確かに行われたが，それは，実はそれ以前の2002年に計画されたものであった．その改革とは，国有銀行システムの再構築であった．朱鎔基は権力の座にあった最後の年に，4つの国有商業銀行を（不良債権を資産管理会社に移した後に）株式会社に転換することを決定していた．それは（朱鎔基が首相を降りた後の）2003年に実行された．これは中国にとって計り知れない重要性をもつことだ．しかし，その後はいくつかの非常に小さな改革が行われたに過ぎない[5]．つまり，2003年以降は，最低限の改革しか実行されていない．

ノートン それでは，今述べられたことが，改革が減速した根本的な原因と理解して良いのか？

呉敬璉 原因はもう一つある．2003年末〜2004年初めに始まった経済過熱への対応の中で，政府による（経済への）直接的な介入が増大したことである．当時，景気過熱にどのように対応するかをめぐる大論争の中で，過熱に関する3つの見方があった．一つ目の見方は，過熱は存在せず，状況は良好だ，というものである．当初，温家宝首相はこの見方に傾いていた．二つ目の見方は，我々の見解である．我々は，過熱はすでに深刻な状況にあり，緊縮的な政策を実施すべきであると主張したが，当時の指導者はこれに同意しなかった．結局のところ，三つ目の見方が支配的となった．それは，全面的な過熱は存在せず「部分的な過熱」がある，という見方である．「部分的な過熱」とは何のことか？ それは，冶金や不動産など特定のセクターが過熱しているに過ぎないというものだ．そして，この三つ目の見方が広まってしまった！ 三つ目の見方によれば，全面的な過熱は存在しないのだから，総需要抑制策は必要ない．その代わりに，胡錦濤が支持した「ある部分は維持し，ある部分は抑制する」（「有保有圧」）という政策を採用することになった．このアプローチに従って，国家発展改革委員会（国家の中心的な計画策定機関）はいくつかのセクターを「鎮静（damp down）」したが，当然のことながら，対象セクターのリストはどんどん長くなっていった．ここで言う「鎮静」とは，投資を抑制するために，投資

承認の手続きを厳格にするというものである．こうして，この時期以降，政府の直接的な介入がますます強くなったのである．

ノートン　民営企業の犠牲の上に国有企業が躍進する〔「国進民退」〕現象は，（常州市政府が支持していたにもかかわらず，2004年に中央政府が建設中止を命じた）〔江蘇〕鉄本鋼鉄公司から始まったと言われるが，それは本当か？

呉敬璉　その通りだ．その後，〔国有企業による民営企業の買収は〕他の領域にも拡大した．それは投資過熱を抑制するためだけではなかった．例えば，山西省と河南省で，民営の炭鉱が国有企業に買収されている．その口実は，炭鉱事故を理由に，炭鉱の安全を確保するというものである．最初は山西省で，その後河南省，内モンゴル自治区で，様々な口実が…．鉄本〔江蘇鉄本鋼鉄公司の事件〕は政治的なものだ．彼らはある種の活動を完全に止めようとした．それで温家宝首相が…．後に，我々は国務院の会議において反対を提起し，これは間違いであると述べた．常州市の党書記である范燕青——彼は（呉敬璉が教鞭をとっていた）中欧国際工商学院（ビジネス・スクール）の学生だった——はこの件で懲戒されているが，実際彼にはどうすることもできなかった[訳注1]．

ノートン　つまり，2003年以降の政府の直接的な介入が改革の減速した三つ目の大きな原因ということか？

呉敬璉　実を言うと，我々は問題を2つに分けて考えるべきである．一つ目は改革が減速したこと，二つ目は政府の役割が強化されたことである．これらには，いずれも経済的原因と政治的原因がある．改革が減速したことには二つの原因がある．経済的には，経済状況が良好だったがゆえに改革へのモチベーションがなくなった．政治的には，腐敗問題により，左派的思考が普通の人々の支持を得ることになった．政府の役割が強化されたことにも，同様に2つの原因がある．一つは，経済過熱に対して下した判断である．これは経済学を完全に誤用したものだ！　マクロ経済学の一体どこに「部分的な過熱」などという用語があるだろうか？　もう一つの原因は左派的思考であり，指導者が普通の人々や低所得者層からの支持を得たいと考えたことである．

1 改革の再生に向けて　39

ノートン　指導者たちが，こうした左派の意見を，かくも素早く受け入れてしまったようにみえるのはなぜか？　政治指導者たちは，すでに公にコミットしていた改革に挑戦するような新左派の意見の台頭に対して，なぜもっと強硬に対応しなかったのだろうか？

呉敬璉　この質問に答えるには，理論的に深い分析が求められる．「世論の誘導（guidance of public opinion）」は極めて重要である．この問題のもう一つの側面は，2003年以来，指導部がいわゆるポピュリズムに傾倒し，低所得者層のご機嫌とりをしていることである．当時の指導部は，経済が良好であるのだから，大衆の支持を得ることができないのは彼らの能力の問題だと考えた．多くの異なる政治的バックグランドをもつ指導者たちの間で，誰が大衆を最も満足させることができるかを競争していたように思える．富裕層に対する憤りとか，反知識人主義といった様々な態度が奨励された．「世論の誘導」は極めて一方向に偏ったものになっていった．真実を言うならば，指導者たちが後になって気が付いたのは，長い目で見た時に，人々の期待をあまりに高いところに引き上げてしまったこと，そして，彼ら自身その期待に応えることができないということだったのではないだろうか．しかし，政治家は，得てして長期的に物事を考えることが少ない．事実，2003年以降，政治指導者たちは，あるスローガンを使い始めた．「我々は，人々が最も関心を寄せる問題，最も直接的な問題，最も現実的な利益の問題の解決に焦点を当てる」と．多くの文書で「三つの最（三個最）」と呼ばれるこの表現を用いた[6]．これは明らかにポピュリストのスローガンである．なぜなら，詰まるところ，人々は単なる「直接的で，個人の生活に関わる，急を要する利益」だけではなく，長期的，根本的な利益をも求めているからであり，指導者はこの2つのタイプの利益を同時に考えるべきだからである．

　例えば，私は人民元の切り上げを強く支持している．それは，すなわち人民元の市場化であり，為替レートが中央銀行の介入なしに市場によって決定されることになる．たしか2005年だと思うが，私は一本の論文を書いた．その中で，私は従来の輸出促進策がなぜ機能しないかを詳しく説明した[7]．従来の輸出促進策は企業のイノベーションへの動機を低下させる

ばかりでなく，マクロ経済学的には，マネーサプライを過剰に増大させることになる．したがって，人民元の価値を抑え込むことは，決して実利にかなったことではない．私は，日本も台湾も通貨切り上げを抑制したことによって大きな困難を抱えたことを示した．私の本は凄まじい批判を受けた．指導者たちは私の議論を嬉しく思わず，中央政府の政策と整合的でないと言って私を糾弾した．人民元切り上げを支持する余永定（〔元〕中国社会科学院世界経済政治研究所所長）など我々の考えに，他者を同意させることは本当に難しい．この数日，左派のウェブサイトが「裏切り者」を選定しているが，私はその候補者の一人である．彼らは裏切り者の「トップ10リスト」を作ろうとしているが，実にその候補者はごまんといる．彼らによれば，私の主要な罪状の一つは人民元切り上げを唱道したことである．それは売国的行為であると言い，呉敬璉は（米国の前財務長官の）ポールソンに同調していると批判する．どうして人々は我々の議論を受け入れてくれないのか？　これは地方政府，とりわけ沿海地域の地方政府と輸出業者からの圧力である．輸出業者は皆，人民元が切り上がれば輸出は減少すると思い込んでいる．

ノートン　しかし，一方で，政府は（輸出の意欲を削ぐような）最低賃金の引き上げを本気で図っている．

呉敬璉　その通りだ．賃金引き上げもまた（輸出業者の競争力を低下させるので）結果は同じことだ．しかも，彼らは行政的手段を用いて賃金を引き上げている．これは本当に悪い方法である．

ノートン　ということは，輸出業者の政治的影響力だけではないということか？

呉敬璉　（判断を下すのは）指導者のバランス感覚なのである．目の前の資本家の支持を得たいのか，出稼ぎ労働者の支持を得たいのか？　夥しい数の出稼ぎ労働者がいる．人民元の切り上げについて言えば，資本家は反対するし，出稼ぎ労働者も反対する．したがって，指導者が切り上げを受け入れるのは非常に難しいことである．

リード　それは，近年のスローガンである「共同富裕」〔貧富の格差の縮小，都市と農村の共同繁栄〕のことを指すのか？

呉敬璉　その通りだ．共に富裕になるという考え方は正しい．しかし，共同富裕は実現しない．なぜならば，あなたが今日ある金持ちにお金を預けるということは，その人を一層富ませることになるからだ．米国も同様の問題を抱えていると思うが，それに対する非難はあまりみられない．例えば，米国におけるこの議論について論じたある経済記事の序文で，金融危機は，突き詰めて分析すれば，新自由主義によるものか，あるいはケインジアンによるものか，を論じたことがある．私は，金融危機は（新自由主義とケインジアンの）両方によるものであると思う．サブプライム・モーゲージ危機は，家を買うことのできない人々に家を買う手段を与えたことの結果であるのか？　ファニー・メイとフレディー・マックが創られたのはそのためなのか？　そして，それらの公社は，家を買うことのできない人々に対するローンを銀行に提供させ，そのローンを証券化し，他の人々にそれを売り，そうしたやり方で儲け始めた．以前ならば売買できなかった商品だったが，それを今売買できるようにする．こうして，新自由主義の考え方も影響を与え，規制が緩和されたのである．ついには，（ケインジアンと新自由主義の）双方が協力した結果，ごく少数の投資銀行が膨大な儲けを生むことになった！

　中国も事実上同じようなやり方であるが，そうした複雑な金融商品を使うのではなく，単に紙幣を刷るだけである．政治家というのは，中国流には紙幣を増刷してそれを投資に使い，欧米流には資金を借り入れて高福祉と高消費を支えるためのインフレ政策に使う．中国は，こうした方法を高速の成長と高水準の投資を支えるために使っている．おそらく政治家は全て，低所得者層を豊かにするという考えから始めるが，結果的には銀行とヘッジ・ファンドが大儲けをすることになる．政治家の考えは近視眼的である．すなわち，まず頭の良い者が，金融仲介業者が金利収入を得るための革新的な金融商品を思い付く．そして，政治家が火に油を注ぎ，国有企業，銀行，そして株式市場の投機家たちが殺到するのである．要するに同じことである．実際上何が違うのか？　この点において，まさに中国と米国は同じなのである．

ノートン　中国では，堅牢な利益集団の経済政策に対する影響が，ますま

す大きくなっているということだが？

呉敬璉 これもまた一つの要因である．1980年代においては，論点は一義的に左派と右派，計画経済と市場経済の間の闘争と考えてきた．しかし，現在では──3つの社会勢力に関する論文（第3章）で述べたように──改革に反対する異なる2つのグループがある．一つは，計画経済すなわち古い制度への回帰を望むグループであり，もう一つは，経済システムをいわゆる国家資本主義へと転換させようとするグループである．これら2つのグループは，一見すると全く相反するものであるが，実際には，互いに支持し強め合っている．これらのグループは，その殆どがイデオロギー論争の中で良心に従う多くの学者とは距離を置き，自分たちの利益を守るために毛沢東主義やその信条を議論するといった現在の状況を造り出している．

　こうした状況が悪循環を生み出している．腐敗が深刻化すれば，腐敗によって生じた不満を利用して，国家権力の強化を支持する方向へと大衆を動員しようとする人々がいる．そして，国家権力が増大すれば，レント・シーキングの制度的基盤が拡大し，腐敗はより一層酷（ひど）くなるのである！多くの領域で起きている「民営部門の犠牲の上に国有部門が拡大する」〔「国進民退」〕現象を知っているだろう．国有企業は，民営企業を力ずくで買収したり，民営企業の操業を妨げたりしている．有名な事例は，2005～06年の山西省北部の油田である．山西省北部は，かつて省政府によって多くの小規模な民営の油田が設立され，その数は1000以上に達した．ところが，突然「中央政府の政策の精神に則り，民営企業が油田を所有することを禁止する」と言われたのである．

　こうして，民営企業はライセンスを有しているにもかかわらず，操業が継続不可能となり，全ての油田は国有企業に転換させられたのである．自分たちの権利を守ろうと試みた民営企業家の何人かは，逮捕されたり投獄されたりした．これは悪循環である．腐敗は大衆の不満を掻き立てる．一方で，古いシステムの擁護者は，政府の管理強化と国有経済の強化を要求するために，この不満を利用する．そして，政府の管理が強まれば，レント・シーキングの可能性は大きくなる．こうした循環は，もちろん政府の

政策に影響を与える．たとえ個人的な利益を求めない人であっても，ついにはこのような思考方式に影響されるのである．私の旧友の馬賓のように，善良で，全く腐敗していない人物であっても，その役割はついには否定的なものになってしまう．

ノートン あなたは「国家資本主義」という言葉をより頻繁に使うようになっているが，この用語をどのように定義するのか？

呉敬璉 現在の状況から，中国において国家資本主義が大きく出現していることを見ることができる．まず，最重要セクターの全てで行政的な権威による独占的な地位が維持されているといった，極端に大きな国有経済の存在である．その状況は，「民営部門の犠牲の上に国有部門が拡大する」と言われるように，さらに拡大している．次に，政府がミクロ経済活動に直接的に，しかも頻繁に介入していることである．これは，中国で次のように表現されるほどになっている——党書記はCEO兼会長，省長または市長は総経理かCOO——と．

政府は直接的に企業を管理している．これは，政府が「商品経済」を管理する国家社会主義とは異なる．国家社会主義においては，国家が管理するのは営利目的ではない企業である．しかし，国家資本主義では，政府は営利目的の企業を直接管理する．しかも中国では，中央政府だけでなく，全てのレベルの政府が企業を管理する．中国は変わってしまった．銭穎一は〔中国という国は企業に喩えれば〕M型企業〔多数事業型企業〕だと言った[8]が，私としては，そうではなくH型の持ち株会社だ，と言いたい．中国は，地方部門が利益を留保することのできる，一つの巨大な多層的な持ち株会社のようなものである．地方政府は，国家規模の本社の下にある子会社のようなものなのである．

ノートン 国家資本主義という用語は，国家が利益集団に牛耳られていることを意味するのだろうか？

呉敬璉 そのような含意は確かにある．本来はそのような意味ではなかった．例えば，第一次世界大戦時，ドイツは国家資本主義であったと我々は言う．しかし，当時のドイツは，マックス・ウェーバーが類型化した官僚的組織としての国家であった．中国においては，国家資本主義は容易に縁

故資本主義に成り変わる．

ノートン では，国家資本主義は必ずしも縁故資本主義（クローニー・キャピタリズム）ではないということか？

呉敬璉 その通りだ．しかし，中国ではすでに縁故資本主義になってしまった．

ノートン 国家資本主義という用語はレーニンに由来するものだったはずだが？

呉敬璉 レーニンは，この用語を彼の新経済政策（NEP，1921〜28年）を表現するのに使用した．新経済政策は経済システムを国家資本主義に作りかえるものであるが，この国家資本主義は共産党を脅かすものではない，と彼は言った．この当時，多くのボルシェビキは，NEPは共産党を弱めるものであるとして，これに反対した．レーニンは，それは違うと言った．この国家資本主義の特徴は，プロレタリアート独裁のもとにある共産党と国家が，経済の管制高地（the commanding heights of the economy）を管理することにある．したがって，経済政策の変更は，我々が決定できる範囲内にあり，我々はいつでもそれを変更することができるのである．レーニンの著作の中国語版では，「管制高地」は「経済の命脈（the economic lifeline）」と訳されている．それゆえ，今日我々が，国家が経済の命脈を管理することを論ずる時，国家資本主義という用語はレーニンに由来するものと言える．

ノートン 中国は国家資本主義のシステムになったのか？

呉敬璉 21世紀の初め以降，その方向〔国家資本主義〕への発展トレンドが極めて明確になっている．

リード 今日の中国で，イノベーションと技術発展を妨げている勢力は何か？　逆に，中国でイノベーションを盛んにするのに必要とされる鍵となるものは何か？

呉敬璉 これは本当に複雑な問題だ．もしあなたがイノベーションを盛んにしたいのならば，3つの条件が必要だと，私はいつも言っている．なぜならば，一般に，技術革新の担い手は会社であり企業であるからだ．一層のイノベーションに向かう企業には，3つの要素——プレッシャー，モチ

ベーション，能力（中国語で「圧力，動力，能力」）——がある．一つ目はプレッシャー（圧力）である．中国政府は，輸出促進戦略を採っているがゆえに，為替政策や関税政策など輸出企業を保護するための様々な手段を利用している．低廉な労働力と現状の為替政策のもとでは，企業はイノベーションを必要とせずに稼ぐことができる．それゆえ，私は 2003 年以降，余永定の立場を支持している．彼は，人民元切り上げを容認すべきであり，それが中国の企業をよりイノベーションに向かわせると主張している．

　二つ目の要因は，モチベーションもしくはインセンティブである．ダグラス・ノースは，うまい言い方をしている．インセンティブ・メカニズムは個人の報酬とその人の社会的貢献を整合的なものにする，と．しかし，中国の規制の多くは，個人の努力や社会的貢献に依存するのではなく，むしろ個人と役人との関係や政策的な恩恵を得る能力に依存しており，その結果，個人は国家に対して何ら貢献していないにもかかわらず，大きなリターンを得ることができる．したがって，イノベーションを促進するには全体的なシステムを変えていく必要がある．

　法制度も然りである．早い段階から，法制度に関わる問題が深刻であることに，我々は気づいていた．2003～04 年に行った調査で，私は多くの技術者と話をした．彼らは，イノベーションはリスクが伴うものだと言う．なぜなら，地方政府は彼らの知的所有権を保護しないからだ．私があるマネージャーを雇っているとしよう．そのマネージャーは，私のもつ全ての専門的なノウハウを盗みたければ，他の県に行けば良いのだ．他の県に行けば，裁判所は間違いなく彼の側に立つだろう．イノベーションの高いコストは，高いリターンを生み出すことはできない．したがって，イノベーションは何の得にもならないのである．現在の法的状況には，実行面での問題がある．我々は，民事訴訟が 2 つの異なる司法管轄区にまたがる場合，中央政府が上級司法管轄区から上訴審を行うのが問題解決の最善の方法である，と提案した．しかし，誰もこれに賛成しない．地方裁判所の裁判官は〔地方の〕組織部が任命するので，当然ながら，彼らは地方の役人の言うことに従う．技術革新において貢献した個人がそれに見合う報酬を得ることが保証されないので，技術革新のモチベーションが存在しないのであ

る．

　三つ目は能力である．どの国においても，小型企業がイノベーションの主力である．しかし，小型企業は，金銭的な資源や技術人材を集める能力において限界に突き当たる．例えば，それらの企業には，特に資金面での特別な手助けが必要である．1998 年に，我々は朱鎔基に対して，小型企業のための信用保証会社（信用担保公司）の設立を提案し，朱鎔基もそれに同意した．しかし，2000 年以降，経済状況が著しく好転し，各地に設立された小型企業信用保証会社の殆どが営業を停止した．人的資源および汎用技術の発展についても，我々は，地方政府が，台湾の工業技術研究院（Industrial Technology Research Institute）のような汎用技術の開発を担う政府機構を創設することを望んでいた．しかし，殆どの地方政府は，この手のアイデアには全く興味を示さなかった．

ノートン　沿海地域のいくつかの都市では，イノベーションに有利な環境を造り出すことができないだろうか？　例えば，柳卸林（Liu Xielin）が議論しているように．

呉敬璉　私は 2004 年に浙江省に関する研究を発表したが，私の展開した批判は遠回しに過ぎたかもしれない．浙江省においては，省政府から県政府に至るまで，その時点までの政策は間違っていたと感じた．過去の浙江省では，特に温州市と台州市における際立った特徴は，政府が経済に介入しないことであった．事実，民営企業（が上級レベルの政府との間）でトラブルが生じたならば，地元の政府はそれらの問題から当該企業を守る術を指南してあげるのが通例であった．2003 年以降，浙江省の地方政府は，方向性が変わったように思われる．各級の政府と党組織が，自ら介入を始めたのである．私は深刻な問題を発見した．党委員会と政府はいずれも，3 つのレベル——省，地区，県——でそれぞれ企業名のリストをもっていたのである．そのリストとは，概して 10 社かそれ以上の数で，彼らが支援したい企業のリストだった．それだけでなく，これらの企業は通常の政策においても，銀行融資と土地の 2 つの面で優遇されていた．

　地方政府は，非常に安い価格で農民から土地を取得し，それを彼らが目をかけている企業に与えたのである．これはとんでもないことだ．政府が，

そのような貴重な資源を配分しているとは，めちゃくちゃなことである．私は，台州市で冷凍庫を生産しているある企業を訪問したが，冷凍庫は中国市場では供給過剰であった．アイスクリーム販売店は，全てが冷凍庫を備えていた．すでに需要はないのである．しかし，この企業は有名企業であった．工場の一帯を歩いてみると，この企業はあらゆることをやっていた．スクリーンを作り，コンピュータを作り，トイレまで作っていた．私はマネージャーに尋ねた．「あなた方は小型薄型パネル・ディスプレイを作っているが，これは深圳で何百万も作られているものだ．あなた方はどうやって利益を生み出すことができるのか？」彼は言った．「利益は出ません」．私はさらに尋ねた．「コンピュータについてだが，聯想集団〔レノボ〕は相当数のコンピュータを生産しており，彼らの利益率はすでにかなり低い．あなた方はどうやって利益を生み出すことができるのか？」彼は言った．「利益は出ません」．彼によれば，これら全ての製品で利益は出ないと言う．そこで，私は台州市経済委員会の主任に会いに行って尋ねた．「この企業はどうして操業し続けることができるのか？」彼はニコリと笑って，こう言った．「この企業は有名企業だ．我々は重点企業を支援する必要がある．それで，この企業には2,000ムー（330エイカー）の土地を提供した」．この2,000ムーの土地の（当時と現在の）価格差はどのくらいか？当時は約14億元だったが，現在の価格は見当もつかない．台州市経済委員会は，毎年この企業に小さな土地を与え，開発させ，住宅を建設させる．こうしたからくりで，この企業は操業を続けているのである．もう一つの例は，これも有名なハイテク情報通信（IT）企業である．その創業者は非常に有名である．この男はあらゆる賞を受賞し，どれだけの富を築いたかは想像もつかない．しかし，その後，彼は全く何もしなくなった．こうした状況が，ごく普通のことなのである．しかし，これは事態の一つの側面を映しているに過ぎない．もう一つの側面がある．あなたの会社が何の名声もない，何のコネもない小さい企業であったとしよう．あなたは，ある革新技術を用いて利益を生み出す商品を開発したいと考える．しかし，そのような考えは忘れてしまった方が良いだろう．それは非常に難しいことだからだ．こうした状況もまた，非常に普通のことなのである．

ノートン 2009年に導入された「戦略的新興産業」政策は，効果があったのか？

呉敬璉 いくつかの領域では実にうまくいっているが，基本的な方法という点においては本当に問題が多い．いわゆる戦略的新興産業を支援してきた方法は，我々が1950年代と60年代に採用した方法と全く同じである．我々は1960年代にすでに電子産業のような産業を発展させることを決定していた．これは，今日で言うところの「新興」産業である．この決定は，電子産業とその他の産業の基盤を整えるためのもので，実によくできたものであった．政府が長期計画を策定し，どの技術を優先度の高いものとするかを政府が決めるという方法であった．政府は資源を動員し，それらの産業に投資し，支援する企業を選別し，科学技術を産業化するのである．1956年にこの方法を開始し，一貫してこの方法を堅持してきた．そして，いまだにこのような方法を続けているのである！

　ここで言っておかねばならないことは，進歩はあったということだ．いくつかの企業は，優れた発明を行い，新商品を開発した．私は，地方政府が新興産業を支援できるであろうことを期待して，江蘇省，上海市，広東省で相当の時間を費やした．グローバル金融危機からの回復に続き，いくつかの新しいセクターが登場したのは確かである．中国には発展の条件が備わっている．我々は，こう言わなければならない．中国は従来のシステムを変える必要がある一方で，そのシステムが改革されるまでは，ある程度政府の助けが必要とされ，いくつかの地方政府はその役割を果たしている．しかし，インプットと結果の間の不均衡があるのも事実である．莫大なインプットが限られた結果しか生み出さず，膨大な浪費が生じている．私が真剣に心配していることは，浪費的な投資の新しい波が起きる可能性があることである．それは，1978年の過剰輸入ブームを凌ぐほどの浪費となる．昨年〔2011年〕，私はこの問題に警鐘を鳴らす講演を行ったが，この問題は今年すでに発生している．最も重大な問題は，あらゆる地方政府が手を付けている太陽光発電（ソーラーパネル）の分野である．

　今述べたように，全てが政府によって行われているため，党書記はCEO兼会長であり，彼は会議を開いて「我々は当地で何々の産業を発展

させるのだ」と言うのである．このような調子で，どうやって高い効率性を確保するのだろうか？ であるから，これらのケースでよい結果が得られたとしても，それは単に偶然に過ぎないということだ．あるいは，地方政府の役人が比較的知性的で状況を熱心に研究している場合か，その地域の起業家が，政府の用意したプログラムから利益を得るのではなく，国家に貢献したいと切望した場合には，良い結果が得られるであろう．しかし，そのような人々の比率は相対的に低く，失敗の比率は相対的に高いのである．

昨年〔2011年〕11月，我々はあるリサーチを行った．陳清泰と私は，大規模な集積回路を詳しく調査した．プロダクション・チェーンのあらゆる工程で，技術の最前線に近いところに立つ中国企業があったが，それらは皆大きな困難の中にあった．多くの人々が「3年以内にグローバル市場で上位3位以内になれなければ，我々はおしまいだ」と言っていた．果たして彼らがそれを実現できたかどうかは，甚だ疑問である．

これは比較的恵まれた環境のもとにある上海のケースであり，他の地域ではもっと深刻なのである．行政的介入が強すぎて，全てが政府任せなのである．政府があなたを支援すれば，あなたは前進することができる．しかし，政府の政策決定者は，〔その企業のもつ技術などの〕真価を保証することなどできるのだろうか？ この手の戦略的新興産業発展策は，そこら中にある．しかし，本来は，主役は企業なのである．企業自身が努力し責任を負うならば，あなた（政府）は企業のための環境を整え，企業を助け，企業自身で解決できない問題の解決を手助けすることができる．しかし，どの産業を発展させるか，どの企業を支援するかを独断で決めるだけの政府には，それはできないのである．

ノートン あなたは，多くの太陽光発電の企業が短期的に倒産するだろうと予測している．

呉敬璉 これらの企業の多くは倒産するだろう．もちろん，発展することができる企業もあるだろうし，世界的な企業に成長するものが出てくれば，この業界が生き残るという結果になるかもしれない．しかし，動員型の産業化で発展させるならば，最善のケースであっても高いコストを支払わな

ければならない．コストが過剰であれば，それを持続することはできない．中国と先進国を隔てるギャップは大きい．あなたがインプットに多くを費やせば，戦略的新興産業を発展させるコストも高くなり，このギャップを縮めることはできなくなるのである．我々は，この問題が表面化していることにすでに気づいている．昨年，高速鉄道は資金不足に陥った．この分野で中国は実に良い仕事をしてきた．もちろん，いくらかの誇張や自慢はあるが，それにしてもだ．我々は，当然のことながら，高速鉄道を発展させるべきである．しかし，我々はリニアモーターカーを発展させるべきではない．経済効率があまりに悪いからだ．高速鉄道にはイエスだとして，世界的に先進的な水準に届きたいのであれば，時速300キロメートルで十分だ．ところが，彼ら（鉄道部）は世界一になりたいと，時速300キロメートル以上を欲していた．事実，人類はすでに時速300キロメートル以上がどのようなものであるかを学んでいる．日本とドイツのいくつかの企業はその技術をもっているが，彼らには時速300キロメートル以上で事故のリスクが急激に上昇すること，コストが格段に上昇することがわかっている．したがって，それらの企業は通常速度を時速300キロメートル以内で設計することを決定した．こうした他国の経験にもかかわらず，我々の政策決定者は世界一のスピードを求めた．もちろん，これは政策的な失策であった．

　高速鉄道への投資は過剰であったし，そのコストは非常に高いものとなった．先進国でも，高速鉄道の建設期間は通常は3年から5年である．鉄道の路盤を均すには，普通は3年間自然状態で固め，その後に改めて均し，そしてレールを敷くのである．ところが，彼らはナンバーワンになろうと欲し，建設期間を短縮し，線路を1年以内で完成させた．これは重大な問題ではないか？　彼らは，レールを構脚の上に敷くことで問題が解決すると考えたが，当然ながら，これはコストを一気に引き上げることになった．さらに，レールを構脚の上に敷くことは何ら問題の解決にはならなかった．なぜなら，レールを敷く路盤の一定部分はどうしても地面の上にならざるを得なかったからである．したがって，建設した後になって，彼らは速度を落とさざるを得なかった．さらに，温州市での事故の後，彼らはさらに

速度を落とさざるを得なくなり，今では時速300キロメートル以下で走行している．これは，商業ベースでなされるような計算ではないが，純粋に政治的な計算であったとも言えない．劉志軍（前鉄道部長）が個人的に非常に腐敗していたことは，今明らかになっている．彼が高速鉄道の政策を支援したのは，一つには，巨額の公的資金を動かす権限が得られるからであり，また，一つには，国家にとって栄誉ある事業を成し遂げれば，誰も彼の金銭的な問題に探りを入れることはないと見込んでいたからである．しかし，彼は失敗した．

あなたは，先に，第11次5ヵ年計画はよく練られたものであったが，なぜうまく実行されなかったのかと質問した．その原因は，根本的に同じである．システムを変更するのは難しいということだ．第11次5ヵ年計画は，後に新興産業と呼ばれるアイデアを提起した．それは，技術的なコンテンツ〔の質〕を高め，付加価値を高めるということとアイデアとしては同じである．技術的に熟練した労働者を増やし，専門的人材を増やす．我々は，これによって消費の問題を解決することができるはずだった．専門的人材が増加すれば，労働所得全体が増加する．それによって消費率が，いや，それによってのみ消費率は上昇するだろう．政府のこれまでのやり方では，消費率は上昇しない．なぜならば，政府は，農村部のテレビ購入に対する補助金や他の短期的な保障措置といった，政府自身の資金に依存しているだけだからである．労働所得が増えなければ，どうして消費を増加させることができようか？　だから私は言いたい．19世紀の資本主義に対するマルクスの分析，すなわち消費が不十分であれば究極的に総需要が不十分になるという分析は，実に正しかったと！　マルクス主義者を自認する人々が，まさにマルクスが批判していたようなことを日々行っているとは，全く嘆かわしい．

ノートン　2012年末に登場する習近平の新政権が改革アジェンダを復活させるかどうか，あなたは楽観しているか？

呉敬璉　改革の復活について，私に希望をもたせることが一つある．今まさに多くの問題があるが，新世代の指導者たちは，彼らが変化を起こさなければ，物事は彼らにとって非常に難しくなることを理解している．次の

政権〔習近平政権〕の指導者たちは全て，変化が必要であり，改革が必要であることを認識している．しかし，どのような方向に改革を進めるべきか？　これは本当に明言するのが難しい．「第12次5ヵ年計画に関する党中央の提案（建議）」の中に，次のような一節がある．「改革において，統合的な改革計画と『最高レベルでの設計』を一層強調する必要がある．」[9)]この文言は，最高指導者たちが，青写真を作成することに関心をもっていることを示している．

ノートン　変化すべき最も重要なことは何か？

呉敬璉　何を改革すべきであるか，正直なところ，今の段階では明確でない．経済改革をめぐる問題は依然として非常に大きい．私の考えでは，一番大きな問題は国有企業である．一つには，国有企業の経済的な効率性は非常に低い．それらは主に独占的権限に依存しているからだ．国有企業は，古いシステムを維持し，行政的な独占を維持するための重要な勢力となっているばかりか，とても腐敗している．したがって，近年の経済改革の最大の誤りは，国有企業の改革が進んでいないこと，いや，むしろ事実上後退していることにある，と私は感じている．

　2003年に（国有企業における政府の所有権行使のため）国有資産監督管理委員会（SASAC）が創設された時，私は一本の論文を書いた．それは，中国人民政治協商会議の全体会議での講演のために作成したのであるが，この中で，SASACが継続的になすべき3つのことを説いた．一つ目は，競争的なセクターから退出していくことであり，二つ目は，集団公司を改革していくことである．現時点では，上場企業は我々が「一級企業」と呼んでいる「集団公司」の子会社である．これらの一級企業は国家が100％の株式を保有しているため，二級企業を株式市場に上場させても〔政府の支配権には〕影響がない．3つの通信会社では，会社経営者たちは経常的に異動しているが，同じサークルの中で順繰りに回っている．3つの石油会社でも，会社経営者たちは一つの会社をしばらく経営し，それから別の会社の経営に移る．詰まるところ，これは何を意味するのか？　それらの会社の親会社は国家が100％所有しているので，このようなことになるのである．つまり古い会社〔旧来の国有企業〕と同じで，何も変わってはいな

いのである．二つ目の集団公司の改革で私が求めているのは，それらの所有権を分散して，株式を共同所有する会社に作りかえることである．

三つ目は，SASACが公司法（会社法）の通りに株主の利益を代表すべきだということである．現在，SASACは会社内で中間管理職まで指名しており，また業績評価までもSASACが行っている．これは過去の国有企業の管理方法と全く同じである．これら3点は，私が講演を行う前に，李栄融（初代SASAC主任，2003〜2010年）に送り，彼と議論したことである．李栄融は，その時点（2003年）ではこれらに同意した．しかし，その後彼が行った政策は，とりわけ2006年以降は，当時の見解と整合的であるとは言えない．

リード あなたは国有企業改革が後退していると言ったが，それは政策が変更されたからか，それとも政策が実行されていないからか？

呉敬璉 残念ながら，それは以前に述べたのと同じ2つの理由による．経済的観点からは，朱鎔基が政権に入った時，全ての国有企業は赤字を垂れ流していた．それで，1998年に首相になってからは，彼には国有企業を改革する以外に選択肢はなかった．しかし，現在，国有企業は儲かっている．それで，彼らは改革などする必要はないと思っているのだ．もう一つの点は，政治的なものである．2003〜04年頃から，左派的な傾向が主流になった．

ノートン ところで，中国にとって最も大きな困難は何か？　最も差し迫った問題は何か？

呉敬璉 経済面で言えば，最も明らかな問題は，投資主導型の成長は持続不可能だということである．指導部はその問題点をすでに理解しているが，では，何がそれに替わるべきであるか？　指導者たちが明確な決断をしたとは思えない．現政権〔胡錦濤・温家宝体制〕が，彼らの任期満了（2013年初）まで平和と安定を維持したいと望むのはもっともだし，それは完全に可能である．しかし，次の政権〔習近平・李克強体制〕については，もし改革を進めないならば，任期中にとてつもない問題が起こり得るだろう．

ノートン あなたは，どのような危機が起こり得ると次期政権〔習近平政権〕に警告するか？

呉敬璉 2つのタイプの危機がある．一つは経済的な危機である．現在の成長方式は持続不可能であり，変更されなければならない．この点は誰もが認識している．胡錦濤は非常に力を込めて「経済発展方式の転換を加速せよ」と言っている．しかし，システムを変えなければ，成長方式の変更などできるはずがない．この問題は，何十年もの間，解決されることなく議論されてきた．第9次5ヵ年計画〔1996〜2000年〕の時から，我々はこの意見を主張し始めた．しかし，依然として解決されていない．第11次5ヵ年計画〔2006〜10年〕では（発展方式の）転換の加速を求め，具体的な経路まできちんと説明された．しかし，問題はシステム〔制度〕——いわゆるシステム〔制度〕上の障害である．第12次5ヵ年計画〔2011〜15年〕中のこの数年，共産党は力を込めて経済発展方式の転換を強調してきた．しかし，結果は極めて小さい．我々には，（結果が出ないままで）これらのコストを負担し続けることはもはやできない．すでに太陽光発電や高速鉄道の問題を見てきた．こうしたやり方を続けることが不可能であるのは目に見えている．したがって，経済面では現実として問題が起こり得る．

　それから，現在，腐敗の問題がますます深刻になってきている．政府と庶民の間の矛盾，あるいは役人と人民の間の矛盾という言い方もできようが，近年これが非常に先鋭化している．この種の問題は，どのように解決されるのだろうか？　現政権〔胡錦濤政権〕の方法は，「安定の維持」を強化するというもの，つまり管理強化であった．次の政権〔習近平政権〕はこの方法を変更するだろうか？　私にはわからない．最近，広東省の汪洋〔当時の省党委員会書記，現副総理〕は，村民の法的権利を守るという全く異なる一連の方法を通じて，烏坎村の村民の不満を処理した．この事態が今後どのように展開していくか，誰もがじっと注目をしているが，別の言い方をすれば，誰もが独自の意見を発信しているということである．今日，庶民であろうとも自分の意見を表明する自由は，過去に比べてはるかに大きくなっている．それゆえ，毛沢東主義，市場化，自由主義，さらには「新民主主義」[10]に至るまで，役人であろうと庶民であろうと，あらゆる意見を発信しているのだ．

ノートン　現時点で改革のヴィジョンはあるのだろうか？

呉敬璉 それを明確に言うことは実に難しい．これまでの最高指導者が，公式の場では，改革をしなければならない，市場の役割を全面的に発揮させるようにしなければならない，と言いながら，具体的な手段を講じなかったのはなぜだろうか？ 次の政権〔習近平政権〕は果たしてそれを変えるだろうか？ 断言するのは非常に難しい．決定的な問題がどの領域にあるのか，我々にはわかっている．国有企業，財政・税制の改革，金融システム，土地の所有権，さらに社会保障システムもある．財政・税制の改革で何をしなければならないかについて，我々にはすでに明確なアイデアがある．土地の所有権の改革について，成都市はとても良い仕事をしているし，中国の多くの地方における試行で肯定的な成果が上がっている．金融システムに関して，中央銀行のグループは，金利および為替レートの市場化を中核的部分とする完璧な改革案をすでに有している．中央銀行は一貫して，これを唱道してきた．改革にはその他の側面もある．中国証券監督管理委員会（CSRC）は，株式市場への上場に際しての「行政的許可制度」——これは機能していない——を変更し，それに替わって（自動的な）登録制度を導入したいと考えている．これは，改革に対する包括的なアプローチ，市場化への明確な方向付け，があるかどうかにかかっている．それがあるならば，CSRCも大きな改革を実行することが可能になる．このように，今日中国の各政府部門において，専門家たちは改革を設計し実行するための高度の専門的知識をもっているのであり，その能力には何の疑いもない．我々は，実行しようと思えば，実行できるのである．最も重要なことは，最高指導部がそれに必要な政治的なコミットメントを行うことができるかどうかなのである．

注

1) インタビューの録音の起こしはリー・ユーフイ（Li Yuhui）とヤン・ヤン（Yang Yang）が行い，英文への翻訳はバリー・ノートンが行った．括弧内の文章および脚注はバリー・ノートンが加えた．
2) 馬賓は，鞍山製鉄所の党書記も務め，1960年代に企業経営における労働者の政治的指導性を強調した「鞍山鋼鉄公司憲法」の宣伝に個人的に関わっていた．それゆえ，馬は，彼自身が毛沢東時代の諸側面に同化されていたこともあ

り，他の多くの幹部よりも名前が知られていた（バリー・ノートン）．
3) 水陸洲（ペンネーム）『鄧小平晩年之路』は，中国の多くのウェブサイトで閲覧ができる．
4) ラリー・ラン（郎咸平）は，香港中文大学ビジネス・スクールの教授（金融論）である．彼は，中国の国益の観点から中国政府の政策に対して鋭い批判を加えていたため，中国大陸の大衆に対し計り知れない影響力をもつに至った．彼の名前が著名になったのは，2004年8〜9月に中国の民営化プロセスにおけるMBO（マネジメント・バイアウト）を批判したときである．そのときに論争の相手となった広東科龍電器（現在の海信科龍電器）株式有限公司の顧雛軍CEO〔当時〕は，名誉毀損で郎咸平を香港の裁判所に訴えた．Joseph Fewsmith, "China under Hu Jintao," *China Leadership Monitor*, no. 14, を参照．
（http://media.hoover.org/sites/default/files/documents/clm14_jf.pdf）
5) 呉敬璉「例えば付加価値税を生産型から消費型に変更することは，それ自体は特別なことではないが，地場企業と中国企業に平等な競争条件をもたらす効果がある．外国企業が輸入した機械設備は非課税であるため，中国企業が付加価値税の課税対象額から機械設備の購入コストを控除できるようになるまでは，税負担が不公平であった．この税制度の改革は，全てのサービスに対してより広く実施されるべきである．しかし，今日においても，上海市だけが独自の政策措置として，サービスに対し付加価値税を適用しているといった具合である．これは重大なことである．なぜならば，中国のサービス産業が発展しないのは，税負担が重すぎるからである．サービス産業は，総売上額に課税される工商税を支払っているが，その負担は非常に大きい．その他にも，生産財価格や石炭価格の自由化といった小さな改革はあるが，電力価格は自由化されていない．電力価格の自由化は非常に長い期間議論されてきたが，実行は極めて遅く一貫性に欠けており，現在大きな問題となっている．」
6) この文言は第16期中央委員会第6回全体会議（六中全会）の決議「社会主義和諧社会建設の若干の重要問題に関する決議」（中共中央関於構建社会主義和諧社会若干重大問題的決定）の第2部に盛り込まれている（下記のサイトに2006年10月11日にアクセス）．
http://www.china.com.cn/policy/txt/2006-10/18/content_7252336.htm
7) 呉敬璉『中国増長模式抉擇（増訂版）』上海，上海世紀，2006年．
8) Yingyi Qian and Chenggang Xu, "Why China's economic reforms differ: the M-form hierarchy and entry/expansion of the non-state sector," *Economics of Transition*, vol. 1, no. 2 (June 1993): 135-70.
9) 中国共産党中央委員会「国民経済・社会発展第12次5ヵ年計画の制定に関する提案」（2010年10月18日）の第10部「改革の最も困難な問題に取り組む歩みを加速し，社会主義市場経済体制を完成させる」．
（http://news.xinhuanet.com/politics/2010-10/27/c_12708501.htm）

10)「新民主主義」は1940年代末に中国全土を掌握した中国共産党のプログラムである．それは，（共産党の指導のもとに）全ての進歩的な党派を結集し，（国家所有の指導のもとに）公的な所有権と私的な私有権の共存を唱えるものであった．近年，建国時の指導者・劉少奇の子息である劉源が新民主主義への回帰を唱えているが，その真意は極めて不透明である．

訳注1　2004年4月に明るみに出た江蘇省常州市の民営企業「江蘇鉄本鋼鉄有限公司」をめぐる「鉄本事件」とは，同公司が，巨大鉄鋼プロジェクトを複数のダミー会社に分けて設立し，地方政府がプロジェクトの違法性を知りつつ設立計画・申請を認め，地方政府の圧力のもとに国有商業銀行等の地方支店が巨額の融資を供与した，とされる事件である．鉄本事件は，地方の企業，政府，銀行三者間の癒着による中央政府のマクロ・コントロール政策をないがしろにする悪質事案だとして，国務院（中央政府）常務委員会の決定により投資プロジェクトは即時全面停止となり，企業幹部，地方政府関係者，銀行責任者が処分された．その中に，呉敬璉のかつての教え子が含まれていたこともあり，この事件に関する呉のコメントは歯切れの悪いものとなっている．ただし，この事件の本質として呉が問題としているのは，民営企業の活動に対する政府の介入である．

2
中国経済改革30年の制度的思考[1]

　1978年から今日まで，中国の改革開放はすでに30年の歳月を歩んできた．改革開放の目標は，中国共産党第17回大会の総括によれば，「高度集中の計画経済体制から，活力に満ちた社会主義市場経済体制へ，閉鎖的・半閉鎖的〔経済体制〕から全方位的な開放への偉大なる歴史的な転換」である．現在，この歴史的な転換はまだ完全には実現されていない．この転換を円満に実現するには，我々は，30年間の経験・教訓を真剣に総括した上で，歴史をもって未来の道を明るく照らさなければならない．

　一国の経済発展は，一般的に，2つの「エンジン」によって駆動される．一つは技術，もう一つは制度である．中国のような経済と技術の水準が後れている発展途上国にとって，より効率の高い新技術は，先進国に広く存在しており，手が届くものである．しかし，これら新技術を広く応用できるかは，これらの技術に相応しい制度体系を有しているかどうかにかかる．このため，歴史を前進させる技術と制度という2つのエンジンのうち，制度は技術よりも，明らかに重要な意義をもつ．

　本章は，制度変遷の角度から，中国の30年間の改革の道程を考察するものである．

1. 大きな災難が促した改革への共通認識（20世紀70年代後期）

　1956年の中国共産党第8回全国代表大会において「経済管理体制改革」が打ち出されたが，真の意味の経済社会体制改革は，1978年12月の党第11期中央委員会第3回全体会議（第11期三中全会）の開催後に開始したのである．それでは，中国は，どのような社会・歴史を背景に改革を打ち出したのか．

　1949年に中華人民共和国の成立後，共和国の指導者は，新民主主義社会を「3年間かけて準備し，10年間かけて作り上げ（3年準備・10年建設）」，そして，徐々に社会主義に移行するという構想に基づき，50年代初期に経済回復への取り組みにおいて大きな成功を収めた．しかし，1952年の土地改革の実現と朝鮮戦争停戦の後，毛沢東は，劉少奇など中国共産党の指導者が作成・執行する新民主主義綱領を批判し，1953年に「生産手段の社会主義所有制を我々の国と社会の唯一の経済基礎にすること」を目標とする「過渡期の総路線」を正式に確立した[2]．1955年に「社会主義ブーム」が起き，農業・手工業と資本主義工商業に対する「社会主義改造」が迅速に行われた．このように，中国はソ連を手本に，市場制度を廃止し，全面的にソ連型集中計画経済（指令経済）を作り上げた．

　現代の経済学が示したように，計画経済は，理論的に，正確な計算に基づき経済資源の効率的な配分を行うことができるが，取引コストが高すぎるため非効率的になる場合もある．また，現実的に，官僚が資源配分の政策決定と執行を行う指令経済では，その効率の低さはなおさらである．

　事実もそうである．ソ連型集中計画経済制度ができあがると，すぐにその深刻な弊害が露呈した．新民主主義のもとで，大きな経営自主権をもっていた国有企業は，この時，完全に上級の行政管理機関の付属物となり，人・金・物・供給・生産・販売は全て上級の行政機関が決めることとなった．このような「生産単位（ユニット）」は経営自主権と生産の積極性を失い，生産効率とサービスの質が急速に低下し，国有企業の指導者さえも不満を抱いた．ソ連型計画経済体制に対する党内の批判を受け，党と政府

の指導者は，国有経済の支配的な地位と指令経済の維持という前提下で，この体制を一部調整し，下級政府と国営企業の権限と利益を適度に拡大することを決めた．これが1956年の第8回党大会で決定した「経済管理体制改革」である．

集中計画経済体制を，どのような方向に進め，どのように調整すべきかについては，指導者の間で意見の相違があった．例えば，当時，経済分野の主要責任者であった陳雲は，集中計画経済体制の中に一部市場要素を導入し，「三つの主，三つの副」からなる経済的構図を提案した．つまり，工商業の経営については，国家経営と集団経営を主体としながら，一定数の個人経営を国家経営と集団経営の補完とする．生産計画の面では，計画生産は工農業の生産の中心だが，市場の変化に応じ計画の許容範囲内での自由生産を計画生産の補完とする．社会主義の統一した市場においては，国家市場が主体で，一定の範囲内で国家主導の自由市場を国家市場の補完とする[3]．

党の最高指導者である毛沢東はより大きな権威を有する．毛は，ソ連型計画経済の弊害は行政命令による資源配分ではなく，「権限が中央に過度に集中し」，管理が多すぎ，統治が厳しすぎたため，各級の地方政府・生産単位と労働者の積極性が抑制されたことにあると考えた[4]．これを受け，中国政府は1958年に各級政府に対する「放権譲利」〔権限を下部機関に移譲し，利益を分け与える〕という「体制下放」〔管理体制の下部機関への移譲〕運動を実施し，これによって分権型指令経済体制となった[5]．これと同時に，毛沢東は「人民公社化運動」を起こし，農業生産合作社〔一種の協同組合〕を「工農商学兵の五位一体」と「政社合一」〔農村における行政と生産組織の一体化〕の人民公社に再編し，農村経済に対する政府のコントロールを一層強化した．

このように，毛沢東は「体制下放」と「人民公社化」の制度的基礎の上で，「イギリスを超え，米国に追いつく（超英趕美）」の「大躍進」運動を発動した．前述の「経済管理体制改革」は，1958～60年の間に，各地域・各部門・各単位の間で資源争奪戦を引き起こした．経済秩序が混乱し，大量の資源を消耗して得たのは，手柄を立てるための誇大な数字と，深刻

な経済困難と命の損失だけだった．大飢饉だけで2,000万〜4,000万人の「非正常死亡」者が出た[6]．

　毛沢東は，「大躍進」がもたらした災難について責任をとることがなかった．むしろ，「大躍進」の失敗の根本的な要因は，幹部と群衆が「共産主義に対する認識が深くない」ことと，劉少奇や鄧小平など党と政府の責任者が「大躍進」の失敗後，彼が提唱する「プロレタリア独裁のもとでの革命路線の継続」〔プロレタリア独裁は中国語で無産階級専政〕に背いたことにある，と考えた．そして，1966年に「資本主義の道を歩む実権派からの権力奪取」と，「党内外の資産階級に対する全面的な専政」を行う「プロレタリア文化大革命」を発動した．いわゆる「プロレタリア独裁のもとでの革命の継続理論」は，同じように極「左」の性質をもつ．毛沢東は，「文化大革命」の最中に「プロレタリア独裁理論」を発表し，なんと「労働に基づいた分配や貨幣の交換は古い社会と大差がない」[7]と宣言し，「党内の資本主義の道を歩む者（走資派）」とともに撲滅せねばならないと掲げた．「文化大革命」においては，江青をはじめとする「四人組」が狂ったように国家権力を奪い取り，掌握した権力を利用し，好き勝手に悪事を働き，最終的に中国社会全体を崩壊の淵に追いやった．

「文化大革命」により，全面的な対人戦争を展開する「プロレタリア独裁のもとでの革命の継続」という路線が社会全体を「全面的専政」制度にがんじがらめにし，約1億人が迫害に見舞われ，これに対し，大多数の中国人は，絶望と憤怒を覚えた．1952年以降の何度もの政治運動と「大躍進」では，一般労働者・農民・知識人が受難したが，「文化大革命」においては，古い路線の執行者と古い体制の支柱だった党と政府の高官も政治迫害の苦しみに苛まれ，国家主席すら免れることができなかった．このような状況下で，朝野共に，旧路線と旧体制はもはやこれ以上持続できず，変革の中から生き残りの活路を見出さねばならないという認識で一致した．国務院副首相だった李先念は，1978年7〜8月に開かれた国務院理論研究会（務虚会）での総括において，当面の急務は，現在の後れた生産力を大幅に変える一方，生産関係を変え，上部構造を変え，工農業企業の管理方式と工農業企業に対する国の管理方式を変え，人々の活動方式と思想方式

を変えることである，と指摘した[8]．これは，朝野ともに10年間の「文化大革命」という大きな災難を経験した後の，変革を求める共通認識を反映したものである．

2.「石を探りながら河を渡る」と「双軌制」の形成（1978～1983年）

　改革初期では，中国の指導者は体制改革の目標を設けず，いわゆる「石を探りながら河を渡る」，「黄色い猫でも黒い猫でも，ねずみを捕りさえすれば良い猫である」という戦略を採用した．どのような政策あるいは制度であれ，経済回復や社会安定をもたらすことができれば，全て採用する，ということである．

　改革の最初の動きは，第11期三中全会において，極「左」思想の束縛を解き放つ「思想解放運動」である．これに先立って，『人民日報』と『紅旗』と『解放軍報』の2つの新聞社と1つの雑誌社が「文章を学習し，綱要をおさえる（学習文件抓綱要）」と題する社説を発表し，「二つの全て（両個凡是）」の方針を打ち出した．「二つの全て」とは，「毛主席の決定は全て断固として守り，毛主席の指示には全て従う」ことである．「二つの全て」は，大きな災難をもたらした極「左」路線およびその関連制度を引き続き実行することを意味する．これは当時，全国で広く掲げられた極「左」路線の終焉や，「混乱を収拾し，正常な状態に戻す」との要請とは完全に対立するものである．これを受け，鄧小平と胡耀邦の指導のもとで，1978年5月11日付け『光明日報』に掲載された「実践は真理を検証する唯一の基準である」という評論員記事をきっかけに，全国で「思想解放」を基本内容とする啓蒙運動が湧き上がり，改革開放のための思想面の基礎を築いた．「思想解放」とは，従来の「階級闘争をかなめとする」，「プロレタリア独裁のもとでの革命の継続」など至極当然の理論に対し，疑問を投げることが可能であり，また，国家計画が天下に号令するという神聖不可侵の経済制度や，「党内外の資産階級（資産階級知識人を含める）に対する全面的な専政」という政治制度が変更可能だということを意味する．数十年間にわたって硬直化してきた思想の束縛が解き放たれたことに刺激さ

れ，労働者・農民・知識人・機関の幹部は頭を働かせ，滅亡の危機を救い，発展に向かう活路を探し求めるようになった．

当時，人々は，長年束縛されてきた思想から解放され，言論が活発化した．彼らは，他国の経験を学び，自国の教訓を総括し，様々な変革の構想を提案した．中国政府も欧米や，東欧，東アジアの国々に多くの代表団を派遣し，中国経済が停滞と衰退に見舞われた20年の間に，これらの国が遂げた経済発展の経験を汲み取ろうとした．

しかし，当時，全面的な改革の理論についての準備が不足していたため，中国の党と政府の指導者が採った戦略は，指令経済の支配的な地位を維持したまま，柔軟な制度設計を通じて，民間の創業活動の空間を開拓することであった．

第一に，土地を集団所有としたままで，「農家生産請負制（包産到戸）」の形で農民による家族経営を復活させた．

1955年の農業合作化運動において，大多数の農民は，「右傾を批判する保守思想」に強制され，集団所有制の農業生産合作社に加入し，個人の農民が土地改革運動から分け与えられた土地も不可分の「集団財産」として併合された．国が賃金の分配を行わない点を除き，合作社はもはや国営企業と大差がなかった．1958年7月に，毛沢東はさらに，高級合作社を「第一に規模が大きく，第二に所有制が公有制である（一大二公）」人民公社〔農村を単位にして設置された，生産組織や地方行政組織が一体化し，集団生産・集団生活を主とした自給自足の組織〕に併合させ，これで「政社合一」の公社が全ての土地・労働力・その他生産手段を一括して調達・配分することになった．

「合作化」が実現されてからも，農民は依然として自らの家計の再建を望んでいた．このため，少しでも動きがあれば，彼らは「生産責任制の実行」という名目で「農家生産請負制（包産到戸）」を要請した．しかし，毛沢東は，「農家生産請負制（包産到戸）」，集団農民が保有する小さな「自留地」，農民が自家生産の品物を販売する「自由市場」，個人経営の工商業者の「損益自己負担（自負盈虧）」を合わせて「三自一包」と称し，これらは「資本主義への復活と逆戻り」であると断じた．このため，「農家生

産請負制」の要請が出るたびに，それは厳しく批判され，抑制された．
「文化大革命」の終結後，多くの地域の農民は再度「農家生産請負制」を要請した．当時の農業生産責任制の形態は主に，「作業班生産請負制（包工到組）」，「農家生産請負制（包産到戸）」，「農家請負制（包幹到戸）」の3つである．現在，一般的にいう「農家生産請負制」は，当時，「農家請負制」と呼ばれていた．「農家請負制」を主要な形態とする「農家生産請負制」の波は最初に安徽省で起きた．「農家請負制」の基本は，まず，土地所有者としての集団（一般に村委員会が代表）が人口あるいは労働力に応じて農家に土地を割り当てる．農家は請負契約に基づき，国に税を納め，〔農産物の〕統一買付・契約買付の任務を果たすとともに，一定数を積立金と公益金として生産隊に上納した後，残りの産品は全部自らの所有と支配になる．こうして，生産隊による統一経営・統一配分が廃止され，「国への上納が十分で，集団への留保が足りれば，残りは全て自分のもの」となった．「農家請負制」は，農業経営方式が集団経営から，家庭が請け負った土地での〔戸別〕経営への根本的な変化を意味する．

安徽省の他，四川，貴州，甘粛，内蒙古，河南などの各省でも，「農家生産請負制」がかなりの規模で展開され，地元の農業発展を大いに促進した．しかし，これらの地域におけるこのような制度変革は，当時，「二つの全て」の方針を実行する党中央に認められなかった．1979年の中国共産党第11期四中全会においても，「農家生産請負制は要らない」，「耕地を分けて個別農家で経営すること（分田単幹）は許さない」と規定した．しかし，鄧小平による指導権の掌握と「二つの全て」の誤った方針の終結に伴い，1980年9月に，中国共産党中央が批准・通達した省・直轄市・自治区党委員会第一書記専門テーマ座談会議事録である「農業生産責任制の一層の強化と改善に関するいくつかの問題」において，「辺鄙な山地や貧困で後れている地域では，長期にわたって『返銷糧〔国が農家から買い上げた後に再び食糧不足の農家に売り渡す食糧〕を食べ，借金に頼って生産し，救済に頼って生活する』生産隊では，民衆は集団に対する信頼を失ったため，農家生産請負制を要求する者に対しては，農家生産請負制を行ってもよい」，と示された．この文書が出された後，全国で様々な形態の請負責

任制が急速に発展し，特に「二つの請負（双包）」（農家生産請負制と農家請負制）が多く採用された．1982年1月に，中国共産党中央と国務院〔内閣〕は，農村経済政策に関する最初の「1号文書」を公布した．その中で，「作業の請負（包工），生産の請負（包産），請負（包干）は，労働成果の分配を具体化した異なる方法である．請負制の多くは，『生産の請負と留保（包産提留）』であり，点数による分配（工分分配）をなくし，方法が簡単で，民衆に歓迎される」，と明示された．これにより，「請負」が主要形態である請負責任制は正式に政策に裏付けられ，ボトムアップの自発的な制度がトップダウンでお墨付きを得た．1983年初め，「農家請負制」を主とする「二つの請負」を実施する生産隊は，全国の生産隊数の98％を占めるに至った．これは，土地公有制のもとで，中国の農業において「請負」という方法によって農民の家庭農場が成り立ったことを意味する．

　家庭生産高連動請負経営制（家庭聯産承包経営制）の導入は，中国農業の回復と発展を後押しし，中国農業と農村の目覚ましい変化を促した．1985年に農村の総生産高は1978年に比べ3倍近く増加した[9]．1984年に中国の食糧生産高は4億0,731万トンを記録し，1978年に比べ33.6％増となった[10]．農業の発展に伴い，農村の産業構造がますます合理的になり，林業・牧畜業・加工食品・漁業および農村の工商業生産高は軒並み増加した．農民の収入も大幅に増加し，1984年の農村住民の一人当たり純収入は355元に達し，1980年より85.5％増加した[11]．

　第二に，公共財政と企業財務の一体化を維持する前提で，「釜を分けて飯を食べる（分竈吃飯）」という請負型財政制度の実施により，各級の地方政府は地元経済を発展させる積極性をもつようになった．

　計画経済のもとでは，国全体が一つの巨大「企業」であるため，その財政制度の特徴は公共財政と企業財務の一体化であった．集中計画経済のもとで，財政の権限は中央政府に集中し，その組織構造は単一型（Uフォーム，U-form）企業に似ている．このような経済システムでは，地方には自ら運営する経済がなく，地方政府にも地元経済を発展させるインセンティブがない．

　「文化大革命」の終結後，1979年の巨額な予算赤字を削減するため，地

方政府の増収と支出削減の積極性を高める措置が講じられた．1980年以降，中央政府は，一部の資源配分権限と財政収支の決定権を各級地方政府に委譲し，財政予算制度は中央による統一収入・統一支出（統収統支）から請負制，すなわち「釜を分けて飯を食べる」と呼ばれる財政制度に移行した．「統一収入・統一支出」に近い方法を引き続き実施する北京・天津・上海の3つの直轄市を除き，他の省と自治区は全て独立した経済利益をもつ経済主体になった．中国経済も「単一型（U-form）」経済から，多くの独立した子部門をもつ「多部門型（M-Form）」経済あるいは「持ち株会社型」（H-Form）経済に転換した[12]．このような体制のもとで，一定の経済管理権限を獲得した地方政府には，地元の創業活動に従事する者に保護と支援を提供する原動力が生まれ，地元経済の総量を増やすことにより地方政府の官僚個人の収益を高めることができる．これは，「釜を分けて飯を食べる」改革がもたらした予想外の成果である．

第三に，生産手段の流通と価格設定において「双軌制」〔2本のルートのこと．転じて体制の二重構造という意味〕を実施した．すなわち，物資の計画調達と行政による価格設定という「計画レール」の他に，物資の売買と協議に基づく価格設定という「市場レール」を作った．

集中的計画経済では，全ての生産的な物資・資源（生産手段）は，計画担当機関が行政命令を通じ，国有経済単位〔部門〕に割り当てる．価格は単にこれら単位の間の計算のための道具である．ごく僅かな農村の定期市での少量の「地方所管物資（三類物資）」の流通を除けば，本当の意味の市場は存在しなかった．改革開放の初期，郷鎮企業〔農村部の企業〕や個人企業，その他非国有経済が誕生し，そして徐々に成長していた．しかし，これら企業の生産手段の供給は国家計画に入っていないため，市場取引がなければ，存続が難しくなり，発展などは言うまでもない．

1979年に国務院が通達した「国営工業企業の経営自主権に関する若干の規定」において，企業は「協議価格」に基づき，計画を上回った分の製品を自社で販売することが認められた．こうして物資の流通と製品の価格設定の「第2のレール」が完全に合法となった．国有企業の計画外生産と交換の範囲の拡大に伴い，1984年の非国有企業の工業生産高は全国の31

％を占めるに至った．1985年1月に国家物価局と国家物資局が公布した「工業生産手段の生産超過分の自社販売製品の価格自由化に関する通知」では，企業は市場価格で「計画外」の製品を販売・購入することが認められ，生産手段の供給と価格設定の「双軌制」が正式に始まった．その具体的な方法は，1983年以前において計画に基づいた物資調達の権利をもつ国有企業に対しては，引き続き1983年の調達数（すなわち「83年基数」）を適用し，調達価格で必要な生産手段を供給する．「83年基数」を超えた部分については，市場価格で市場から購入する．

「双軌制」の確立により，企業は市場レールを通し，生産手段の購入と製品販売が可能となったため，非国有経済の存在と発展に必要な基本的な経営環境が整った．この制度は，非国有経済の発展に良い役割を果たしている．

第四に，国内市場で「全体の情勢」がまだ醸成されていない中，対外開放の「経済特区」という「局地の情勢」を作り出し，国際市場への繋がりを得た．

中国は，「文化大革命」がまだ終息していない1972年に，早くも鎖国的なやり方を変え始め，西側諸国との貿易を進め，外国技術を習得・導入し始めた．1978年12月の第11期三中全会は，「対外開放」方針の実施，世界各国との平等・相互利益の経済協力の積極的な推進を正式に宣言した．

改革開放初期においては，短期間に国内市場を形成し，それを国際市場に繋げることは不可能である．そのため，他の国の輸出加工区と自由港設立の経験を汲み取り，香港・マカオ・台湾に隣接し，海外に華僑・華人が多い沿海地区の優位性を活用し，地方で「局地の情勢」を作り，対外開放の基礎を築いた．1980年5月に中国政府は，広東と福建の2省を対象に，対外開放の「特殊政策」を決定した．同年8月には，深圳，珠海，汕頭，厦門での「市場調節を主とする地域的な外向型経済形態」である経済特区のテスト実施を批准した．

このような柔軟な政策は，創業の才能をもつ者が生産的活動に従事する可能性を大きく高めた．

改革前，中国経済はレーニンの経済モデルに基づき，一切合切を含める

「国家シンジケート（state syndicate）」[13]であり，全ての経済資源は政府が掌握していた．このような制度のもとでは，才能のある人がその能力を発揮し，最大の利益（財産，権力，名声など）を獲得する唯一の道は，元国家主席の劉少奇が言う「入党して官僚になること」，すなわち官僚システム（bureaucratic system）の一員になることである．仮に国営経済の中で能力を発揮したい場合，まずこの官僚システムで一定の地位に付かねばならない．さもなければ生産的な役割を直接果たすのは難しい．むろん，改革前に最も能力のある人が全員，能力に対するリターンが最も高い政府部門に入ることができるというわけではない．政治的要因や戸籍制度に左右され，計画体制のもとで，多くの人材はその才能を発揮し，最大の利益を獲得することができなかった．

「文化大革命」の終結後に採用されたこれら柔軟な政策の一方で，経済に対する政府の強力なコントロールが続く中，市場の役割は次第に高まっていった．政府が個人による創業を認めたことと，生産活動への従事から得る報酬〔の仕組み〕が改善されたことにより，社会の構成員の中で一部能力のある者は，元の職業を離れ，創業活動に携わり，企業家になった．まず，計画体制のもとで，不確実性が最も高く，報酬が最も低い農民は，最も創業活動に積極的である．次に，都市人口のうち，才能をもちながら階級の問題や，その他の理由で国有企業あるいは事業単位の従業員にならなかった者も，個人経営に意欲を示した．最後に，企業家の革新によって生み出される収益が増え続ける中，既存体制の政府官僚あるいは国有企業の従業員のうち，家庭の背景や，職歴，「人脈関係」などの要因でレント・シーキングを行う能力が比較的低く，所得水準が低下した者も，生産的な革新活動に従事するようになった．

このようにして，「双軌制」の制度的環境が形成された．これは2つの部分によって構成される．一つは，計画経済の基礎である国有経済（ストックの部分）で，引き続き指令経済のロジックに基づいて動く．もう一つは，新たに成長してきた民営経済で，末端の政府機関への依存あるいは隷属がある程度続いているものの，供給・生産・販売はおおむね市場原理に基づく．

70　第1部　現在の課題

「双軌制」の制度的環境がもたらした経済と社会の結果にも二面性がある．まず，民間の創業活動が可能となり，各種形態の民営企業が急速に成長してきた．1981年に，中国の民営企業は僅か183万社だったが，1985年には1,171万社に増え，年平均増加率は59％に達した．また，対外開放政策の後押しを受け，中国の対外貿易総額と外国の対中直接投資は大幅に増加した．しかし，もう一方では，幅広いレント・シーキング（rent-seeking）[14]の環境が生まれ，腐敗の蔓延という禍根を残した．このため，早急に，一層の市場化改革を進め，この禍根を取り除かないと，深刻な社会・政治問題になりかねない状況が生まれた．

3. 経済体制改革目標の明確化（1984〜1993年）

　前述のような柔軟な政策の実施により，中国経済は急速に回復し，発展を遂げた．しかし，80年代半ばになると，人々は，体系化されていない政策で「積極性を引き出す」方法では，経済の離陸を実現できないばかりか，様々な衝突と混乱を招くと気づいた．そこで，「経済体制改革の目標モデル」とは何かについて探究せねばならないという重要な課題が浮上した．

　実際，20世紀70年代末から80年代初めにかけて，この課題について探究する学者がいた．例えば，経済学者の薛暮橋は，国務院体制改革弁公室のために「経済体制改革に関する初歩的な意見」を起草した際に，「公有制が優位を占め，多種の経済形態が併存する商品経済」の構築を中国の改革目標として確定すべきと主張した[15]．

　1980〜81年の間，2人の東欧改革派経済学者——ポーランドのW. ブルス（Wlodzimierz Brus）とチェコスロヴァキアのオタ・シーク（Ota Sik）——は，中国で大きな影響力をもっていた．

　ブルスは市場社会主義[16]の代表的な人物オスカル・ランゲ（Oskar Lange）の継承者である．彼は，1979年末から80年初めにかけて，中国社会科学院経済研究所で講義し，東欧改革の状況や，彼が提起した「市場原理を内包する計画経済（A Planned Economy with build-in Market Mechanism）」を紹介した．彼は，投資政策決定を含むマクロ経済政策決定は国が一括に行うべきである一方，企業が何を生産するか，どのくらい生産するか，どこから原材料を調達するか，製品を誰に売るか，などのミクロ経済政策決定は市場に任せるべきだと考えた．マクロ面の要請とミクロ面の要請が不一致の場合，価格・賃金・利子・地代の4つのレバレッジ（てこ）を使って調節する．中国社会科学院は，ブルスにつづき，1968年の「プラハの春」の際にチェコスロヴァキアの副首相を務めたシークを中国に招き，シークらが採用した改革の主な方法や，彼が提唱した「マクロ計画，ミクロ市場」という改革目標モデルについて講義を受けた．

　ブルスとシークの講義によって，中国の学者は大きく啓発された．我々は，改革はいくつかの政策の秩序なき集合ではなく，一つの経済システムから別の経済システムへの転換だと認識するようになった．このことが，改革目標モデルを研究する中国国内の学者の興味を一層刺激した．

　80年代初期における改革に対する研究の深化と，外国の経験の学習と考察による視野の拡大に伴い，改革理論に関する研究は，次第に70年代末期の「規制を緩和して権限を委譲する（鬆綁放権）」といった具体的な措置を重視する議論のレベルを超えていき，どのような経済体制で計画経済の旧体制に取って代わっていくのか，にまで進んだ．

「文化大革命」の終結後，政界，経済界，学界は，様々な探索を経て，経済体制改革についておおむね4つの参考となりうる体制モデルを提案した．
①ポスト・スターリン時代の計画経済モデル（改良型ソ連モデル）

　計画経済体制のもとで企業により大きな自主権を与える，と主張する学派が形成されたが，その代表者は孫冶方，馬洪，蒋一葦などの学者である．1965年のソ連の「完全経済計算」に類似するこの考え方を，中国はまず応用した．それが，70年末に初めて四川省で実施され，その後急速に全国展開された「企業自主権の拡大」の実験である．しかし，国有企業の管理職と従業員の積極性と能動性を引き出すのが目的であるこの改革は，ソ連と同じように企業の効率を著しく高めることができず，むしろ財政赤字の急増や，インフレ圧力の増大，経済秩序の混乱を招き，途中で中止せざるを得なかった．その後，「企業自主権の拡大」は「企業の活性化」措置

の一環としてたびたび提案されたが，これを基礎に実行可能な経済システムを構築できると考える者はいなかった．

② 「市場社会主義」モデル（「東欧モデル」）

于光遠や蘇紹智などの学者は，比較的体系的に東欧の旧社会主義国家の改革経済学の成果を吸収し，東欧の社会主義国家の実践について深く研究し，広く紹介した．彼らの主導のもとで，中国の改革界では，ユーゴスラビア・ブームや，ハンガリー・ブームが巻き起こった．しかし，当時，中国の学界の観点がランゲ－ブルス（Lange-Brus）の「市場社会主義」モデルの基本的枠組みを超えなかったこと，20世紀80年代半ばから後半にかけてその提唱者も実行可能な経済制度でないと認めたこと[17]，ハンガリーなどの経済改革が苦境に陥ったことを受け，このモデルの影響力も次第に潰えていった．

③ 政府主導の市場経済モデル（「東アジアモデル」）

第二次世界大戦の終結後，日本・韓国・シンガポールなど東アジア諸国は，権威主義の政府と市場経済を結合する方法で，重商主義[18]の色彩をもつ政府主導の市場経済体制を打ち立てた．この体制のもとで，政府は産業政策と「行政指導」を用い，経済の協調・企画・介入を行う．中国にとって，この体制モデルの魅力は大きい．改革開放初期，多くの官僚が日本やその他の東アジアの国を視察し，これらの国の経済体制や，発展政策，政府の役割について国内に紹介し，大きな影響を与えた．

④ 自由市場経済モデル（「欧米モデル」）

多くの理論家，特に経済学者は，政府の基本的な機能は公共財（public goods）の提供であり，市場での商品とサービスの提供ではないと考える．過度の政府介入は，市場の有効な働きを妨げるとともに，腐敗を生み出す．このため，彼らはより欧米型の市場経済すなわち自由市場経済体制に傾く．近代経済学を習得した学者が増えるにつれ，この考え方の影響力も強まっていった．

全体的にみて，80年代初期において，改革理論と改革の進展に伴い，「改良型ソ連モデル」と「東欧モデル」の影響力が次第に消え去るのに対

し，後二者が優勢を占めるようになった．後二者のモデルのうち，おおむね，東アジアモデルが官僚たちに好まれた．鄧小平自身も「4つのドラゴン（四小龍）」〔韓国，台湾，香港，シンガポール〕，特にシンガポールの多くの政策を評価した[19]．一方，欧米モデルは近代経済学の知識を身につけた学者の憧れである．この2つのモデルは，政府の役割について原則的な相違があるものの，指令経済が支配的な地位を占めるなか，その違いはそれほど鮮明でなかった．自由市場経済を改革の最終目標とする人々も，A.ガーシェンクロン（A. Gerschenkren）[20] など発展経済学者の影響を受け，後発経済が急速な発展を遂げるなかでは，強力な政府の存在は欠点よりも利点の方が大きいと考えた．

1．改革目標に関する政府と学者の共通認識は，中国共産党中央と中国政府の公式文書として明文化され，行政的な拘束力をもつ規定になった．

　1984年の中国共産党第12期三中全会の「経済体制改革に関する中共中央の決定」（以下「決定」）において，改革の重点を農村から都市にシフトすると確定したと同時に，「社会主義計画的商品経済」あるいは「社会主義商品経済」[21] の構築という改革目標も明確化した．「決定」では，「商品経済の十分な発展は，社会・経済発展にとってなくてはならない段階であり，わが国経済の近代化を実現するための必要条件である．十分に発展した商品経済こそ，経済を活性化し，企業の効率向上や，柔軟な経営，複雑で変化の多い社会需要への柔軟な対応を促進することができる」，と指摘した．また，社会主義商品経済を発展させるため，次の3つの方針が採用された．第一に，「合理的な価格システムを作り，価格が社会の労働生産性の変化と需給関係の変化にいち早く反応できるようにする．」「価格システムの改革は，全体の経済体制改革の成否の鍵である」．第二に，「政府の行政管理と企業経営管理の職能の分離（政企分開）を実行し，所有権と経営権を分離し」，「企業の活力を増強し，特に全民所有制〔国有〕の大・中型企業の活力の増強は都市を重点とする経済体制改革の中心的な部分である」．第三に，多様な経済形態と多様な経営方式を積極的に発展させ，国・集団・個人が一体となって推進する．「多様な経済形態と多様な経営

方式の共同発展を堅持することは，我々の長期的な方針であり，社会主義の前進にとって必要である」．

2．1985年の中国共産党全国大会の「第7次5ヵ年計画（1986～90年）の制定に関する提案」（以下「提案」）では，企業が自主経営と損益自己責任の商品経営者になること，市場システムを整備すること，間接手段を主とするマクロ調整システムを構築すること，という3つの面で互いに関連する改革を通じ，「今後5年あるいはより長い期間で，基本的に，中国の特色があり，生気と活力に満ちた社会主義経済体制の基礎を定めることに全力で取り組む」，と打ち出された．人々は，新しい経済体制に関する「提案」の描写が示したように，この新しい経済体制は近代国家で一般的に流行っている市場経済だと明確に認識するようになった．また，経済資源の配分や，企業が何を，どのくらい，誰のために，生産・分配するかといったミクロ経済問題は，計画に代わって市場原理に基づいて行われることが鍵だということも次第にわかるようになった．

3．1987年の第13回党大会では，「社会主義計画的商品経済」の「運営メカニズム」は，全体的に「国が市場を調節し，市場が企業を誘導する」というメカニズムであるべきだと示された．国は，経済手段や，法律手段，必要な行政手段を使って市場の需給関係を調節し，適切な経済・社会環境を作り，企業が経営の意思決定を的確に下すように誘導する．

4．1989～91年の曲折と議論を経て，1992年の第14回党大会では，正式に「資源配分において市場が基礎的な役割を担う」という「社会主義市場経済」の目標を明確化した．

　1984年以降の中国の党と政府の指導機関の文献をみると，改革目標について理論的に述べる際，おおむね，モデル④の言葉を使うのに対し，具体的な措置を定める時，モデル③の内容がより多く使用されることがわかる．

　このように，政府の機能と国有経済の位置づけに関する定義は，80年代の改革目標モデルの形成時に曖昧な部分として残った．この曖昧さゆえに，異なる傾向をもつ人々が中国の経済改革の制度目標について異なる解

釈をするようになった．20世紀から21世紀への変わり目の時期に市場経済体制が初歩的に確立された後，政府機能をどのように定義し，政府自身の改革をどのように推進するかは，常に中国改革の行き先をめぐる重要な経済・政治問題となった．

4. 経済発展を後押しする新経済体制（1994年～）

　市場経済の目標モデルは，20世紀80年代半ばから形成され始めたが，実際の改革は80年代初頭の手法のままで，「増量改革」の方法で進められていった．つまり，計画経済の既存の部分（ストックの部分）を大きく変えずに，新たに増えた部分を中心に改革する．

　増量改革という戦略は，80年代の中国の改革の迅速な進展に大きな役割を果たした．その利点は主に，①国民経済の主体である国有経済の安定を維持したため，国の経済活動に大きな動揺を与えずに，改革の推進に相応しい環境を提供した，②安定した経済環境の中に活力のある民営企業と地域が次第に成長し，民衆と多くの政府幹部が自分自身の利益から改革の成果を実感することができる，③デモンストレーション効果と競争の圧力が国有部門の改革を促した，などである．要するに，非国有経済の目覚ましい発展と国有経済自身の発展が互いに促進し合う中，経済の繁栄を保っていくには，市場化改革の道に沿って前進するのみという情勢が形成された．

　しかし，このような改革は国有経済に及んでいないため，「双軌制」の基本的な態勢を変えることができず，マイナス面の結果も免れなかった．また，この方法が長く持続すればするほど，そのマイナス面の結果もますます深刻になった．

　国有部門改革の遅れと双軌制によるマイナス面の結果は，主に以下の4点である．

1．国有企業の財務状況の悪化

　その要因は2つある．一つは，国有経済には計画経済時代に形成された硬直性が残っており，生産の増加は依然として大量の資源，特に投資に依

存し，効率がそれほど高まっていないことである．もう一つは，国有部門の改革は「放権譲利」という方法を用いたため，財産権に関する有効な制約がなく，市場競争にもさらされておらず，その結果，「インサイダー・コントロール」が生じ，国有企業の財務の予算制約がソフト化した[22]．企業の財務状況も日増しに脆弱になった．90年代後半には，国有部門は全面的な赤字の苦境に陥った．

2. インフレ圧力の存在と爆発

改革以来，中国経済の高成長は，一貫して大きな振幅を伴った．巨額な財政赤字による大きなインフレ圧力が常に存在する．巨額な財政赤字になったのは，国家財政の主な歳入源である国有部門の財務状況が日々悪化する一方，財政システムが徹底的に改造されておらず，支出負担が軽減されていなかったからである．これらが財政赤字とインフレ圧力を増大させた．また，二重制度〔双軌制〕のもとで，従来の行政管理方式の有効性が大きく低下する一方，市場制度に適したマクロ経済管理方式がまだできあがっておらず，マクロ経済当局は金融政策目標の実現とマクロ経済の安定維持を実現させるための有効な手段をもっていなかった．以上の要因が複合的に作用した結果，経済成長率が二桁に達してしばらくすると，高インフレが発生した．

3. 公共権力を利用した蓄財と私腹肥やしのレント・シーキング活動や行政の腐敗の蔓延

指令経済と市場経済の併存は，行政的独占を利用して私利を得るというレント・シーキング活動および，その他の形の腐敗行為の温床を作った．問題の症状は，増量改革という戦略のもとで，経済の貨幣化が大きく進んだ一方，計画経済下で支配的な地位にある行政権力が引き続きミクロ経済活動に介入する，という点にある．また，改革により，独立した企業の設立が可能となったが，生産手段・土地・投資・貸付など大半の資源はなお政府が掌握し，行政的な方法で配分されていた．このように，経済全体がレント・シーキング活動の巨大な温床となった[23]．

4. 貧富格差の拡大

改革開放以来，国民の平均所得水準が大きく上昇した一方，貧富格差も

急速に拡大した．所得水準の急上昇の主因は，まず，「増量改革」戦略のもとで，異なる地域・異なる部門・異なる経済形態に異なる政策を適用したため，異なる社会集団の間で所得水準が急速に上昇したことである．また，国有企業の財務状況が悪化したこと，最終的に大量解雇を強いられたことにより，一部都市住民の生活水準が上昇するどころか低下した．さらに，都市の工商業の効率が低く，農村部の余剰労働者を吸収するのに十分な雇用を創出できず，農村住民の生活水準の上昇に影響を与えた．特に高インフレや腐敗などの要因は，社会の貧富格差を一層激化させた[24]．

以上の矛盾を克服するため，中国政府は，価格と税制・財政制度に関連する改革で「二重制度の対峙」状況を解消し，全面的に市場経済体制を導入しようとした[25]．

1984年の中国共産党第12期三中全会の「決定」と，1985年の全国党代表会議「第10次5ヵ年計画の制定に関する提案」に基づき，国務院は1986年3月に，価格と税制・財政制度を重点とする関連改革の構想を打ち出した．そして，90年代末に社会主義商品経済の基本的な枠組みの完成を目指し，1987年に改革の決定的な一歩を踏み出す[26]ことを求めた．また，起草中の関連改革を進めるため，国務院は，1986年初めに価格・税制・財政・金融・貿易を重点とする関連改革案を作成し，1987年からの実施を予定していた．

一方，市場経済に相応しい政治体制を作るため，鄧小平は1986年に再度，「党政分離」〔党と行政の機能の分離〕を重点とする政治体制改革の開始を求めた．20世紀80年代に2つのレールの併存によってもたらされた多くの矛盾が示したように，問題の鍵は指令経済の数々の残骸にあった．国有企業と国家計画の様々な弊害を克服するには，国家体制の改革に触れなければならない．政治改革の重要性を認識していたからこそ，鄧小平は1986年に再度，政治体制改革に言及したのである．「政治体制を改革しなければ，経済体制改革の成果を守ることができず，経済体制改革が前進し続けることはできない．そうなれば，生産力の発展が妨げられ，4つの現代化の実現が妨げられる」[27]．

しかし，いずれの改革も実施することができなかった．

経済改革については，1986年10月に，国務院の指導者は，従来の構想を変え，国有企業改革を改革の中心にした．1987年と88年には，「企業請負」・「部門請負」・「財政請負」・「対外貿易請負」・「貸付小分け請負」など5大請負制を実施し，市場経済と指令経済の併存という古い手法を続け，小手先の修正で国有部門の状況を改善しようとした．改革を大きく推進する時機を逸したため，行政の腐敗やインフレなどの問題が深刻化し，最終的には1988年の買い付け騒ぎ，ひいては1989年の政治騒動〔天安門事件前後の政治的混乱〕という形での幕引きとなってしまった．

政治体制については，1987年の第13回党大会では，1980年8月18日の党中央政治局での鄧小平の講話[28]の要請に基づき，政治体制改革が計画された．しかし，これも1989年の政治騒動によって中断された．

1988年の経済的混乱と1989年の政治騒動の発生後，改革に対し不満を抱いた一部の「理論家」や「政治家」は，経済・政治の動揺の責任を改革になすりつけ，「計画経済を廃止し，市場化を実施すること」が「社会主義制度を変え，資本主義制度を実施することだ」[29]と非難した．これを受け，改革開放以来の改革に関する大論争が再び巻き起こされた．1992年初めの鄧小平の南巡講話〔鄧小平が同年1月から2月にかけて武昌，深圳，珠海，上海など南方を視察した際の発言〕[30]に至って，ようやく経済改革の新しい流れを迎えることができた．

1984〜87年の模索と短期間の曲折を経験して，経済改革の目標に対する人々の認識はより明確になった．これは，特に1992年と93年の社会主義市場経済という目標の確立と市場経済改革案の具体化に鮮明に反映されている．

1992年10月の第14回党大会において，社会主義市場経済という改革目標が確定した．また，1993年11月の第14期三中全会では，「社会主義市場経済体制の構築の若干の問題に関する決定」（以下，第14期三中全会「決定」）が採決された．第14期三中全会「決定」では，「全体で推進し，重点的に突破する」という新しい改革戦略が明確に打ち出され，経済体制の各分野の具体的な改革案が盛り込まれ，20世紀末に市場経済制度を初歩

的に確立することが求められた．これを機に，経済改革は全体推進の新たな段階に入った．その後，経済改革には，数次の前進が見られた．

(1) 20世紀90年代初期における商品価格の市場化の実現

市場経済と計画経済の大きな相違点は，市場経済の場合，価格が市場の需給状況に基づき自由に変動し，それにより希少な資源の有効な配分が実現できることである．このため，1984年の中国共産党第12期三中全会「決定」は，「価格システムの改革は経済体制改革全体の成否の鍵である」と明確に示した．1986年8月の党中央政治局北戴河会議〔避暑地である北戴河で行われる上層部の非公式会議〕は，価格という関所を突破すること（「価格闖関」）を決定し，5年ほどで商品価格の規制を撤廃し，商品価格の市場化を実現することを打ち出した．しかし，時期の選択が適切でなく，通貨供給が拡大するなかで価格自由化を実施しようとしたため，失敗に終わってしまった．もっとも，1992年に経済改革の新たなブームを迎えた時期に，金融引き締めという状況下で，石油などごく僅かな製品を除いて殆どの商品価格の規制が撤廃された．その後も全般的に商品価格の規制撤廃の流れが保たれた．この動きは，商品市場が基本的に形成されたことを意味する．

(2) 1994年以降の財政・税制，金融，外国為替管理制度の改革

1993年の第14期三中全会「決定」の要請に基づき，1994年に財政・税制改革が開始された．その主な内容は，財政収支の地方請負制の代わりに全国的に「分税制」〔税収を中央政府と地方政府の間で区別し，それぞれの取り分を分ける〕を実施し，税の統一・公平な税負担・税制の簡素さ・合理的な分権などの原則に基づき，付加価値税（VAT）の導入，個人所得税の統一，徴税管理の強化などの税制改革を進めること，である．1994年の財政・税制改革は大きな利益関係の調整，特に地域間の利益関係の調整を伴うものの，全般的に順調に進められ，90年代後半には新しい財政・税制の基本的な枠組みができあがった．

金融改革では，銀行システムの改革に重点が置かれた．かつて「専業銀行」と呼ばれた国有商業銀行は，行政の機能と企業の機能が混在し（政企不分），商業的な金融業務と政策的な金融業務の区別がなく，市場秩序が

混乱し，歪んだ形で発展してきたなど，多くの問題を抱えていた．また，中央銀行である中国人民銀行も，職能が不明確で，金融調節手段が古く，組織構造と財務制度が非合理的であり，通貨安定の維持という基本的な職能を有効に果たしていなかった．第14期三中全会の「決定」では，次のような銀行システムの改革が掲げられた．中央銀行制度の導入，旧四大国家専業銀行の国有独資〔国による単独出資〕商業銀行への転換，数行の非国有独資の株式会社制銀行の設立，証券会社と中国人民銀行の分離，中国人民保険（集団）公司の生命保険・財産保険・再保険の3つの保険会社への分割，などである．

　為替レート決定メカニズムの改革の主な内容は，経常勘定の外国為替取引における管理された変動相場制の導入である．改革開放前，中国は輸入代替の対外貿易政策を採っていた．それに合わせて，輸出によって獲得された外貨は自国通貨が過大評価される公定為替レートで強制的に決済され，輸入に必要な外貨は計画に基づき割り当てられた．改革開放以降，「輸入代替」政策が継続される一方，「輸出主導」政策が導入された．また，計画による外為指標の割り当てに加え，売買双方が直接取引できる外貨調整センターを設立し，二重為替レート制〔公定レートと外貨調整センターレート〕となった．1994年，外為管理制度改革に大きな動きがあった．国内機関の経常勘定の外貨収支を対象に，銀行による外貨決済と外貨売却制度を実施したのだ．また，2つの為替レートを一本化したうえで，管理された変動相場制に移行した．為替レートの一本化の過程において，人民元が大幅に下落したため，輸出主導政策を全面的に実施することができた．これは1994年以降の中国の対外貿易の急速な発展と国際収支の一層の改善に大きな役割を果たした．

(3) 90年代後半：国有企業の「株式制」（会社化）への再編

　1993年の第14期三中全会では，国有企業を対象に「現代企業制度」すなわち近代的な会社制度を打ち立てることを決定した．同年12月29日に「中華人民共和国会社法」が全国人民代表大会常務委員会を通過し，1994年7月1日より施行された．1997年の第15回党大会，特に1999年の第15期四中全会では，国による独占的経営が必要なごく少数の企業を除き，全

ての国有企業は株式制に再編し，多様な株主構成を土台に有効なコーポレート・ガバナンスを導入する，と一層明確化された．

1998年以降の国有大中型企業の会社への再編は，大きく3つのステップを踏んだ．第一のステップは，行政と企業の職責の分離（政企職責分離）の実施である．中央政府に所属し，行政と企業両方の職能をもつ「総公司」や「集団公司」などの機関は，その行政職能が国家経済貿易委員会[31]に移され，行政職能をもたない企業になった．第二のステップは，独占的企業を競争的な企業に再編することである．石化・通信・電力などの分野の独占的な国有大型企業を対象に，分割・再編を通じて独占を終わらせることにより，同じ事業分野内で競争が生まれた．第三のステップは，資産再編を経て国内外の証券市場に上場することである．資産再編の主な方法は，中核資産を旧企業から切り離し，再編・新規株式発行（IPO）・上場（listing）を行う一方，非中核資産や，不良債権，余剰人員などその他以前から抱えてきた負の遺産は旧企業に残すことで，新会社が良好な財務実績をもち，将来の上場の可能性を確保した．

株主構造を多様化したうえで，再編し，上場を果たした企業（多くは国有独資集団公司傘下の二級企業）の多くは，第15期四中全会の「決定」に基づき，コーポレート・ガバナンスの基本的な枠組みを打ち立てた．

(4) 1997年：多様な所有制経済の共同発展という基本的な経済制度の確立

1997年の第15回党大会が打ち出した考え方に基づき，1998年の「中華人民共和国憲法」修正案では，多様な形態の公有制を中心に，多様な所有制と共に発展していくことがわが国の「基本的な経済制度」であると明確に定められた．これを受け，「三つの有利」（すなわち「社会主義生産力の発展に有利，社会主義国家の総合国力の増強に有利，人民の生活水準の向上に有利」）の原則に基づき，経済の所有制構造の調整と改善が着手された．具体的な内容は，3点である．第一に，国有経済に対し「有進有退」〔進出すべき分野には進出し，撤退すべき分野からは撤退する〕の調整を行い，国有経済の範囲を縮小させる．第二に，生産力の発展を促進する多様な公有制の実現形態の探求に努力する．第三に，社会主義市場経済の重要な構成部

分になるように，個人・私営など非公有経済の発展を奨励する．

所有制構造の調整と改善の重要な内容の一つに，「国有小企業の自由化と活性化」がある．世紀の変わり目に，大半の国有中小企業と，末端政府傘下の郷鎮企業は，株式合作制・全体売却・有限責任会社または株式有限会社など様々な方法で再編された．これらが大きな新戦力として民営経済に加わった．

1994年以降，中国経済改革は一層深化し，世紀の変わり目の時期に市場経済体制を初歩的に確立するという目標が達成された．具体的には，以下の点に反映されている．

第一に，民営経済の割合の上昇と，多様な所有制経済が共に発展する構図が形成された（表1）．この構図が最初に形成された東南部の沿海地域では，現地の合理的な財産権構造や，有効な企業制度，良好な経営環境により，中国の民衆の中に埋もれた企業家の才能と起業の積極性が一気に発揮された．社会投資が急速に増加し，対外貿易が空前の活況をみせ，大量の外国直接投資が流入しただけでなく，雇用状況が良好で，社会が安定し，全国の中でも率先して経済の持続的高成長を実現した．

第二に，商品市場と要素市場の形成である．全般的に，財とサービス市場の成長は早くから始まり，90年代初頭にすでに統一された国内市場が初歩的に形成された．労働力市場の形成はやや遅く，資本市場の形成はもっと遅かった．21世紀初頭には，商品市場と要素市場が初歩的にできあがっており，資源配分の役割も高まりつつある．

第三に，マクロ経済管理システムの確立である．このシステムの基本的な枠組みは，1994年の財政・税制改革と金融改革の時期から築かれ始め，1994～95年のインフレ撲滅と，1998～99年の景気後退回避において重要な役割を果たした．

市場制度の初歩的な確立は，経済成長と社会発展を後押しし，その進歩ぶりは世界でも高い評価を集めた．具体的には以下の点である．

第一に，経済規模の急拡大である．30年間の改革開放を経て，中国の経済規模は年平均約10％の速度で拡大した．多くの人口を抱え，長年にわたって脆弱なままの中国は，ここ約30年の間，国内総生産（GDP）が

表1 所有形態別GDPの構成比(%)

年	国有部門	集団部門	民営部門*
1990	47.7	18.5	33.8
1995	42.1	20.2	37.7
1996	40.4	21.3	38.3
1997	38.4	22.1	39.5
1998	38.9	19.3	41.9
1999	37.4	18.4	44.2
2000	37.3	16.5	46.2
2001	37.9	14.6	47.5

* ここでは,全ての非国有と非集団所有の都市と農村の経済実体を指す.
** 原出所は中国統計年鑑各年版.
(出所)許小年・肖倩(2003)『另一種新経済』,中国国際金融有限公司研究部報告.

17倍増加し,経済規模が世界第4位となった.輸出入規模の増加ぶりはさらに凄まじく,30年間で世界の第32位から第3位に躍進した.

第二に,国民生活水準の全般的な向上である.改革開放前の1957～77年の20年間,中国の一般国民の生活水準や,食糧・布・住居・食用油といった基本的な消費は増加しなかった.しかし,直近の30年間,都市部住民の一人当たり可処分所得は,1978年の343元から2007年の1万3,786元に,農村部住民の一人当たり純収入は1978年の134元から2007年の4,140元に増加した.

第三に,貧困撲滅に大きな成果を上げた.農村部で基本生活が保障されていない貧困者数は,30年間で2億人余り減少した.世界銀行が発表した貧困人口の減少に関する統計によると,1990～2002年の世界貧困人口の減少分の90%は中国が寄与した.

5. 2つの発展趨勢と第三次改革大論争

留意すべき点は,物事には別の側面があること,すなわち,市場経済制度はすでにわが国で初歩的にできあがっているが,多くの重大な欠陥を抱えていることだ.第一に,指令経済が残した重要な課題が解決されていない.例えば,土地請負制のもとで農民が限られた財産権しか有しておらず,

土地財産権問題は抜本的に解決されていない．国有経済の高すぎる割合と，一部重要産業における国有企業の独占的な地位の継続は，市場の平等な競争を妨げ，民間の革新力の発揮を抑制する．第二に，要素市場の形成が大幅に遅れており，大半の要素価格は依然として行政機関が決めるため，資源配分における市場の基本的な役割の発揮の妨げとなっている．第三に，各級行政機関の資源配分権限が過多で，市場の活動への介入が随所に見られる．第四に，中国共産党中央は，1997年以降，再度，政治体制改革の推進，法治国家づくり，社会主義民主の確立などを求めてきたが，政治改革の遅れや法治の確立の緩慢さから，実質的な変化が見られない．急速に発展してきた市場は，他の制度の支えがないままで，有効に機能できず，ひいては様々な社会問題をもたらした．

以上の欠陥を一点に要約するとすれば，それは，経済活動において国と国有部門の演じる役割が多すぎ，かつ重すぎることである．

経済体制の二重性は，「二極分化」という社会現象を招いただけでなく，反対方向に展開する可能性すら潜んでいる．

1998年の改革開放20周年記念の際，筆者は，チャールズ・ディケンズ（C. Dickens）の「二都物語」の冒頭の名言——18世紀後期から19世紀初頭にかけて西欧社会の転換期における「二極分化」の状況に関する描写——を引用し，当時の中国の状況を表現した．

> 「それはあらゆる時代を通じて最もよい時代であるとともに最も悪い時代であり，賢い時代であるとともに，愚かな時代でもあり，信仰の時期でもあれば，懐疑の時期でもあり，光明の時節であって，また，暗黒の時節であり，希望の春であって，また，絶望の冬でもあり，我々の前にはあらゆるものがあるが，また，なにひとつなく，我々はまっすぐに天国へ行きそうでいて，また，まっすぐにもうひとつの道を行きそうでもあり，——」
>
> 〔ディケンズ『二都物語』本多顕彰訳（角川文庫，1966年）より〕

現状が示したように，我々は依然としてこのような状況の中にいる．

近年，次のような事態が続いている．市場化改革が大きく進展する時——例えば20世紀90年代初めに商品価格の自由化が実施され，商品市場のレント・シーキングの可能性が大きく低下した時，腐敗が抑制され，民衆の満足の声が支配的だった．また，世紀の変わり目の際，大量の「蘇南モデル」〔蘇州や無錫など江蘇省の南部地域における集団所有制企業を中心とする経済発展モデル〕の郷鎮企業を含む中小企業を対象とした規制緩和と再編が行われ，沿海地域経済の大いなる発展を促進し，住民の生活水準が全般的に上昇した．この時，一部で不公平な行為が見られたが，満足の声が圧倒的な優勢を占めた．

他方，一層の改革が阻害される時——例えば国有独占企業の改革が停滞し，あるいは歪められた時——権力者による国有資産の私物化[32]などの状況が生じた場合，腐敗が深刻化し，貧富格差が拡大するため，民衆の不満を招く．

前述したように，中国の改革は，当初から全体の変革ではなく，従来の経済主体を残したままで根本的な変更をせずに，国有経済以外のところで，増量改革を推進する戦略を採ってきた．この方法では，改革の過程において経済の安定成長をよりよく保つことができる反面，二重体制の併存をもたらし，取引活動への行政権力の介入によるレント・シーキングの可能性を高めるという問題を伴う．また，社会主義市場経済体制の確立という改革目標が明確化された時も，「社会主義市場経済」とは何かについて異なる理解があった．多くの人は，東アジア諸国の「政府主導型市場経済」を社会主義市場経済の正常な状態と見なす．このため，世紀の変わり目の頃に作られた市場経済システムは，政府が経済活動に強く介入するという重商主義の色彩が濃かった．ブキャナン（J. Buchanan）等編の「レント・シーキング社会の理論」（「関於尋租社会的理論」）[33]によると，重商主義社会は腐敗したレント・シーキングの社会である．このような社会では，腐敗行為は必然的に，レント・シーキングの条件が整う場所ならばどこにでも現れてくる．このため，市場経済体制が初歩的に打ち立てられた後，わが国の社会は終始，「どこに向かうのか」という選択の問題に直面している．立憲制を確立し，行政権力を制限し，法治の市場経済制度に向かうのか，

あるいは重商主義の道に沿って権勢資本主義（あるいは「官僚資本主義」や「役所資本主義」）の窮地に向かうのか．このような状況下で，市場経済の導入という改革の大きな流れを堅持する人々は，揺るぎなく改革を推進し，法治的な市場経済を作ることを要請する．一方，レント・シーキングから利益を得ることができる既得権益者は，法治市場経済の方向に向けて前進したくない．後者は，自らのレント・シーキングとレント・クリエイティング〔レントを作り出す〕の権限が弱められないように，様々な手段を使い，一層の経済・政治改革を阻止する．さらには，より多くの富を獲得できるように，「改革」や「マクロ調整・コントロール」という名目で介入を強め，レント・シーキングの可能性を高める．

1997年の第15回党大会と1999年の第15期四中全会における国有経済の布陣・調整と国有企業の株式制への再編に関する決定に基づき，国有企業の制度再編と改革は，世紀の変わり目の頃に大きな進展をみせた．しかし，特大型の国有独占企業の制度再編の最終段階まで進むと，改革の進捗は緩慢になり，停滞し始めた．一部の分野においては，「再国有化」や「新国有化」など「国進民退」というような逆戻りさえ見られた[34]．

国有部門改革の推進力が弱いほか，21世紀初頭には，各級政府が土地や貸付など重要資源の割当て権限を利用し，数多くの「イメージ・プロジェクト」や「業績作りプロジェクト」を起こした．また，プロジェクトの企画や，市場アクセス[35]，投資資金などに関する権限を利用し，不正を働いた．これら全ては，権力に近い汚職官僚や，「官職をもつ商人（紅頂商人）」に莫大な利益をもたらす．

2004年以降，わが国の経済は過熱の兆候をみせた．このような場合，市場経済のもとでは，通常，マクロ経済当局が総需要に対する調整・コントロールを強化する対応をとらねばならないが，実際，一部行政部門は「マクロ調整・コントロール」の名目で，ミクロ経済活動に対するコントロールと介入を強化し，レント・シーキング活動の基盤をむしろ拡大した．

もう一つ重要な要因は政治改革の停滞である．前述したように，1980年に全国農村請負制改革が実施されたと同時に，鄧小平は党の中央政治局会議で有名な「八・一八」講話を行い，政治改革を始動させた．1986年に，

彼は重ねて，政治改革を行わねば経済改革も徹底することが難しいと指摘し，政治改革の加速を求めた．しかし，2回とも改革の実施はなされなかった．鄧小平の逝去後，新しい指導者は追悼会で再度，政治改革の問題に言及した．1997年の第15回党大会においては，社会主義法治国家の確立というスローガンを掲げ，第16回党大会でも同様の主張を繰り返した上，民主政治の確立と政治文明の向上を提起した．しかし，ここ10年間，その進展は非常に緩慢である．例えば，「物権法」や「独占禁止法」など市場経済の基本的な法律も13年間を費やしてようやく公布された．いわゆる「非人格的交換」を中心とする近代市場経済においては，公認された正義の法律と独立した公正な司法がなければ，契約の執行は保証されない．そうでない場合，経済活動の参加者は，自らの財産の安全を守るため，「役所と付き合う」しかなく，それがレント・シーキングの「新たな原動力」になる[36]．

以上のような「改革」が突き付けた挑戦は，主に経済発展と社会・政治の面に反映される．次に，この2つの面の挑戦について考察する．

第一に，以上の体制上の欠陥が招いた経済発展面のマイナスの結果である．

ソ連型集中計画経済は，西側諸国が18～19世紀の経済発展期に採用した資源投入，まずは資本投入型の成長モデルを基準とし，「重工業を優先的に発展させる社会主義工業化路線」を採用したものである．中国は第1次5ヵ年計画から，ソ連の例を見ならい，同様の成長モデルを採り入れた．改革開放以降，「粗放型成長モデルから集約型成長モデルへの抜本的な転換の実現」を明確に打ち出したものの，指令経済である旧体制の遺産という体制的な障害の存在により，成長モデルの転換は終始著しい成果を上げることができなかった[37]．要素（投資）主導型成長モデルを転換することに成功しなかったなか，東アジア諸国を手本に，「輸出志向型」国家の対外経済政策を採用し，外需で要素（投資）主導による内需不足を補おうとした．その結果，投資と輸出に牽引される粗放型成長方式になった．

このように，中国の経済規模の拡大に伴い，投資主導型成長がもたらす資源の無駄遣いや環境破壊はますます顕著になっていく．20世紀から21

世紀に移り変わる頃，資源不足や，原材料と燃料価格の高騰は，中国経済発展を制約するボトルネックとなった．また，環境の悪化や地理的な災害の頻発は，中国経済の持続的な発展にマイナスの影響を与えるだけでなく，中国人民の基本的な生存条件まで脅かす．

　投資主導型成長がもたらしたマクロ経済面の芳しくない結果は，まず，投資と消費の不均衡である．ここ数年，中国の投資率が上昇の一途をたどり，GDPに占める固定資産投資の割合はすでに50％近くに達し，多くの国の約20％の水準を大きく上回っている．東アジアの一部の国と地域が戦後，投資主導で経済の高成長を実現した時期においても，その投資率は現在の中国の水準にはるかに及ばない．例えば，日本の場合，20世紀60年代の高度経済成長期に，GDPに占める固定資産投資の割合はピーク時でも34％を超えることがなかった．わが国の投資率が異常に高い一方，GDPに占める個人消費の割合は35％以下に低下し，一般の国の約半分にとどまっている．このような状況は，短期的に，最終消費の不足，労働者の生活水準の緩慢な向上，所得格差の拡大などをもたらす．中長期的には，投資効率の低下，銀行システムの不良資産の増加，企業財務の悪化など，銀行システムのシステミック・リスクを高める．

　前述のような内部の不均衡のほか，粗放型成長の継続がもたらすもう一つの経済面の結果は，外部経済の不均衡である．これは，主に，輸出主導型政策が長期にわたって調整されないことによる国際収支黒字の過度の蓄積を指す．これを受け，中央銀行は自国通貨の上昇速度を抑えるため外貨を大量に買い入れる結果，通貨の超過発行，株式・不動産・コレクション品などの価格高騰（資産バブルの形成），消費者物価指数の持続的な上昇（「インフレーション」，すなわち消費者物価インフレーション）が発生する．これらは，全て金融市場のシステミック・リスクを増大させる要因である．

　第二次世界大戦の終結後，日本をはじめ，一部東アジア国家と地域は，内需不足を克服するため，政府主導で国内市場の適度な保護と自国通貨の過小評価を特徴とする「輸出主導政策」――「新重商主義政策」とも言う――を採用し，旺盛な外需で経済の高成長を後押しした．改革開放以降，中国はこれらの国と地域の手法を模倣し，「輸出主導政策」で経済の高度

成長を引っ張ることに成功した．特に1994年の外為管理制度改革以降，人民元の大幅な下落や，安い要素価格をきっかけに，輸出が大幅に増加し，中国経済の高成長を力強く支えた．

しかし，日本・韓国・台湾の発展の歩みが示したように，輸出主導政策は発展の初期においてこそ有効かつ有益であるが，輸出産業が相当の規模にまで発展した後，この政策を一層の市場化の方向に調整しなければ，輸出国の企業は，低い要素価格と安い為替レートに甘んじ，技術革新と製品高度化の圧力と原動力を失い，「肉体労働を売る」[38]「労働集約型製品専門」[39]になってしまう．さらに，対外貿易条件の悪化，貿易摩擦の激化，中央銀行の外貨保有の増加と通貨の超過発行，インフレと資産バブルの形成，金融市場のシステミック・リスクの増大など好ましくない結果をもたらす．日本・韓国・台湾では，資産バブルの崩壊および金融システムの支払い危機の発生後，経済が長期にわたって停滞し，長らく回復することができなかった．

21世紀初頭になって，80年代後期に東アジア諸国と地区に見られた輸出主導型政策のマイナス影響は，わが国でも日増しに顕著になった．現在，わが国の経済に見られるいくつかの病症はそれと密接に関係する．具体的には，輸出数量が多いものの，付加価値が低く，交易条件と収益性が悪化し，貿易相手国との摩擦が激しくなり，人民元の上昇圧力が増加している．さらに，マクロ経済面では，通貨の超過発行と過剰流動性，資産バブルの形成，消費者物価インフレなどである[40]．しかも，これらの病症が，適切に解決されなければ，金融システム全体が弱体化し，外部からの衝撃を受けた場合，金融市場のシステミック・リスクが顕在化しやすい．

第二に，以上の体制上の欠陥が招いた社会・政治面のマイナスの結果である．

レント・シーキングの規模の拡大により，腐敗も深刻化していった．1989年以降，複数の学者の独自の研究によると，わが国のレントの対GDP比は20〜30％，金額は年間4〜5兆元に達する[41]．巨額のレント規模は，わが国の貧富格差を拡大させ，ジニ係数の高止まりに大きな影響を与える．近年，官職の売り買い（買官売官）が横行しており，その主因は，

公権が機能せず，官僚個人の意思で企業の勝敗と禍福を左右できることにある．アクトン卿（Lord Acton）曰く「権力は腐敗しやすく，絶対的な権力は絶対に腐敗する」の通りである．

　1995年に，当時中国人民大学社会学部に勤める李強教授が発表したサンプル調査によると，1994年の全国ジニ係数は0.43の高水準に達し，国際的に0.40とされる警戒線を上回った[42]．社会科学院経済研究所の趙人偉と李実教授も似たような報告を発表した．彼らの研究は非常に有意義であるが，残念なことに，当時，学界で若干の反響を呼んだだけで，政府指導部に注目されなかった（ただし，2000年に，国家統計局が初めて全国ジニ係数を発表した）ため，問題の発生原因と対応策について真剣に研究されなかった．世界銀行の「2006年世界発展報告」の数字によると，中国のジニ係数は改革開放前の0.16から現在の0.47にまで上昇した．127国の中でジニ係数が中国より低い国は94，高い国は29のみである．後者のうち，27が南米とアフリカの国々で，アジアではマレーシアとフィリピンの2国だけが中国より高い[43]．

　以上の事実が示しているように，現在，社会に存在する様々な弊害と偏りの根源は，経済改革が完全に実施されておらず，政治改革が大幅に遅れており，権力が頑なに市場から退出しないばかりか，市場の自由な交換に対する抑制とコントロールを強化した結果，腐敗とレント・シーキング活動の土台ができてしまったことにある．このことから，一層の成果を上げ，欠陥を克服するには，改革を推進し，民主法治を基本とする市場経済を実現することが必要だ，という結論が得られる．

　しかし，中国社会の様々な負の現象について，前述の分析と全く異なる解釈がある．特に，ここ数年，改革開放前の旧路線と旧体制の擁護者の一部は，経済改革と政治改革を推進する努力が足りないことによる過ちを利用し，この過ちがもたらした腐敗の横行や不公平な分配など負の現象に対する民衆の正しい不満を，改革開放を反対する方向に導いたため，新たな改革大論争を巻き起こした．議論の争点は，現在，わが国の社会に存在する各種の悪弊と偏りの原因は，市場化の経済改革と民主化の政治改革が完全に実施されていないことにあるのか，それとも市場化と民主化自身が誤

った方向なのか，である．論争においては，旧路線と旧体制の擁護者は次のように主張する．我々が直面している数々の社会・経済問題——腐敗の横行や不公平な分配から，高い医療費，高い学費，ひいては国有資産の流失，鉱山事故まで，その全てはいわゆる「新自由主義主流経済学者」が主導する改革によってもたらされたものだ，と．また，ポピュリズムと民族主義の言論を使い，真相を知らない民衆を惑わし，改革開放の大きな流れの転換をそそのかす．さらには，「階級闘争をかなめとする（以階級闘争為綱）」と「プロレタリア独裁のもとでの革命の継続」の旗印を再び掲げ，江青・張春橋・姚文元・王洪文などの「名誉回復」を試み，「7～8年に1回でプロレタリア文化大革命を徹底的に行い」，「党内外の資産階級に対する全面的な専政」の実現を図ろうとした[44]．

事実の真相を真剣に研究すれば，彼らのこのような扇動的な言論は，白黒を転倒する誤謬に過ぎないことがわかる．

貧富格差を例に挙げよう．旧路線と旧体制の擁護者は，市場志向改革に賛成する人たちが貧富格差の拡大を提唱する者で，市場化改革はまさにわが国の貧富格差拡大の首謀者だ，と宣伝する．これは全く歴史の事実にそぐわない言い分である．わが国の所得格差の拡大については，改革を主張する社会学者と経済学者は20世紀の90年代初頭にすでに言及しており，その後，徐々に社会に注目されるようになった．問題の焦点は，中国社会における貧富格差拡大の原因が何なのか，問題解決の重点がどこなのか，である．旧路線の擁護者は，これは市場志向改革によるものだと断言する．このため，彼らは，市場経済の中で勤勉に働き，巧みに経営する中間あるいは中間以上の所得をもらっている人たちに矛先を向け，この層の人たちと低所得層との所得格差を縮小させようとする．一方，改革を通じ，中国の直面している社会問題を解決すると主張する人たちは，中国社会における貧富格差の異常な拡大の主因は機会の不平等にある，と考える．すなわち各級の党と政府機関が過大の資源支配権をもち，この権力に近付くことができる人はこの権力を借り，レント・シーキング活動で一気に金持ちになることができる．この分析によると，貧富格差の縮小の重点は，市場化改革の推進を通じ，レント・シーキングの土台を打ち砕き，「権力が売買

を支配する」という腐敗行為を断固として打撃することである．

　むろん，市場経済における機会の平等の場合でも，個々人の能力の違いにより所得の不平等が生じる．とりわけ，現在，わが国には，伝統的な低効率の農業と近代的な先進工商業の二元型経済が存在しているため，格差は一元型経済よりも大きい．このような結果の不平等について，しっかりとした措置を採って救済すべきである．しかし，最も重要な救済方法は，政府が責任をもって，低所得層の基本的な福祉を保障できる社会保障制度を作ることである．従来の国有部門のみを対象とする社会保障システムは元々完全ではなかった．公費医療費制度の場合，国営企業と党・政府機関のみが対象であり，支給は主に都市部住民，特に党と政府の幹部が対象で，一般労働者，特に農民にとっては医者も薬も足りない状況である．改革開放以降，この制度は全く機能しなくなった．このため，1993年の改革案では，新しい社会保障システムの枠組みの設計が盛り込まれた[45]．振り返ってみると，この枠組みは，基本的に正しく，おおむね実行可能である．実施の過程においてより一層改善すれば，わが国国民のための有効なセーフティネットとすることができる．しかし，14年経っても，一部主管機関は自分自身の仕事上の利便性と部門の利益を考慮し，消極的な態度をとったため，一つの「古くて大きくて難しい」問題，すなわち国有企業の退職した従業員の「空口座」〔年金の個人口座の積立金が流用され「カラ」になっている口座〕への補てん問題が解決されておらず，第14期三中全会の案が実現されなかった．

　要するに，第16回党大会で指摘したように，正しい所得分配政策は，「違法収入の取り締まり」，「少数の独占的業種の高すぎる所得の合理的な調整」，「中間所得層の割合の拡大，低所得層の所得水準の引き上げ」に他ならない．平均主義的な方法で「金持ちから取り上げて貧民を救済する」ことは，かつて飢饉のために多くの人が亡くなった「全般的に貧困な社会主義」に逆戻りするだけであり，国民は絶対に承知しない．

　真理は議論すればするほど鮮明になる．旧路線と旧体制の擁護者は，医療・教育・住宅・国有企業改革など具体的な問題の議論において真相を知らない人々を欺き，わが国の社会に存在する負の現象に対する人々の正当

な不満を，市場化改革に反対する方向へと誘導し，そしてある程度成功した．しかし，彼らの手の内——すなわち歴史の車輪を逆回転させ，中国人民に多大な災難をもたらした旧路線と旧体制に戻そうとしていること——が明るみになれば，改革開放の具体的な方法と中国社会の現状に関する様々な意見をもちながら改革開放という大きな流れに反対しない人たちも，彼らから離れていくだろう．

　先祖返りの主張に対し，党と政府の指導者も明確な態度を示した．胡錦濤総書記は，2006年3月の全国人民代表大会上海代表団の会合において，改革の方向を揺るぎなく堅持し，社会主義市場経済体制を絶えず整備し，資源配分における市場の基本的な役割を十分に発揮させねばならない，と述べた．2007年10月に開催された第17回党大会では，中央委員会の報告の中に，「どのような旗を掲げ，どのような〔その旗の〕道を歩むか」と鋭く指摘し，先祖返りの主張を正面から批判した．この報告は，改革開放は党の心と民の心に合致しており，時代の流れに順応するもので，方向と道筋は完全に正しく，その成果と功績は否定できず，停滞・後退すれば行き詰まる，と指摘した．

結び：歴史をもって未来の道を明るく照らす

　これまでの30年間の歩みは，経済体制と政治体制の改革を揺るぎなく推進することこそ，流れに順応するもので，民心に沿う道筋だということを示してくれた．

　わが国の現状から，経済改革と政治改革は以下の点において積極的に推進すべきである．

　まず，迷信を打破し，思想を解放し，一層の改革開放のためにしっかりとした思想の基礎を築く．

　中国の改革開放は，20世紀70年代後半の思想解放運動に起源する．中国の市場経済体制の初歩的な確立と，ここ30年間の経済の高成長は，その思想解放運動の豊かな果実である．しかし，思想解放は際限無きものであり，わが国の社会が近代化に向けて急速に進んでいる中，時と共に前進

し，自らの思想を絶えず更新し，時代の流れに追いつかねばならない．特に，ここ数年の「左」の思想への先祖返りの流れの中，すでに党と人民に否定された古い思想と古い観念は，歴史と現実に対する人々の理解が足りないことにより，再び流行っており，一部の群衆の思想を混乱させたため，正さなければならない．こうした中，最近，一部の地方では，新しい思想解放運動が起きている．この運動は，経済改革と政治改革の新たな突破と中国の経済と社会の新たな発展を後押しするため，近代的な経済発展と不釣り合いな，社会の進歩にとって不利な古い思想と観念の拘束を打破し，時代に合った新しい思想と観念を樹立することを求めている．

思想解放運動を成功させるには，自由かつ現実的な議論の雰囲気が必要である．また，異なる観点をもつ人々が理性的に思考し，互いに切磋琢磨して，互いに働きかけることを促さなければならない．市場経済は利益が多元化された共同体である．このため，「両極化」や「矛盾の一方がもう一方を飲み込む」という方法で，ある社会集団の利益をもって別の社会集団の利益を抑え込むべきでない．あらゆる合法的な利益に対する要請を十分に表出させ，そして話し合いやディベートを通じて，社会の共通認識と互いに受け入れられる解決策を見出すべきである．これこそが，各利益集団が補完し合い，ウイン・ウインになり，調和のとれた社会に通じる道である．

次に，経済改革の具体的な推進にあたって，努力せねばならない点について述べる．

——未完成の財産権制度改革の実現

中国の約半数の人口を占める農民の利益と密接に関係する土地財産権問題は解決されておらず，農民の土地や住宅用地資産は流動化可能な資産に転換することができない．このため，農業に携わる農村部住民の利益が損なわれるだけでなく，製造業や商業に転向した新しい都市部住民の生計まで困難に見舞われるため，解決しなければならない課題である．

——国有経済の布陣・調整の継続と国有企業の株式制への転換の完成

世紀の移り目の頃，国有経済改革が段階的な成果を収めた中，国有大型企業を対象に一層の改革を進めるべき時期に，改革の歩調は明らかに緩んだ．株式構造における国有株の高い割合や，競争面での1社独占という構図が完全に変わっていない．一部の分野においては「国進民退」，「新国有化」など先祖返りの現象さえ見られた．このような傾向は是正すべきである．第15回党大会と第15期四中全会における国有経済と国有企業改革に関する決定は，徹底しなければならない．

　――財とサービス市場の独占禁止法の執行と資本市場のコンプライアンス監督の強化
　財とサービス市場における大企業による独占が存続する状況に対して，強力な措置を講じ，解消しなければならない．資本市場では，「官製相場」，「レント・シーキング相場」といった好ましくない状況が根絶していない．各種「インサイダー」は，情報の優位性を利用し，インサイダー取引や相場操縦など犯罪活動で民間投資家の利益を損なう一方，莫大な財産を手に入れるという事態が多発している．このため，考え方を正し，方法をよく選別し，コンプライアンスを強化することを通じて，わが国の資本市場の健全な発展を促進しなければならない．

　――新しい社会保障システムの確立
　1993年の第14期三中全会では，全国をカバーする多層型の新しい社会保障システムの構築が決定された．しかし，十数年経過しても，政府内部に様々な妨げがあり，この極めて重要な社会インフラは今なお完成しておらず，社会的弱者の基本的な生活保障が不十分のままである．このシステムの構築を加速させなければならない．
　さらに，政治改革の加速が必要である．立憲・民主・法治は，近代市場経済が求める上部構造の保障となる．第15回党大会において法治社会主義国家の確立，第16回党大会において社会主義民主政治の確立が掲げられて以来，すでに11年経った．中国のような国では，民主・立憲・法治の三位一体の近代的政治体制を語るのは容易なことでないが，世界の潮流

から，我々はもはや引き延ばしたり，待ったりすることができず，法治から着手し，わが国の政治体制改革を加速させるべきである．法治の確立を通じ，各権利主体の間で正しく権限を割り当て，政府の行為を規範化し，公民の基本権利が侵害されないようにする．そのうえで，民主の拡大，政府に対する民衆のコントロールと監督の強化を通じ，立憲・民主・法治の目標を着実に実現させる．

　指摘しておかねばならない点は，過去30年間の経験から見て，経済改革と政治改革が順調に推進できるかどうかは，政府自身にかかっている．計画経済は，マクロ経済からミクロ経済や人々の家庭生活まで全てを管理する全能なる政府によって管理され，操作されるものであった．改革は，全ての政府官僚の権力と利益にかかわるため，全能なる政府を，公共財の提供を専門とするサービス型政府に改造するには，政府官僚が公正な心をもって，公僕という身分に不相応な権力を切り捨てる必要がある．政府改革の任務は，市場メカニズムが基本的な役割を果たすことができるように，資源配分と価格決定への行政介入を縮小，排除するだけではない．より難しいのは，市場メカニズムを支える法治環境の整備である．このような制度的プラットフォームがなければ，公権が機能せず，規則が歪み，秩序が乱れ，官民関係が緊張する，というような状況に陥り，経済と社会生活も調和のとれた安定的な軌道に乗ることが難しい．

　わが国は，立憲民主と法治の伝統の欠如，文化の蓄積と歴史的な慣性により，立憲・民主・法治を実行するにあたって，必ず障害と抵抗に見舞われよう．しかし，改革の推進と，豊かで文明的かつ民主的で調和のとれた中国をつくることは，中華民族の興亡と全ての中国人の根本的な利益にかかわる．このような課題に対して，我々は躊躇してはならない．抵抗を突き破り，力を奮いたたせ，難関を乗り越えてこそ，平坦な道が開けてくる．

注

1) 本稿は，呉敬璉・樊綱・劉鶴・林毅夫・易綱・許善達・呉暁霊編『中国経済50人看30年：回顧与分析』（北京，中国経済出版社，2008年）に収録されたものである．

2) 中共中央宣伝部（1953）『為動員一切力量把我国建設成為一個偉大的社会主義国家而奮闘—関于党在過渡時期総路線的学習和宣伝提綱』．
3) 陳雲（1956）「社会主義改造基本完成以後的新問題」『陳雲文選』第3巻，北京，人民出版社1995年版，350頁．
4) 毛沢東（1956）「論十大関係」『毛沢東選集』第5巻，北京，人民出版社，1977年，272-276頁．
5) この体制の弊害については，呉敬璉（1999）『当代中国経済改革』（上海，上海遠東出版社，2003年版，49-54頁）を参照．
6) 「大躍進」と人民公社化後の全国の異常な死亡者数については，異なる学者による推計値は2,000万～4,000万人である．孫冶方「加強統計工作，改革統計体制」『経済管理』（1981年第2期），程敏『風雲廬山』（北京，団結出版社，1993年，364頁），李成瑞「大躍進引起大的人口変動」『中共党史研究1997年第2期』，曹樹基「大飢荒：1959～1961年的中国人口」『中国人口科学』（2005年第Ｉ期）を参照．
7) 「毛主席重要指示（1975年10月～1976年1月）」『建国以来毛沢東文稿』北京，中央文献出版社，1998年，第13冊，486頁．
8) 李先念（1978）「在国務院理論務虚会上的講話（1978年9月9日）」『李先念文選』北京，人民出版社，1989年，324-336頁．李先念のこの講話は，1978年12月の中国共産党第11期中央委員会第3回会議（11期三中全会）で確認された．
9) 国家統計局『中国統計年鑑』，北京，中国統計出版社，1989年228頁．
10) 朱栄等主編『当代中国的農業』北京，当代中国出版社，1992年375頁．
11) 国家統計局『中国統計年鑑』（1981，1985）に基づいて推計．
12) 銭頴一・許成綱（1993）「中国経済改革為甚麼与衆不同——Ｍ型層級制和非国有部門的進入与拡張」『現代経済学与中国経済改革』（銭頴一）北京，中国人民大学出版社，2003年版．
13) 列寧〔レーニン〕（1917）「国家與革命」『列寧選集』第3巻，北京，人民出版社，1995年．〔『国家と革命』宇高基輔訳，岩波文庫，1957年〕
14) 「レント・シーキング」（rent-seeking）理論は，1970年代に近代経済学の二つの支流である政治経済学と国際経済学から発展した社会経済理論である．それによると，政府の行政権力による市場取引活動への介入は，供給弾力性を引き下げ，レント〔超過利潤〕を生み出す．レントが広く存在することにより，レント・シーカー〔レント・シーキングをする者〕は，根回しや賄賂などの手段で介入権限をもつ官僚を買収し，レントを手に入れる．呉敬璉『当代中国的経済改革』上海，上海遠東出版社，2005年，68-69頁，381-384頁．（『現代中国の経済改革』青木昌彦監訳，日野正子訳，ＮＴＴ出版，2007年）
15) 薛暮橋「関於経済体制改革的一些意見（1980年6月）」，「調整物価和物価管理体制的改革（1980年7月）」『論中国体制改革』天津，天津人民出版社，1990，

211-218頁，325-340頁．

16) いわゆる「市場社会主義」（Market Socialism）の基本的な特徴は，国家所有制と国家計画の支配的な地位を維持したままで，一部市場競争の要素を導入することにより，企業の生産効率を高めることである．呉敬璉（2005）『「市場社会主義」與中国経済改革』『呼喚法治的市場経済』（上海，上海三聯書店出版社，2007年版，401-418頁）参照．

17) W. 布魯斯・拉斯基（1989）『従馬克思到市場：社会主義対於経済体制的探索』（上海：上海三聯書店出版社，1998年）参照．

18) 重商主義（Mercantilism）は16～17世紀に西欧に盛んだった思想の流れの一つである．その主張では，貨幣・富の蓄積と富国強兵の国家目標を実現させるため政府は経済活動に強力に介入すべきである，とする．

19) 例えば，鄧小平は，1992年の「南巡」講話で「断固として両手でつかむ（堅持両手抓）」を言及した時，「シンガポールの社会秩序は良いと言える．彼らは厳しく管理している．我々は彼らの経験を参考にすべきだ」と指摘した．『鄧小平文選』第3巻，北京，人民出版社，1993，278-279頁．

20) Alexander Gerschenkron (1952), "Economic Backwardness in Historical Perspective", In *The Progress of Underdeveloped Areas*, (ed.) by Berthold Hoselitz, Chicago, University of Chicago Press. 彼は，同書の中で"Advantages of Economic Backwardness"という用語（一般的に「後発の優位性」と訳される）を使用している．

21) 「商品経済」は「市場経済」のロシア語の表現である．1982年の中国共産党第12回全国代表大会の「計画経済を主とすることを堅持する」という文脈に合わせるため，第12期三中全会の「決定」では商品経済という言葉の前に「計画」が付け加えられた．

22) 国有企業の「ソフトな予算制約」（soft budget constraints）はハンガリーの経済学者J．コルナイ（Janos Kornai）がハンガリーの移行経済を分析した時に提示した重要な概念である．科爾奈〔コルナイ〕（1980）『短缺経済学』，北京，中国財政経済出版社，1986年．

23) 中国のレント・シーキングの腐敗活動の規模の推計について，呉敬璉『当代中国経済改革戦略与実施』（上海，上海遠東出版社，1999年，416-417頁）を参照．

24) 20世紀90年代初期の中国の貧富格差の推計について，前出書417-418頁参照．

25) 趙紫陽（1986）「在中央財経領導小組会議上的講話（1986年3月13日）」，「在国務院常務会議上的講話（1986年3月15日）」，呉敬璉（1999）『当代中国経済改革』（上海，上海遠東出版社，2003年，72頁）より引用．

26) 全国経済工作会議における趙紫陽の講話．1986年1月13日付け『人民日報』報道より．

27) 鄧小平（1986）「在聴取経済情況匯報時的談話」,「在全体人民中樹立法治観念」,「関於政治体制改革問題」『鄧小平文選』第3巻, 北京, 人民出版社, 1993年版, 160頁, 163-164頁, 176-180頁.
28) 鄧小平（1980）「党和国家領導制度的改革」『鄧小平文選』第2巻, 北京, 人民出版社, 1994年, 320-343頁. この講話は, 1980年8月31日に中共中央政治局での議論を通ったものである.
29) 王忍之「関於反対資産階級自由化——1989年12月15日在党建理論研究班的講話」,『人民日報』1990年2月22日,『求是』1990年第4期に掲載.
30) 鄧小平（1992）「在武昌, 深圳, 珠海, 上海等地的談話要点」『鄧小平文選』第3巻, 北京, 人民出版社, 1993年, 370-383頁.
31) 対外貿易業と通信業に対する行政管理職能は, 国家経済貿易委員会ではなく, 対外経済貿易合作部と情報産業部がそれぞれ行使する.
32) 秦暉・金雁（2002）「転軌中東欧国家的民間組織」『拡展中的公共空間』, 天津, 天津人民出版社, 2002年版, 340-373頁.
33) J.Buchanan et. al.ed.（1981）, *Toward a Theory of the Rent-Seeking Society*, Texas A&M University Press.
34) 2006年3月27日付け『中国新聞週刊』, 2006年4月12日付け『経済観察報』, 2006年5月12日付け『民営経済報』.
35) 「市場アクセス」の本来の意味は「市場進入」あるいは「市場進入権」である. 市場進入は, 近代社会において公民の自然な権利であり, 法律で禁止されたものを除き, 全ての公民は自由に進入する権利をもつ.「市場アクセス」を「市場准入」（市場への進入を許可する）と訳すのは明らかに誤訳である.
36) 呉敬璉（2006）「警惕尋租新動力」『呼喚法治的市場経済』, 北京, 生活・読書・新知三聯書店, 2007年, 360-364頁.
37) 呉敬璉（2006）『中国増長模式抉択』上海, 上海遠東出版社, 2006年を参照. 1996〜2000年の第9次5ヵ年計画では,「成長方式の根本的な転換の実現」と一層明確な方針を掲げた. その10年後, 2005年に制定された第11次5ヵ年計画（十一・五計画）では, 成長方式の転換を今後5年間の経済運営の重点とする方針を再度打ち出した. 十一・五計画の1年目の執行状況は芳しくなかったため, 2007年の第17回共産党大会では, 経済発展モデルの3つの転換を実現せねばならないと, 再び掲げた. 経済成長モデルの転換が難しいのは, この転換が大きな体制的な障害に直面しているからである. 具体的には, 以下の4点である. 第一に, 各級政府が依然, 土地など重要な資源の割当て権限をもっている. 第二に, GDP成長率を各級政府官僚の業績を評価する主要な指標としている. 第三に, 既存財政体制のもとで各級政府の財政状況を財の生産増加に密接に結びつけた. 第四に, 土地・資本・労働力など生産要素の価格が市場化されておらず, 行政による価格設定は基本的に計画経済の慣例に従って価格を低く抑えている. 価格の歪みは, 資源配分を改善する市場の役割を大きく抑制

するとともに，希少な資源の大量な無駄遣いをもたらしている．

38) 陳志武（2004）「為什麼中国人出売的是"硬苦力"」『新財窓』（2004年9月号）に掲載．
39) 斯蒂格利茨〔スティグリッツ〕（1997）『経済学（第2版）』，北京，中国人民大学出版社，2000年版，888-892頁．
40) 呉敬璉（2006）「解決内外失衡的出路在於推進改革，実現増長方式的根本転変」『呼喚法治的市場経済』（北京，生活・読書・新知三聯書店，2007年，第281-286頁）に収録．
41) 胡和立（1989）「1989年我国租金的估計」「社会経済体制比較」，編集部編『腐敗：権力与金銭的交換（第2版）』（北京，中国経済出版社1993年版，20-46頁）に収録．万安培（1995）「中国経済転型時期的租金構成及主要特点分析」，呉敬璉等編『建設市場経済的総体構想与方案設計』（北京，中央編譯出版社1996年版，331-364頁）に収録．高輝清等（2006）「2004年中国収入分配中非正常成分的価値估算」中国経済体制改革研究会公共政策研究中心系列研究報告，2007年9月16日．王小魯（2007）『我国灰色収入与国民収入差距』，北京，中信出版社『比較』第31集，2007年7月第1版．
42) 李強（1995）「我国社会各階層収入差距的分析」『科学導報』，1995年第8期．
43) 世界銀行『2006世界発展報告』（中国語版），北京，清華大学出版社，2006年．
44) 馬賓（2006）『記念毛沢東』，白書．
45) 中国共産党中央の第14期三中全会「社会主義市場経済体制の構築の若干の問題に関する中共中央の決定（中国共産党第14期中央委員会第3回全体会議1993年11月14日通過）」．

3
改革をめぐる三つの社会勢力のスタンスに関する分析[1]

　移行期における利益関係の変化に伴い，改革に対する異なるスタンスをとる社会勢力が形成された．

　改革初期においては，市場志向の改革に対し，基本的に賛成と反対の2つのスタンスがあった．市場化改革に対する異なるスタンスが生じるのは，多くの要因によるもので，認識面の要因もあれば，権力・地位・物質といった利害への考慮によるものもある．

　当時の状況では，改革を支持する人は国民の大多数を占めていた．多くの機関幹部や工業・農業に従事する一般大衆は，「左」の路線と政策のもとで形成された極端に歪められた経済と社会の状況に対し，大きな不満を抱き，現状の変化を強く希望していたため，全般的に改革に対して積極的であった．彼らは，政治的な志をもち，時代の流れに順応する政治家や，良識のある知識人と共に，中国社会において改革を懸命に推進する中堅の勢力となった．彼らが打ち立てたいのは大衆の利益に相応しい市場経済であり，それによって社会の公正を手に入れ，共に豊かになることを徐々に実現していこうとした．

　しかし，同時に，もう一つの社会勢力が存在する．改革前のソ連政治経済学の支配的な立場や，指令経済に基づいて形成された利益構造，改革が政府に自ら行使すべきでない権力を市場に明け渡す必要を迫るものであることなどから，改革は必然的に，指令経済において既得権益を有する保守

的な思想の人たちに反対される．この人たちにとって，計画経済は社会主義で，市場経済は資本主義であることが不変の原理である．また，国家所有制は社会主義の経済的土台であり，それを強化することができても，弱体化させることはできない．さらに，ソ連とわが国の計画経済に現れる様々な弊害は，経済体制がもたらしたものではなく，その形式に誤りがあるか，あるいは方法が適切でないか，によるものである．このため，経済体制の一種としての計画経済は，一度全部崩してから立て直すのではなく，強化・改善という手法を採るしかない．

　この２つの思潮と社会勢力は，イデオロギー論争と実際の対決を繰り返してきた．中国の改革はまさにこのような論争と対決の中で進められてきたのである．しかし，問題は，改革をめぐって立場の違いが鮮明であるこの２つの対立勢力だけが存在しているわけではないことである．中国の改革は，「体制外」から「体制内」へと進める方法（「増量改革」〔既存の経済体制を残しながら，新たに増える部分にだけ新体制を適用する〕）を採ったため，20世紀80年代半ば，計画と市場からなる二重体制が形成された．すなわち，従来の行政権力が全てを支配するという旧体制はすでに崩れたにもかかわらず，市場体制がまだ形成されていないため，計画と市場の２つの体制が対峙しながら，浸透し合うという状況だった．このような状況下で，一部の人は，体制の隙間と抜け穴を利用し，レント・シーキング活動を通じ，富を手に入れる．この人たちは，西欧の原始資本主義時代の「重商主義者（mercantilists）」に類似する．彼らは，レント・シーカーとして，市場が規範を欠き，行政権力が依然重要な役割を演じているという状況を利用し，移行期経済体制の混乱の中でどさくさに紛れて「増量改革」の既得権益者になる．これら新しい既得権益者は，計画経済の「古き良き日々」を懐かしむ既存の既得権益者と異なり，計画経済体制に戻りたいと思わず，規範的で公平な競争のある市場の形成も望まない．彼らが望むのは，市場の混乱と幅広い分野への行政権力の介入という現状の維持ひいては拡大である．そうすれば，彼らは，自らの特殊な地位を引き続き利用し，権力を乱用して「レント・シーキング」を行い，富を蓄えることができる．このようにして，新しい既得権益者は，第三の社会勢力になった．この社会勢

力の目標は，なるべく現状の二重体制を維持し，さらには暴利を得るため，「レント・クリエイティング」を通じ，混乱を激化させることである．

このような状況下で，改革のさらなる推進は，第二の社会勢力，すなわち旧体制に戻りたい人たちの抵抗に遭うだけでなく，第三の社会勢力すなわち二重体制下で既得権益を維持したい人たちの抵抗にも遭遇する．

現状をみると，旧体制に戻るという第二の社会勢力の主張は，その影響力が日々低下している．しかし，改革に大きな過ちが発生したり，第三の勢力が思いのままに大衆の利益を害したりする時，逆戻りを主張する第二の勢力は，群衆の不満を利用し，自らの影響力を強め，さらには保守思想の揺り戻しを図ることがある．わが国の過去20年間の改革において，大きな揺り戻しが2度発生した．

一回目の揺り戻しは，1981～83年に起きた．これに先立って，改革開放の初の試みが行われていた．当時の社会では様々な思想があり，人々は旧体制と文化大革命について考え直し，改革が間もなくもたらす新しい世界への美しい憧れがあった．この時の保守思想の影響は微々たるものだった．しかし，1979～80年の間に行われた都市改革で問題が発生したため，経済秩序の混乱と物価上昇のなか，改革は挫折し，政治的な保守勢力も機に乗じて台頭した．彼らはある観点を宣伝していた．混乱の根源は，市場の役割の発揮と商品経済の形成を改革の目標としたことだ，と．さらに，そこから，社会主義経済は，計画経済という属性しかもつことができないと論じた．

二回目の揺り戻しは1989～91年に起きた．10年間の改革を経て，その間に蓄積された社会の矛盾と問題が1988年から89年の間に爆発し，際立ったのは1988年の深刻な物価上昇と1989年の政治騒動〔天安門事件前後の政治的混乱〕である．危機の勃発により，改革は大きく挫折した．保守勢力は機に乗じ，物価上昇と社会混乱の根源は市場化だと言い出し，一時，改革を逆戻りさせる勢いがあった．1992年の鄧小平の南巡講話〔同年1月から2月にかけて武昌，深圳，珠海，上海など南方を視察した際の発言〕をきっかけに，ようやく改革の勢いが取り戻された．

改革期の社会勢力の対峙の構図が前述のような状況をもたらしたのは，

民衆の情緒の変化によるものである．改革の具体的な実施あるいは経済運営に誤りが生じ，民衆の利益が損なわれる時，民衆は，改革が彼らの利益を害したと誤解し，計画経済時代に対する一種の「ノスタルジー」の情緒が生まれるため，知らずに保守的傾向の支持者になってしまう．一方，保守勢力は，自分たちの一部主張が民衆の共鳴を得たことから活発になり，改革に対し，一層攻撃的な姿勢をとる．

　注目すべきは，保守思想が勢力を取り戻すという状況が，前述の第三の社会思潮と社会勢力の働きと関係している点である．この社会勢力は，改革初期において，自分の利益と合致する時，できるだけ早く国家計画の束縛を打ち破り，彼らの利益獲得の活動が継続できるようにするため，改革と同じ方向性を保つ．しかし，市場化改革の深化に伴い，行政特権の介入と経済秩序の混乱によってもたらされた蓄財の機会が消滅の危機に直面すると，彼らは自分たちが改革の対象になると感じるようになる．このとき，彼らの保守的な側面が鮮明に現れ，様々な口実（「改革の成果を守る」という口実を含む）を使い，改革の一層の深化を妨害し，ひいては改革を自分たちの都合のいいように運び，新たな「レント・シーキング」の可能性を作り出す．しかし，彼らは改革に参加した経験があり，しかも改革を妨害したり，歪めたりする時も「改革」の旗印を掲げるため，民衆は惑わされ，彼らを信じてしまう．このような行動は極めて危険である．健全な市場制度の確立を妨げるだけでなく，真相を知らない民衆は，ミクロ経済活動への行政権力の介入による様々なレント・シーキングや腐敗が改革の産物だと誤解し，改革に抵抗する考えを持ち始め，「復古」傾向の精神的な支えとなり，ついにはその基盤になってしまう．この2つの傾向は，いずれも改革の順調な推進と移行期の社会の安定に影響を与えるものである．

　このように，計画経済に賛同する第二の社会勢力と，既存体制の維持を求める第三の社会勢力は対峙するものの，実際には互いに支え合い，相手の存在を理由に自分を正当化し，民衆を動員して自分たちへの支持を集める．第二の勢力は常に，改革を利用し自分の懐を潤しながら，実際のところ市場の競争原理を破壊する人々の行為を理由に，改革を貶し，自分たちの反改革の主張を支持してもらうため民衆を動員する．一方で，改革の旗

印を掲げながら権力を振りかざし，私利私欲を満たす人たちは，反改革勢力の存在を理由に民衆を脅す．この人たちは，既存体制に対する出発点も結論も全く異なる2つの批判の論理を混同し，一層改革すべきという正しい方法に反対する．同時に，彼らは民衆を間違った考え方に導く．この結果，改革に情熱的でありながら真相を知らない一部の人たちは，是と非を混同した偽りの改革の主張を無視すると，従来の計画経済の道に逆戻りしてしまうと考える．このような複雑な構図が移行期に存在するため，改革に対する人々の認識は常に曖昧な状態にあり，何が正確な前進方向と政策措置なのか，について激しく議論を交わすことになる．

このような異なる思想と政策方針をめぐる矛盾と衝突は，必ずしも各社会集団の利益によって直接招かれたとは限らない．また，個々人の経済的地位が改革に対するスタンスを直接左右するものでもない．ここでは，思想・認識上の要因が大きな役割を担う．しかし，理論上の論争であっても，認識の違いによるものだけでなく，利益関係による部分も大きい．例えば，次のようなことについて理論的な違いがある．行政の審査認可はできるだけ減らすべきなのか，金利は徐々に自由化すべきなのか，為替レートは一本化すべきなのか，商品価格と要素価格は条件が整う時に果敢に自由化すべきなのか，国有企業改革は「放権譲利」〔権限を下部機関に移譲し，利益を分け与える〕を中心とすべきなのか，それとも制度革新を基礎とすべきなのか，バブル経済は有益無害なのか危害甚大なのか，等々である．これらの論争において，一部の人たちが論争に加わるのは認識上の違いによるものだが，一部の人たちにとっては完全に利益面の動機によるものである．

現状の社会には様々な現象があり，多くの理論的あるいは政策的論争は，前述のような異なる改革方向の間にある矛盾と衝突で説明できる．わが国の社会の消極的かつ醜悪な現象に惑わされると，改革という大きな方向に対する民衆の賛同すら動揺してしまう．このような状況下で，我々は2つの問題を明確にしなければならない．第一に，目下，我々が直面している様々な社会問題は，一体，改革によるものなのか，それとも改革の不徹底によるものなのか，である．第二に，これら深刻な社会問題を解決する正しい道筋は，経済改革の推進と政治改革の加速なのか，それとも前進せず，

あるいは逆戻りするのか，である．

注
1) 本章は筆者の著書『当代中国経済改革戦略与実施』（上海遠東出版社，1999年）に掲載されたものである．

4
過大な所得格差の問題への適切な対処[1]

　私は，わが国の所得格差拡大の問題に対する国民の関心を喚起し，この問題を思考するよう促さなければならないと考えている．所得格差が現在のような度合いにまで拡大したことは，この社会が確かに病んでいることを表している．病気になっても，それを隠して医者にかからないことはしてはいけない．病気を明らかにすべきだ．しかし，問題を提起したことは問題を解決したということではない．理性的に考え，問題を解決する方法を見出さねばならないのである．後者については，私は易綱教授の意見に賛成だ．つまり，ポピュリズムの方法で煽り立てて対応すると，問題を一層混乱させるだけで，解決の方法を見出すことができない．

　1995年に，当時中国人民大学社会学部に勤めていた李強教授はあるサンプル調査を発表した．それによると，1994年の全国ジニ係数はすでに0.434の高い水準に達していた．その後，社会科学院経済研究所の趙人偉と李実教授も同じような報告を発表した．これらの研究は非常に有意義である．しかし，残念なことに，当時，学界で少し反響を巻き起こしただけで，政府上層部の指導者に注目されなかった．2000年になって，国家統計局が初めて全国のジニ係数を0.39と発表した．しかし，政府指導者に重視されなかったので，問題の原因とその対応措置について真剣な研究がなされなかった．

　ここ数年，ある解釈が浮上してきた．わが国の貧富格差が急速に拡大し

ている主因は効率を強調しすぎること，すなわち「効率を優先し，公平にも気を配る（効率優先・兼顧公平）」という方針にある，と言うのである．それによると，市場化改革は効率を強調しすぎるため，平等が損なわれる．この見方について，私はとても懐疑的だ．この見方に基づいた「処方箋」は，合法的な所得に対する分配政策の調整である．例えば，国有企業のトップの報酬が従業員の平均給与の5倍を超えてはならない，個人所得に対する高額の累進課税を導入する，など高額給与所得を制限する措置が含まれる．しかし，これらは的外れの方法である．

「効率を優先し，公平にも気を配る」は，20世紀80年代にそれまでの主流だった平均主義に対処するために打ち出された正しい方針である．ただし，この考え方を裏付ける理論構成，すなわち平等と効率は互に代替可能な負の相関関係にある，という点に問題があるという指摘は当時すでにあった．平等と効率の相互代替の理論は，一般的に，米国経済学者アーサー・M・オーカン（Arthur M. Okun）の *Equality and Efficiency: the Big Tradeoff*〔『平等か効率か——現代資本主義のジレンマ』新開陽一訳，日経新書，1976年〕に由来すると考えられる．トレードオフ（trade-off）とは，2つの要素の相互代替関係，すなわち負の相関関係を指す．しかし，同書の論述からもわかるように，オーカンが述べるのは，自由市場という条件下での結果の不平等と効率の関係である．もし，我々が論じるのが，結果の不平等と効率の関係ではなく，機会の不平等と効率の関係であれば，状況は全く異なってくる．機会の平等という条件下での結果の不平等は，2つの面で影響を与える．一つは，労働と経営の積極性を刺激し，効率を向上させる．もう一つは，生まれつき能力が劣る人にとって不公平になるので，社会の救済が必要である．一方，機会の不平等については，効率にとってマイナスであり，プラスの影響はない．言い換えれば，機会の不平等の解消は，効率向上と正の相関関係であり，決して負の相関関係ではないのである．機会の平等の実現は，効率向上にプラスに働くのみで，逆にはならない．したがって，現状の所得格差拡大の主因が効率を強調しすぎるという見方は，別の問題と混同している感がある．

　この2種類の不平等が効率に対し，全く異なる影響を与えることを考え

ると，我々は，もう一つの問題についても考えなければならない．すなわち，現在，わが国の社会に存在する不平等のうち，機会の不平等によるものがどの位なのか，市場経済という条件下での結果の不平等によるものがどの位なのか，である．

私の見方では，現在，中国の個人所得の不平等は，おそらく主に機会の不平等によるもので，その最大の要因は腐敗である．

腐敗は闇の中で行われるため，腐敗の規模を推計することは至難の業だが，一部優れた研究がある．例えば，李実教授は公開資料に基づき計算し，所得の不平等の主因は都市と農村の格差にあるとの結果を得ている．都市と農村の格差は多くの複雑な要因に左右される．先ほど，易綱教授が述べた物価基準の違いもその一つである．それでも，我々は近代経済学の手法を用い，ジニ係数のうち腐敗要因の割合を推計することができる．私は『当代中国経済改革』という教科書の中で，南開大学の陳宗勝教授が提供した数字を引用したことがある．陳教授によると，1997年に違法収入を除いたわが国の個人所得のジニ係数は0.42で，違法収入を含むと0.49[2]になる．0.07ポイントは小さな数字に見えるが，駱駝の背中を折る最後の一本の藁〔西洋のことわざで，極限の状態に達すると，ほんの些細なことでも大事の引き金になってしまうという意味〕になるかもしれない．

もう一つの証左がある．1988～92年に数人の経済学者がわが国のレント〔正常な水準を上回る受け取り（超過利潤）〕総額の対GDP比率を計算した．国務院研究室の胡和立氏の計算によると，1987～88年の全国レント総額の対GDP比率は20～40％である．中南財経大学の万安培氏の推計では，1992年の株式と不動産市場におけるレント・シーキングの荒波の中，全国レント総額は6,243.7億元という天文学的な数字に達し，その年の国民所得の32.3％[3]に相当した．考えてみてほしい．ローレンツ曲線の45度線の下の影の部分に20～40％のGDPの不均等の分配を加えると，ジニ係数に与える影響はどれほど大きいだろうか．

一般的な感覚から言えば，今日の社会において腐敗は随所に見られる．その深刻さには目を覆いたくなるものがある．復旦大学創立100周年の記念行事に出席した時，私は，ある貧しい省の大学学長と会ったが，その学

長は私にこう言った．ここ数年，彼のところの省で最も羽振りのいい「商売」は，末端政府の役人が小さな炭鉱の採掘権を売却し，「無償株」などの方法で賄賂を受け取ることだと．肩書きの低い役人でも小さな炭鉱を一つ売れば，数千万元の金が入ってくる．このような腐敗が足し合わされると，決して小さな金額ではなくなる．

　もう一つは独占部門である．独占部門の収入は非常に高い．これは機会の不平等であり，市場経済の条件下での能力の違いによる不平等ではない．

　以上の判断が正しければ，貧富格差を縮小させるのに最も重要なのは，腐敗の歯止めと，社会資源の使用権を独占的部門から解放させることである．つまり，市場化を実現することだ．市場化を実現しなければ，これらの問題は解決できない．レント・シーキングの前提は，行政権力によるミクロ経済活動への介入と社会資源に対する独占である．行政介入と権力の独占がなければ，レント・シーキングの可能性もなくなる．したがって，レント・シーキングという問題は，法治を実現した上での市場化によってのみ解決できる．

　私は，先ほどの樊綱教授の発言に賛成だ．わが国の市場経済の枠組みはすでにある程度の形ができている中，結果の不平等という問題にも真剣に対処しなければならない．差し迫って急務となるのは，社会保障システムを早急に作ることだと思う．少なくとも，世界銀行の言う，政府が責任を負う社会保障の「第一の柱」はいち早く作らなければならない．まずは，農民を含む全国民を対象とする最低限の所得保障である（現在，3つの省が全省で最低限の所得保障を実施している）．私は，これを第11次5ヵ年計画の中で拘束性のある指標として入れるべきだと思う．現在のわが国の財政力から，それは十分にできることだ．もう一つは，国がすでに退職した者に対する社会保障の未払い分を支払うことである．これも，国の財政力からすれば，十分に可能なことだ．「実行できないのではなく，しないのである」．私は，この二つのことについて早急な実現を呼びかけたいと思っている．

注

1) 本章は，筆者による 2006 年 6 月 26 日の「中国経済 50 人論壇・長安講壇」での講演録で，2006 年 7 月 5 日付け『中国経済時報』に掲載されたものである．
2) 呉敬璉（2004）『当代中国経済改革』，上海遠東出版社，2004 年版，389 頁．（『現代中国の経済改革』青木昌彦監訳，日野正子訳，NTT 出版，2007 年）
3) 『経済社会体制比較』編集部（1999），『腐敗尋根：中国会成為尋租社会嗎？』，中国経済出版社，1999 年版，42-97 頁．

5
なぜ中国で腐敗が蔓延するのか 訳注1

2003年

　改革開放以来，中国は一貫して高度経済成長を維持してきた．最初の20年間においてはGDPを4倍に増大させる目標を上回った．しかし，高度経済成長と同時に，いくつかの社会矛盾が顕在化している．その中で，腐敗の問題がその深刻さをますます増しており，政府と国民から広く注目されている．中国共産党と政府は80年代にすでに腐敗の撲滅と廉潔な政治をスローガンに掲げ，近年，宣伝と教育，そして取り締まりキャンペーンを強化してきたが，腐敗進行の勢いは衰えることがなく，解決のめども立っていない．腐敗の問題には深刻な社会的経済的問題が根源にあるに違いない．教育や取り締まりという「対症療法」に終始し，問題の根源を断ち切ろうとしないのであれば，腐敗蔓延の勢いを抑制することは難しいであろう．

　現在の腐敗の現象は，実に多様な形をとっている．これを経済的な側面から見ると，主に3つの現象がある．第一は，行政が権力を悪用して市場活動に介入することで，レント・シーキングを行うことである．第二は，移行期における財産関係の調整と変化を利用して，関係者が公共資産を自らのものにすることである．第三は，一部の人が市場体制の不完全性と未整備を利用して，暴利を自らの手に入れることである．こうした3つの腐敗活動はいずれも権力と関係している．計画経済から市場経済への移行期には，権力を制約する体制がすばやく整備されなかったため，一部の人々

はそうした特殊条件の中で，制約されない権力を私利私欲のために利用し，暴利を貪ったのである．

1 行政権力の利用による市場活動への介入を通じた私利の追求

　移行期の経済社会では，経済資源を配分するメカニズムが主に2つ存在している．一つは，市場メカニズムであり，もう一つは，行政メカニズムである．これまで中国が実行してきた「増量改革」あるいは「漸進的移行」の特徴は，この二つのメカニズムが相当長い期間にわたって併存していることである．一部の人は，まさしく2つのメカニズムの間にある隙間と欠陥を利用し，行政機構の経済活動に介入することを通じて，自らの私利を追求している．最近の20年間にも，こうした行為の性質と結果に対して，数回にわたって激しい論争が繰り広げられてきたのである．

　最初の論争は，1970年代末から80年代初め頃に行われた．当時のホットな話題は，いわゆる「全民経商」のことであった．ここでいう「全民」とは，中国国民の全てという意味ではないが，この言葉で強調されたように，商売を行う人間が非常に多いことが議論の的になっていた．実際には，ごく一部の権力にありつける人だけに商売を行う許可が与えられていた．計画経済の時代には，あらゆる工業と商業は国家が独占経営を行っていた．こうした状況の中では，政府が農民の生産した食糧，綿，原材料の価格だけではなく，工業における中間財の価格も人為的に低く抑えることができた．こうして農業と工業の利潤が商業に移転された．商業の国有独占の度合いは最も高く，国家はこの分野における利潤の殆どを支配し，様々な用途に使うことができた．

　改革開放以降，政府機関や企業が事業を興し，その利益を従業員に対する報奨金や手当の支払いに充てたり，その子供達に就職先を提供することが許可されるようになった．商業の利潤率は非常に高いため，商店の開業許可をもらえた人は，大儲けすることができた．その結果，労働者も農民も兵士も学生も一斉に商業を行おうとする機運が高まった．この現象は特に南方地域で顕著であった．これが腐敗現象だという指摘もあった．しかし，しばらくすると，民間に対して商業への参入が認められるようになり，

さらに政府機関による商業企業に対する制限が強化されるにつれて，社会からの批判は次第に収まり，それほどの大きな問題にならなかった．

　二回目の議論は80年代半ば頃に行われた．議論の焦点は，一部の人が価格の安い配給物資市場と価格の高い自由市場との価格差に目をつけ，それを利用し，暴利を得たことである．こうした「転売」活動の背景には，改革開放以降の「価格双軌制」がある．計画経済時代は，あらゆる重要な物資が，国家によって国有企業の間で統一して割り当てられ，そして統一された計画価格によって決済されていた．企業が儲けようが，赤字を出そうが，個人とは直接に関係がなかった．改革開放以降，企業には一定の経営権が与えられ，計画を上回った製品を生産した場合，計画価格ではなく，市場価格でそれを販売することができるようになった．計画価格より，同一商品の市場価格の方がはるかに高かった．1985年，「価格双軌制」は一種の正式な制度として追認されるようになった．こうした中，計画価格と市場価格とのギャップがあまりに大きく，安い価格で品物を手に入れ，自由市場で販売すれば，簡単に暴利を獲得できた．例えば当時，鉄鋼の計画価格は市場価格の2分の1に過ぎず，割り当てられた鉄鋼を市場に売れば，倍の金額を手に入れることができた．しばらくすると「転売」によって儲けるためには権力との結びつきが必要であることも知られてきた．権力がなかったり，コネがなかったりして割り当て物資の販売許可が得られなければ「転売」も行えないからである．後にこのような「転売」を行う人々またはその現象は「官倒」と呼ばれるようになった．社会では，様々な議論が飛び交い，だれそれの息子は，こうした権力をバックにわずか数ヵ月で百万元を持つ金持ちになったなどの話が頻繁に聞かれるようになった．

　このような「官倒」現象に対しては，2つの意見が対立していた．一方の意見の持ち主は，計画経済時代の思想を依然として持ち続けた人達であった．彼らにとって，腐敗とは古い社会に固有の醜い現象であった．それが社会に再び現れたのは，市場志向の改革によって，人々がひたすら富を求めるようになったためであり，金銭に対する欲望が腐敗の蔓延を促したためであると考えていた．彼らは，改革の方向を正すべきだと主張していた．すなわち，生産財の市場開放や貨幣の役割ではなく，計画の規律を強

調すべきだということである．当時の『紅旗』誌では，マルクスが早くから，金銭が人間の犯罪を促すことを予言していたという論文が掲載された．こうした観点を持った人々は，中国社会の純粋性を維持するため，市場志向の改革をすべきではないと考えていた．こうした考えに対して，もう一方の人々は，市場の役割の拡大，貨幣の役割の向上が，結果的に人々の欲望を刺激し，腐敗現象の増大を導くことは認めるものの，市場の開放，そして貨幣の役割を高めない限り，中国の経済は改善されず，国家全体が豊かになることはできないと主張した．従って，彼らは，経済発展のためにも，腐敗は容認すべきだと考えていた．彼らは，腐敗の拡散は経済を発展させるためには，払わざるを得ないコストであり，道徳的な純粋さのために，経済発展という根本利益を犠牲にするわけにはいかないと考えていた．さらに，その中の一部の人々は，計画経済は錆びついた機械であり，それを運転させるには，潤滑剤が欠かせないように，腐敗はまさしく取引コストを減少させる潤滑剤そのものであると考えた．従って，腐敗に対して，特に疑問を持つべきではなく，経済発展の利益のために腐敗を容認すべきであり，さらに，計画経済制度をぶち壊すために，腐敗を武器として活用すべきであるとの意見すら存在していた．

　また，一部の経済学者達は，上述した二つの観点が，価値観では完全に対立しているが，両者とも，市場経済を腐敗の根源，そして蔓延の経済基盤と見なしているという間違った共通の理論前提を持っていると指摘した．彼らは，市場経済の発達によって人々の欲望が増大させられたことを認めるが，問題は欲望そのものではなく，その欲望を実現するために人々が生産活動よりもレント・シーキングに励むことを助長する制度の欠陥であると主張する．

　レント（rent）は経済学において早い段階から存在する概念の一つである．それは，地代と家賃のように供給不足によって作り出された超過利潤のことである．一般の業界では，供給の価格弾力性が高く，何の参入障壁も存在しないため，超過利潤があるところには，供給が自動的に増大し，価格が下がると，超過利潤はなくなってしまう．しかし，農業などでは，土地が有限であるために，土地がその所有者と経営者によってすでに所有

され，自由な市場参入ができず，超過利潤が生じてしまう．このような状況を指して，「絶対地代」が所有権の独占，「差額地代」が経営権の独占によって作り出されたものであると，マルクスは主張していた．1970年代，発展途上国を対象に研究する西洋の開発経済学者，そして先進国を対象に研究する政治経済学者達は，所有権独占と同様に，行政独占も参入障壁になり得ることに着目しはじめた．例えば，多くの発展途上国の場合，民族の利益を守るために多額の利潤をもたらす特定の輸出製品の輸出に対して，通常，割当制度を実施し，超過利潤を維持しようとする．しかし，行政的な割当制度は，腐敗をもたらしやすい．なぜなら，輸出許可書さえ獲得できれば，レントを獲得できるからである．従って，人々は輸出許可書を発行する権力を持つ官僚に賄賂を渡し，レントを獲得しようとする．こうした行為が「レント・シーキング」と呼ばれている．1980年代中期から後期の「官倒」現象の本質は，「レント・シーキング」によって説明することができる．それによると，腐敗の蔓延は，決して市場志向の改革によるものではなく，むしろ行政が市場の取引活動に介入したことに原因がある．「官倒」を行う官僚ブローカー達が欲望を実現できる理由には，物資の流通と価格の「双軌制」という制度が存在するからである．一つは「計画レール」であり，そのルートで取り扱われる物資の価格は低く抑えられている．もう一つは「市場レール」であり，このルートで売買される物資の価格は市場の需要と供給に伴って変化する．移行期経済は通常，物資が不足しがちであるため，「計画レール」と「市場レール」との間に大きな価格差が存在し，「計画レール」に参入できる人々が物資を「市場レール」に「転売」すれば，暴利を手に入れることができる．従って，普通の民衆たちは，何の経済理論を勉強したこともないにもかかわらず，直感的に「官倒」という経済現象の本質を認識している．要するに，官僚ブローカー達は実際に割り当てられた物資を自ら購入し，それを市場に売り出す必要はなかった．彼らはただひたすらに各種の割当指令，役所の書類，言い換えれば権力の証明文書を「転売」するだけでよかったのである．物資のほかに，「二重為替レート制」の下で，外貨も「官倒」の対象となった．

　90年代初期になると，商品価格のほとんどが自由化され，「許可書など

の書類」を「転売」することはもはや価値がなくなったが，レント・シーキング行為はさらにその度合いを増していた．当時，2つの新しいレント・シーキングの対象が生まれてきた．一つが貸出であり，もう一つが土地である．「官倒」活動の重点が，80年代の商品から，生産要素に対するレント・シーキングにシフトしたのである．計画経済期には，貸出利率が非常に低く，改革開放に転じてからもそれは維持されてきた．90年代初期に，深刻なインフレになると，国有銀行の実質貸出金利がマイナスとなった．つまり，当時，国有銀行から金を借りることで，実質上利子を払う必要がないどころか，逆に補助金がもらえたのである．もう一つのレント・シーキングの対象は土地である．計画経済の時代には，国有の土地は計画通りに国有企業に割り当てられ，無料で使用されていた．改革開放以降，国家は土地の使用者に対して，「賃貸」を行うことになった．それには主に2つの方法がある．一つは，「入札」であり，もう一つは「協議」である．90年代初期，国家は大規模な土地の賃貸に乗り出したが，大半は協議の方法が採用された．どの程度の面積を，いくらの価格で賃貸するのかは，行政のトップの言う通りになる．こうした状況の中では，コネのある人は，低い値段でよい土地を手に入れ，それを売却すれば，一瞬にして大金を儲けることができた．不動産バブルの波にうまく乗れば，二番目，三番目，四番目の取引参加者まで利益を受けることができた．それは最後の一人の運の悪い人だけが損失を被るまでそのプロセスが続くことになった．当時の広西省の北海市は，最も不動産バブルに沸きたった都市であった．そこには，中国全土から何百億元の資金が注ぎ込まれ，多くの金持ちを一夜にして作り出したが，その代わりに多くの幹部達が腐敗に手を染めた．バブル崩壊後は，公共財産に対して大きな損害を与えることになった．

　レント価値の計算は，レント・シーキング研究の一つの重要な内容である．アメリカのスタンフォード大学教授，IMFの筆頭副専務理事であるA・クルーガーは，1974年に「レント・シーキング社会の政治経済学」という有名な論文を発表した．そのなかで，彼女は，世界で最も腐敗が深刻だと思われた2つの国——インドとトルコ——のレント総額をそれぞれGDPの7.3%と15%と推計した．それ以降，この比率が国の腐敗の度合い

を表す一つの指標と見なされるようになった．

　クルーガーの方法に基づいて，中国の経済学者胡和立と万安培は，中国の年別のレント総額を計算した．その結果は，トルコとインドより高く，実に驚くものであった．彼らの計算によると，中国のレント総額の対GDP比は，1987年が20％，1988年が30％，1992年が32.3％であった．つまり，中国人民が1年間に作り出した財の3分の1がレント・シーキングの対象となり，賄賂を受ける官僚の収入になる計算である．これさえ理解できれば，1990年代初めに，中国から毎年，海外へ流出した資金が何百億ドルにも上ったことや，それほど高級ではない官僚でさえもが，海外で豪邸を購入し，自分の家族を移住させることが可能になった理由は，簡単に理解できる．

　つまり，市場化改革が未完成の段階では，政治権力を通じて資源を分配するメカニズムと市場で資源を分配するメカニズムが，お互い影響を及ぼしあうことがある．まさしくこうした体制の中，腐敗が流行するようになったのである．こうした状況の中，さらに一部の人は，レント・シーキングにとどまらず，様々な名目をつけて，行政権力をもって経済活動に対する介入を強め，レント・シーキングの機会を増やそうとした．それが結果的に，腐敗現象の一層の深刻化をもたらしたのである．

2　財産関係の調整を利用した私利の追求

　移行期には，所有制構造が大きく変化し，権利関係が大いに調整される．従来の公共財産の所有権の帰属があいまいであり，しかもそれを改める民営化の過程が政府の行政指導の下で行われたため，行政権力の運用に対する監督の度合いが十分でなければ，権力にありつく官僚が権力を悪用し，公共財産をほしいままに自らのものにすることができる．これは腐敗が生まれた二番目の重要な根源である．

　財産制度は社会の一つの基本制度である．計画経済の下では，全社会の資産は国家所有となる．こうした状況の中では，所有権の帰属はそれほど問題にはならなかった．しかし，改革開放以降，所有権を従来のままに放置した場合，大きな問題が生じる．なぜなら，市場関係は，異なる主体間

の所有権の交換関係を意味しているためである．市場経済を形成させるには，従来の所有権関係を改革し，所有権を明確に確定しなければならない．こうした所有権関係に対する調整の多くは，各レベルの官僚によって行われている．権力の運用が厳格に監督されず，制約されない環境の中，権力を持つ一部の人間は，権力を乱用して，公共資産を自分のものにすることができる．以下で示すようないくつかの事例は，実際によくみられるものである．

まず，国有企業改革の際，「所有者」の顔が見えず，雇用されている経営者が企業財産の処理にあたっている．

長い間，企業の経営者に対して「放権譲利」を行うことは，国有企業改革の主な内容であった．しかし，実際には企業の経営者が所有者の全権代表として自らに「放権譲利」を行ってきた．そうすると，一部の人は，簡単に所有者の利益を侵害することによって，自らの利益を獲得することができる．

よく見かける方法の一つは，様々な形で国家という大きな「金庫」から自らの小さな「金庫」に利益を移転させることである．改革開放以前，企業の財産は国家所有であった．改革開放以降は，計画外の一部を自らが経営し，販売計画以外の収入の一部を企業の「三項基金」（個人奨励基金，集体福利基金，生産発展基金）への転用が認められるようになった．このことは，企業の財産が2つの部分によって構成されることを意味する．すなわち，国家に属する国有資産と企業自身が所有する「自己資産」である．その資産のいずれもが企業の経営者に把握されるため，様々な手段で「大金庫」の利益を「小金庫」へと移転する人間が現れた．一部の大型国有企業，とりわけ対外貿易企業は，ハイリスクとハイリターンである国際先物市場において取引を行い，失敗の損失は国家に負わせ，利益は企業の「小金庫」，場合によっては個人のものにすることも見られた．

もう一つの手段は，自らの管轄する機関を通じて公共財産を自分のものにする方法である．「四人組」の失脚後，国有企業と共産党・政府機関が自らの本業と関係のない別会社を設立することが認められるようになった．本来，その目的は，農村部での労働から都市部に戻ってきた従業員の家族

や親類の就職問題を解決するためであった．しかし後に，一部の人はそれを悪用するようになった．例えば，何人かの側近を集め会社を設立してから，利益をそこへと移転させた．国有企業の経営者は企業の所有者（国家）の全権代表であるため，「利益移転」を行う際に，「大金庫」に移すにせよ，自らのポケットに入れるにせよ，ほとんど制限を受けていなかった．従って，企業が投資し，会社などを設けることはもはや一つの流行となってしまった．そして設立された会社の企業経営者も同様に会社を設けてしまうこともあった．いわゆる「親が子を産み，子が孫を産み」というプロセスが繰り返された．一部の大型国有企業は，千以上の法人機構を，国内だけではなく，海外にも抱えている．最終的に，どのぐらいの帰属企業を抱えているのかは，一番上の企業の経営者は全く把握していないのである．こうした状況では，「利益の移転」が非常に簡単なものとなった．

また，「株式化」を行う際，流通株を高い値段で大量に発行し，投資者に「売りさばく」一方，内部者の間で密かに低い値段で「原始株」を分け合い，公共財産を自らのものにすることも盛んに行われている．

次に，「放権譲利」による企業改革案は多くの問題点を抱えている．

国有企業の問題の根源は，企業制度の効率が欠けていることにある．しかし，長い間，中国は所有権改革，制度革新といった方法で問題の根源に触れることなく，ひたすら「企業」（主に経営のトップ）に「放権譲利」を行い，それによって，彼らにインセンティブを与え，企業経営の改善を求めようとしてきた．しかし，そのために導入された「企業の請負制」，「授権経営」および「授権投資」などの方法は大きな弊害を伴っていた．

国有企業の所有者（国家）が，自らの所有権を経営者に行使してもらうことは，請負制から始まった．現代の経済学では，所有者が企業の残余コントロール権（最終支配権）と残余請求権（利潤要請権）を握ることは，所有権を明確にするための最も基本である．しかし「企業の請負制」では，事実上，国家が請負期間におけるあらゆる支配権と請負利潤額を上回る残余請求権を放棄することを意味し，雇用された代理人（請負人）が企業の所有権にありつく本当の所有者になってしまう．こうした所有権制度では，一部の請負人は自らの権力を悪用し，様々な手段で公共財産を自分のもの

にすることが可能となる．つまり，混乱した所有権制度によって経営者が腐敗に手を染めるための巨大な温床が作り上げられたのである．このような所有権制度の下で，「チンピラ達が請負を受け，なんでもかんでも公費で消費」といった社会現象があまりにも頻繁に起きていることを考えれば，首都鋼鉄公司のような請負制のモデル企業においてさえも，高額の汚職腐敗犯罪が多発したことは，もはや驚くほどのことではない．

　企業の請負制は後に「授権経営」と呼ばれる正式な所有権制度として，1988年に成立した「全民所有制工業企業法」に盛り込まれた．「企業法」では所有権と経営権の分離を次のように解釈していた．すなわち，国家の所有権と工場長など経営者が代行する企業の経営，企業資源の利用および財産の処分権の分離，ということである．これは雇われた人員であるはずの工場長などの経営者が自らの利益と意思で企業財産を処理することに，一定の法的根拠を与えてしまった．

　有名な事例の一つに挙げられるものは，湖北長江動力集団公司の于志安事件である．この会社の「授権投資者」と「法人代表」であった于志安は，かつて解放戦争に参加し，「五一」労働勲章などの様々な名誉が与えられた英雄であった．彼は長江動力集団で共産党委員会の書記，理事長，総経理を一人で担当していただけではなく，会社の占有，使用および処分する権力をすべて持っていた．当時，長江動力集団の海外にある子会社は，18社にも上った．1995年5月，于志安は事前の連絡もなしに，フィリピンに逃亡し，現地にある一つの子会社を売却し，その収入を自らの財産とした．その後，武漢国家資産管理局の責任問題が追及された時に，その役所の責任者は政府の授権経営に関する通達を手にして，于志安に対する授権が法律規定に基づいて行われたことを指摘した．このような体制の中では，于志安の事例は個別のものではないはずである．

　そして，所有制改革後の企業制度は内部管理体制に大きな問題を抱えている．

　大多数の国有企業は，現在の企業株式化による再編をすでに終えたが，まだ，「所有権の明確化，権利と責任の明確化，行政と企業の分離，科学的企業管理」という要求を完全に実現することができておらず，「中華人

民共和国公司法（会社法）」の規定も満たしていないなど，制度上多くの問題点を抱えている．

通常，所有制改革後の企業は公司制の形を採用することになる．その中の国家株と国有法人株の所有者は，法律によってはっきり定められており，一見所有権が明白であるように見える．しかし，持株会社，集団公司，あるいは資産管理公司など，国家の委託を受けて国有企業の株主の役割を演じる投資機構自身も，一つの企業として，経営者が同時に所有者の全権代表を兼ねるのである．従って，本当の所有者は実際には存在せず，所有者と経営者との間にチェック・アンド・バランスの関係が成立しないため，内部者支配の状況が依然として維持されている．「授権投資機構」は所有者の全権代表でありながら，雇用を受けたインサイダーでもある状況では，一部の「授権投資機構」の経営者が自らの権力を利用し，個人あるいは個人が属するグループの利益のために働きかけることも可能である．最もよく見かける方法では，親会社となる「授権投資機構」が貸出金の滞納を通じて，上場企業を搾取することである．こうした問題は，移行期において，所有者としての国家が自らの責任を果たしておらず，代理人に対する有効な監督が行われていないことによるものである．こうした状況の中では，公共財産が大量に流失する現象は避けられない．

所有者が不在という状況では，企業内部の財務管理における緩みは不可避である．1995年ベアリング銀行の倒産事件が発生した後，国際金融の研究によって，ディーラーであるリーソン（Nick Leeson）の不正行為が可能になったのは，決して外部監督の問題によるものではないことが明らかになった．当時，シンガポール証券監督会ではベアリング銀行の取引行為に問題があるとすでに指摘したが，問題は改善されなかった．実際には，ベアリング銀行内部の財務管理に巨大な問題点が存在していた．金融業が直面しているのは，リスクの非常に高い市場である．しかも，最前線で働く人員であればあるほど，そのリスクと収益のバランスがとれていない．仮に彼が取引で儲かると，間違いなくボーナスが与えられるが，損害を与えても自分がそれを背負うことはない．従って，ディーラー達にはリスクの高い取引を行う傾向が見られる．こうした行為が会社に損害をもたらす

ことを防ぐために，会社内部の財務管理を強化しなければならないが，内部の財務管理は最終的に，所有者の自らの財産に対する強烈な保護意識にかかっている．所有者不在の場合，内部者による不正行為が行われやすい．

現在，国有銀行は巨額の不良債権に悩まされている．1兆4,000億元の処理をした後も，いまだに1兆8,000億元が残っている．こうした巨額赤字の相当部分も国有経済における腐敗に関係している．

3　暴利を得るために利用された市場環境の未整備

理論経済学で市場取引を観察する場合，まず一つの完全市場を仮定する．こうした市場では，十分に情報を把握した経済主体が平等に取引を行うと考えられている．しかし，実際の経済生活の中で，たとえ所有者の間に平等に取引を行う市場が一応，形成されたとしても，それが決して完全となることはない．市場の不完全性の最も重要な要因は，取引双方が把握している情報の非対称性である．情報が非対称な場合，情報をより正確に把握する側がその情報の優位性を生かし，それを持たない相手に損害を与え，利益を獲得することができる．市場のメカニズムが正常に機能するためには，市場を監督し，取引行為を規範化することが欠かせない．例えば，商品市場では，消費者が通常，弱者の立場にある．現代の消費者は直面する商品の種類があまりにも多く，こうした製品の生産コスト，品質などの情報を完全に把握することは到底不可能である．これに対して，商品の生産者と販売者はその商品の実態をよく知っている．従って，一部のメーカーがこうした情報の優位性を利用し，あまりにも高い値段，あるいは品質の悪い商品を良いものに偽って販売するなどの方法で消費者を詐欺していることがある．成熟した市場経済では，情報の非対称性がもたらす諸問題に対処するための制度が整備されている．例えば，業者が行政に登録することが義務付けられることや消費者保護団体が情報の欠ける側に情報提供を行うことなどである．中国の市場経済が成立する過程において，われわれが直面しているのは，市場経済固有の問題だけではなく，もっと重要なのは，市場関係がいまだに成立していない状況に見られる問題である．こうした状況は，成熟した市場経済よりもっと複雑である．

金融・証券市場は情報の非対称性という問題が非常に深刻であるため，それに対する規範と監督が特に重要である．金融市場監督の内容は主に以下のものを指している．第一に，強制的な情報公開である．上場企業は全面的かつ正確に情報を公開し，情報の非対称性を減少させなければならない．証券監督機構の主な職能は，偽った情報公開を是正し，処罰することにある．「中華人民共和国証券法」では，上場企業の情報公開の義務を規定している．第二に，インサイダー取引を厳しく制限することである．インサイダー取引とは，内部の関係者が自らが持つ内部情報を利用し，その情報を持たない外部投資者の利益に損害を与え，あるいは自分に利益をもたらす行為であり，市場経済では，一種の刑事犯罪と見なされている．会社の役員，上層部の経営者をはじめとするインサイダーは一定の期間（例えば財務諸表が公表されない場合），その企業の株を取引することは出来ない．仮に許可されたとしても，彼らのこうした売買は登録されなければならない．第三に，市場価格を操作する行為を処罰することである．市場価格は情報に多く左右されるため，証券市場では，犯罪者が偽の情報を流し，株価を操作し，暴利を得ようとする違法行為が後を絶たない．市場経済では，株価の操作は通常，一種の重い刑事犯罪と見なされている．「中華人民共和国証券法」でも，インサイダー取引と株価を操作する行為は刑事犯罪に当たる．各関係部門が連携し，それに対して監督を行い，そして犯罪の容疑者に対して告訴しなければならない．

現在，中国の証券市場では，偽情報の提供，インサイダー取引，株価操作といった状況が深刻である．先進諸国の証券市場にも絶えず不祥事が発生しているが，中国の証券市場に見られる問題は，その深刻さと発生頻度のいずれも，それを上回っている．さらに警戒すべきことは，法律，そして規定に違反した活動への対応が適切に行われず，株価操作といった中国の刑法に犯罪行為と定められた行為が平然と行われていることである．しかも一部の人が，市場環境の不整備を利用し，簡単に巨額の財を自らのものにしたにもかかわらず，ほとんど法律による処罰を受けていない．

中国株式市場の非正常な状態の形成は，証券市場の位置付けが歪められていることと密接に関係している．なぜ，市場経済に証券市場を必要とし

ているのか．現代経済学によると，証券市場の基本機能は，株式市場での取引を通じて，資本という資源を効率の低い企業から効率の高い企業に流し，資源の最適な配分を行うことにある．しかし，中国の株式市場が形成された後のしばらくの間は，管理当局が「証券市場は国有企業に傾斜すべき」，「証券市場が国有企業への融資に奉仕する」などの方針を決めてしまった．上場企業が，証券市場からより多くの資金を獲得するために，管理当局は絶えず奨励的な言論を発表し，「株価対策」を実行し，さらに供給と需要の両面から措置を採用し，株価を上昇させていた．供給面での問題は，採用された主な措置の一つとして上場企業数に制限を設けたことである．さらに，「流通株」と「非流通株」訳注2 を区分し，全体の3分の1に当たる株式だけを上場・流通させることも問題である．この結果，流通株が不足しており，P/E レシオ（株価収益率）の平均値が60倍から70倍にものぼるほど高騰するのである．すなわち，投資家は60〜70年間をかけて，ようやく企業の利益で投資を回収することができる．こうした状況では，上場の権利を獲得できるものは，簡単に暴利を手にすることができる．それが結果的に，株式市場を一つの巨大な「レント・シーキング」市場へと転換させている．一方，あまりにも高いP/E レシオと低すぎる利益増加率によって，大多数の株が投資価値を失い，人々がもはや投資ではなく，むしろ投機操作による株価の上昇でリターンを求めるようになっている．

証券市場のこのような欠陥は，その正常な機能の発揮を妨げている．しかし，一部の人はこうした市場の有用性を心得ている．権力の背景がある人，あるいは内部情報にありついた人は，上場企業や金融機関の内部の人間と連携し，市場を操作することによって，暴利を獲得している．結果的に，株式市場はもはや「ルールなきカジノ」になってしまった．

そもそも，政府が株価をつり上げることによって，国有企業に資金を誘導しようとするやり方が完全に間違っている．それにより，大量の中小投資家がこの罠に陥り，そして政府もジレンマに陥ってしまっている．それ以上の株価対策を行っても，株価の維持が出来ない場合，多くの投資家が被害を受け，政府の信用が大きく損なわれることになろう．しかし，株価を高い水準に維持するためには，大量の資源の注入が避けられず，中国金

融体制の安全性を脅かしかねない．

　制限を受けない権力が暴利をもたらす状況では，一部の人は手段を問わず，権力を手に入れようとするだろう．その方法の一つが，「買官」である．実際，90年代の半ば頃から，一部の地域では，公職の売買が見られるようになった．こうした悪質な風潮に対しては，断固かつ有効な措置で対応しなければならない．それができない場合，共産党の体制は深刻に腐食され，その統治の合法性も損なわれることになるだろう．

　訳注1　本章は英語版の文献6「中国腐敗的治理」（『呼喚法治的市場経済』，三聯書店，2007年，333-354頁）という論文の一部を翻訳したものである．ただし，英語版が同論文の後半「腐敗への対策」の部分を採録しているのに対し，本書（日本語版）は同論文の前半「腐敗の原因」の部分を採録した．なお，本章の訳文は，独立行政法人・経済産業研究所のウェブサイトの「中国経済新論」欄から転載されたものである．
　訳注2　非流通株は証券取引所での取引が認められていない株式．株式制導入時，国有資産流出を避けるため国有株主等が保有する株式に対して採られた措置である．2005年に非流通株式を流通株にする改革が始まり，現在は減少した．

6
「大国の台頭」に見る各国の富強への道[1]

　最近，中央テレビで放映されたドキュメンタリー「大国の台頭」〔中国語名「大国崛起」〕が注目を浴びている．筆者は，この番組のタイトルはあまり適切でないと考える．というのも，問題は，一時の雄を唱える「大国」として「台頭」することではなく，人民の福祉，国の繁栄と隆盛こそ最重要なのである．しかし，この番組は，生き生きとしたビジュアル・イメージで世界史の知識を普及させ，国民が世界をはっきり見るように促し，さらには自分たちの民族振興の道をよりよくすることを真剣に考えさせる点においては，大いに評価する．
　中華民族は民族復興の道を歩んでいる最中である．この道は平坦ではない．幾世代もの中国人が，豊かで民主的かつ文明的な中国を創るために努力してきたが，再三挫折に見舞われた．よりよく，より早くこの目標を実現するには，我々は，「大国の台頭」の冒頭で述べられたように「歴史をもって未来の道程を明るく照らす」ことだ．換言すれば，我々の「後発の優位性」を発揮し，先行する国々に見習い，その経験と教訓を真剣に汲み取らねばならない．そうすれば，授業料を減らし，回り道を減らし，近代化の道程を短縮することができる．
　その意味では，番組で取り上げられた，かつてある地域あるいは世界に覇を唱えた9つの「大国」以外にも，経験と教訓を汲み取るのに値する国もある．スウェーデンの場合，この人口900万人しかいない「小国」は，

近代において目覚ましい実績はないものの，国民の公共福祉の向上に関しては世界から評価され，注目に値する経験と教訓を多く有する．

トルストイは「アンナ・カレーニナ」の冒頭で「幸せな家族はどれも皆同じように見えるが，不幸な家族にはそれぞれの不幸の形がある」という深い哲理を込めた言葉を書き綴った．各国が繁栄と隆盛に向かう道程には，鍵となる役割を担う共通要因がある．これら共通要因からの乖離は，どのような方向に向かうにしても，逆戻りや挫折を招きかねない．過去500年間の主要国の発展の歩みを見渡すと，その共通要因には，①自由市場経済制度の確立，②法治の樹立，③立憲民主の実行，④思想の自由と学術の独立の保証，⑤「オリーブ型社会構造」の形成，が含まれる．

以下では，この5つの要因について分析する．

自由市場経済制度

ダグラス・C・ノースが述べたように，「効率的な経済組織は経済成長の鍵であり，西欧の効率的な経済組織の発展はまさに西欧の勃興の要因である」[2]．ここでいう「効率的な経済組織」とは市場経済のことであり，より正確に言えば自由市場経済である．

現在，中国では，計画経済（指令経済）が市場経済より優位性をもつと信じる人は少なくなった．誤解が生じやすいのは，政策決定の自主性と取引の自発性[3]といった市場経済の大きな特徴を無視し，16～18世紀に一部の西欧国家で実施された重商主義（mercantilism）と混同しているためである[4]．重商主義の場合，貨幣交換が交換形態における支配的な地位を占め，市場と商業もかなりの程度にまで発展するものだが，市場経済と大きく異なる点が2つある．一つは，政府が経済活動に強力に介入し，全面的にコントロールしており，市場の自由競争によって形成された価格が資源配分において基本的な役割を果たしていない点である．もう一つは，個人と企業の利益最大化が目標ではなく，なるべく多くの貨幣と富を蓄積することが国家の目標となる点である．

西欧諸国の発展史が示したように，重商主義の体制と政策を変え，自由市場経済制度を確立しなければ，国の繁栄は長続きせず，「頭を上に向け

ても台頭できず」あるいは「台頭してもまたうなだれる」だけである．スペインがその顕著な例だ．16世紀初頭，スペインはその航海活動の先発の優位性でもって欧州最強の陸軍と海軍を擁し，一時，海洋の覇者と最大の植民国家にまでのぼりつめ，カール5世の統治下では欧州大陸にまたがるハプスブルク朝を築いた．しかし，重商主義政策はスペインに持続的な繁栄をもたらさなかった．その理由は，第一に，スペイン政府は植民活動から大量の富（歴史の記載によれば，1503～1660年の間，スペインが米州植民地から得た富は銀1万8,600トンと金200トンである）を手に入れたが，これらの富は生産活動に投入されないばかりか，欧州最大の軍事力を維持するため財政が常に収入不足の状況に陥っていた．1575年から1647年にかけて，スペイン王室は6回破産宣告した[5]．第二に，大量の貴金属の流入により，物価が高騰し，国民生活が疲弊する一方，贅沢な社会風潮や働かないという怠惰な習慣が助長され，農業生産が停滞し，製造業も発達しなかった．第三に，政府が経済活動に広範囲に介入し，レント・シーキングの土台を作った．「見える足が見えざる手を踏み付けた」ため，「重商主義時代は腐敗したレント・シーキング社会だった」[6]．このように，スペイン経済は16世紀後期に「マルサスの罠」に見舞われ，再び経済後退に陥り，再起不能となった．1588年に「無敵艦隊」がイギリス海軍に喫した大敗は，スペインの海洋覇権の喪失を示した．そして，1598年にフェリペ2世が逝去した後，スペインは二流国家に転落した．スペインが再び発展の道を歩み始めたのは，1975年に独裁者フランシスコ・フランコ（Francisco Franco）が没してからのことである[7]．16～18世紀のフランスの歴史も似たような物語を書き描いている．

17世紀に衰退に陥ったスペインと全く異なり，同世紀はイギリスが二流国家から繁栄に向かった転換期である．決定的な要因は，自由市場経済制度の確立である．1215年の「マグナ・カルタ」（大憲章）において，イギリスはすでに国王の徴税権に対して制限を設けた．1688年の「名誉革命」以降，国王の独占的特権が議会の立法によって廃止され，市場経済の基礎である私的所有権制度が確立され，経済に対するイギリス政府のコントロールと介入は次第に弱まった．1776年に出版された，経済学の父と

されるアダム・スミスの『国富論』は，重商主義に与えた最後の致命的な一撃と言える．『国富論』では，効率的な資源配分における「見えざる手」（すなわち市場）の役割を広めると共に，一国の経済は自然的自由の体系のもとでのみ最良の発展を遂げることができ，政府によるコントロール・介入・独占は経済を破壊する，と指摘した[8]．スミスの『国富論』によって切り開かれた古典派経済学理論は，まさに世界を変える産業革命の先駆けとなった．歴史学者のアーノルド・J・トインビー（Arnold J. Toynbee）とその叔父であるアーノルド・トインビー（Arnold Toynbee）は，1884年に出版された『英国産業革命史』〔『英国産業革命史』塚谷晃弘／永田正臣共訳，邦光堂，1951年〕において，産業革命の本質は，石炭・鉄鋼・紡績産業に人目を引く変革を導入したことでもなく，蒸気機関車の発展でもなく，「これまでの富の生産と配分を支配する中世のルールが"競争"に取って代わったことである」と指摘した[9]．

　第二次世界大戦後，一部の東アジアの国・地域で実行された「政府主導型市場経済」および「輸出志向型」政策も，ある種の重商主義の色彩を帯びるため，「新重商主義」とも呼ばれる．これらの国（例えば日本）と地域（例えば台湾）の発展の歩みからもわかるように，このような制度と政策は発展の初期においてこそ有効だが，より高次元の発展段階になると，制度改革と政策調整を迅速に行い，政府介入を減らし，一層の市場化を実行しなければならない．さもなければ様々な思わしくない結果を招く．

法治

　法治の実行，つまり公認された正義の法律「良い法令（善法）」に合致する統治は，先進市場経済に共通する特徴である．法治は追い求めるのに値する普遍的価値を有するだけでなく，非人格的（インパーソナル）な交換が支配する先進市場経済にとって必要な制度面の支えである．このため，法治の実行は，政治の安定と経済の繁栄を実現するための必要条件である．繁栄に向かうイギリスの歴史を論じる時も，一般的に法治の原点である1215年の「マグナ・カルタ」（大憲章）から始めなければならない．

　法治に関しては，2つの問題について真剣に研究する価値がある．

第一に,「法治」〔法の支配 (rule of law)〕と「法制」〔法による支配 (rule by law)〕という2つの異なる概念を区別することである〔中国語では法治 (fazhi) と法制 (fazhi) の発音は同じ〕. 法家〔中国古代の思想の流派の一つ〕の思想が支配的だった秦以前の時代から, 中国歴代の王朝の多くは「法」と「法制」(「法治」と書く場合もある) の役割を強調してきた. 加えて, 毛沢東が言うように, 中国は「百世代も秦の政治制度を採用してきた」[10]. このため, 法治は, 中国に「古くから存在してきたもの」で, 先祖の制度を遵守するだけでよく, 西側の法治の思想と制度を学習し, 導入する必要はないと考える人がいる. だが実際には秦以前の法家の「任法而治」〔法に基づき統治すること〕と, わが国の歴代皇帝の言う「法制」と, 近代社会の「法治」とは全く異なるものである. 韓非〔中国戦国時代の思想家, 法家の思想を唱える〕がはっきり説明したように,「法」は,「勢」と「術」と並んで皇帝が握る統治の道具で, 統治者が被治者を統治するための手段である一方, 皇帝自身は法に縛られず恣意的に振る舞うことができる. 鄧小平は「四人組」を粉砕してから, 真っ先に人治に代わる法治の実施を打ち出した. 1997年の第15回共産党大会も正式に「法治国家づくり」というスローガンを掲げた. しかし, わが国の法治国家づくりは順調ではない. その一因は, 法治の性質と内容に関する明確な認識が欠けている上, 法治の実行は必然的に政府と官僚の権力を制限するため, 一部の官僚の意思に反するものとなる. このため, 第15回党大会の後も, 党と政府の指導機関の一部正式な文書において, しばしば「法治」の代わりに「法制」が使用され, 法律を, 政府が人民を統治・管理する手段のレベルに下げてしまった.「大国の台頭」の番組においても, 数名の学者の法治に関する論述が字幕あるいは注釈に変換された時, 全て「法制」になっていた.「法制」だけ論じ,「法治」を論じないことは, 事実上, 法治の真髄を取り除き, 法律を統治の道具とする人治の段階に逆戻りするのと同じである.

第二に, 法治と民主の実施順序である.

国の歴史によっては, 法治と民主の実施の順序が異なる. イギリスを例に挙げると, 1215年の「マグナ・カルタ」(大憲章) は法治の原点で, 1688年の「名誉革命」は民主制度の始まりである. 二者の導入には前後

の順序がある．しかし，過去の経験が示しているように，法治は結局のところ，民主制度を基礎としており，民主制度によって保障されねばならない．返還前の香港を例とする人がいる．イギリスが派遣する総督のもとで，法治と「自由放任政策（レッセフェール）」を実施すれば，経済の繁栄と社会の安定を保証することができる，という．この論点はある重要な事実を見過ごしている．つまり，植民地時代の香港の法体系は，その宗主国であるイギリスの政治制度に基づいたもので，そしてイギリスでは民主政治が敷かれている．他の国，例えばスペインの植民地だったフィリピンや南米の一部の国の場合，法治政治は結局確立することができず，イギリスの植民地だったシンガポールや香港と鮮明な対照をなしている．これが一つの証左である．この点について，D・ノースはその著書の中でとても精緻に分析しており，我々にとって真剣な研究に値する．

立憲民主

民主は，普遍的価値を有し，文明国家の基本的な特徴の一つである．この点について，「五四運動」〔1919年5月4日に北京の学生デモから全国に広がっていった反帝国主義・反封建主義運動〕の際，「De（徳）先生」〔Democracy（デモクラシー）のDe〕を招き入れると叫ばれた以降は，それほど多くの論争はなかった．しかし，以下のいくつかの問題について検討しなければならない．

第一に，「権威主義政治」を民主制への過渡とすることができるのか．20世紀の80年代中盤に「新権威主義」を議論していた時も，シンガポールを例に，発展途上国において儒家の思想で権威政治をリードすることは無害なだけでなく有益だという論者がいた．当時，筆者もこの考え方にも一理あると思っていた．しかし，近年のシンガポールの経験をみると，筆者は，少なくとも，知識経済（ナレッジエコノミー）時代において，儒家の「三綱六紀」〔人間として守るべき，君臣・父子・夫婦（三綱），諸父・兄弟・族人・諸舅・師長・朋友（六紀）の秩序〕，「尊尊親親」〔尊ぶべき目上を尊び，親族を大切にすること〕などの原則にしたがい，権威主義政治を行うことは，革新的な精神を抑圧し，創造力の発揮を妨げ，時代の要請にそぐ

わないと考えるようになった．2000年以降，シンガポールのリー・クアンユー（李光耀）はこれについて深い見識を示した[11]．その見識に注目すべきである．

　第二に，どのような方法で民主を勝ち取るのか．中国の民主主義革命運動において，先進的な人物たちの政治理念は，ルソー型の理想主義と急進的観念に大きく影響され，経験主義の漸進的な改良を軽蔑する．彼らは，急進的理想主義を掲げる革命の力が実権を掌握した後，少数者による専制に変質しやすいことを意識していない．「大国の台頭」が我々に示したように，イギリス人は，17世紀の40年代の革命後に議会軍を指揮するオリバー・クロムウェルが暴力で暴力を排除し，軍事独裁を行ったことから教訓を汲み取り，暴力的な革命の方法を放棄し，平和的な漸進改革で社会の進歩を推し進めることを選択した．中国は「文化大革命」による大きな社会災難しか経験していないため，顧準のような傑出した思想家だけが，次のことを鋭く意識した．すなわち，ある種の最終目的を設定した理想主義のもとでは，その指導者が専制や殺戮を含めた全ての手段を使い，この最終目的を実現できると考えると，この理想主義は専制主義に変質しやすい．この点を認識した後，顧準は，毅然として宣言した．「私自身もこのように信じてきた．しかし，こんにち，人々が烈士の名で革命の理想主義を保守的かつ反動的な専制主義に転換させようとする時，私は，断固として徹底的な経験主義・多元主義の立場をとり，このような専制主義に反対するために徹底的に奮闘する！」，と[12]．

　第三に，民主政治の実行を確定するならば，次にどのような民主制度の実行が社会の調和・安定と民主の真の実現にとって有利になるのか，を問わねばならない．世界各国の歴史をみると，民主政治制度は大まかに二種類ある．一つは，フランス革命後，ジャコバン専政の時期（1792〜94年）に実施された「急進的な人民民主」あるいは「直接民主」体制である．もう一種類は，イギリスが1688年の「名誉革命」の後に徐々に築いた立憲民主制度である．前者の体制は，最高権力に対する制約がないため，社会の主人公である「人民」は名ばかりとなり，少数の個人的な魅力をもつカリスマ（charisma）の専政の犠牲になる．ジャコバン専政の後，フランス

は一世紀ほど社会の動乱に見舞われ，そして19世紀70年代に憲政の秩序が取り戻された時，イギリスではすでに第二次産業革命が始まり，その経済実力と国際社会における地位ははるかにフランスを超えていた．イギリスの場合，いかなる至高かついかなる制約を受けない権力も認めず，抑制と均衡（チェック・アンド・バランス）のメカニズムを用いて，公共権力の濫用，個人の自由と憲法上の権利の侵害を防いだ．

顧準の後，わが国において，多くの学者は，ルソーの理論の変化と，ジャコバンの「急進的な人民民主」と「直接民主」が必然的に「多数者の暴虐」と「カリスマ専制」に変化する原因について，深く掘り下げて批判的な分析を行った[13]．歴史を鑑み，富強の道を探し求める際，これら政治思想史に関する重要な研究成果は，我々の視野に入れておく必要がある．

思想の自由と学術の独立

多くの学者は，「大国の台頭」には一つの欠点があると指摘した．それは，各国の勃興に関する思想や人文面の基礎に関する言及が少なく，ルネサンスの故郷であるイタリアでさえ「大国」の行列に入っていない，と．実際，西欧国家の勃興は殆ど，14～16世紀のルネサンスと，17～18世紀の啓蒙運動によって推進された思想解放運動が先導したものである．

人々は，常に，西側諸国の勃興における技術進歩の推進力を強調し，文化・思想の変革と進歩に関する認知の役割を無視する．これについて，我々は，次のことを問い詰めなければならない．ルネサンスと啓蒙運動が，中世の宗教的迫害と思想の束縛を打破し，思想を解放させ，理性的かつ批判的に世界を観察するように提唱しなかったならば，人々の科学精神と創造意欲は発揮されたのか，18世紀以降の経済革命の源である制度と技術革新は起きたのか，ということである．

現在，我々は，経済成長方式の転換の実現とイノベーション型国家づくりに努力している．この問題を議論する時，人々は，科学研究と教育機関に対する国の資金支援の規模や，上部機関・組織の難題解決の進展に過度な関心をもち，17世紀以降の西欧国家の教育の普及と科学の急速な進歩の思想・制度面の基礎を無視している．技術史の専門家であるネイサン・

ローゼンバーグ（Nathan Rosenberg）教授の指摘は正しい．彼は，「18世紀の西欧には階層制がなかったため，西側の科学者たちは科学共同体を結成することができた．この共同体は，協力・競争・衝突の集団的な解決・分業・専業化・情報の更新と交流を通し，自然現象の説明という共通目標を追い求め，その組織の効率の良さは他の社会組織形態——階層制あるいは非階層制——の比ではない」，と述べた[14]．近年，多くの経済史・技術史の研究成果が明確に示した通り，西欧先進工業国における初期の成長モデルから現代の経済成長に至るまでの最重要な道筋は，基礎科学の発展と密接に関係する技術の幅広い応用である．そして，17～18世紀以降，科学と教育が大きく進歩したのは，ルネサンスと啓蒙運動により，科学と文化の繁栄にとって良好な社会条件が整ったからである．過去の経験が証明しているように，ルネサンスと啓蒙運動が提唱する思想の自由と学術の独立は，科学と文化の繁栄にとって不可避の道である．

オリーブ型社会構造の形成と中間層の成長

市場経済以前の伝統社会は「ダンベル型」社会であり，その一極は少数の有力者で，もう一極は膨大な貧しい農民である．当時すでに商業活動に従事する市民からなる中間層（middle class，「中産階級」，「中間所得層」とも呼ばれる）が存在していた．しかし，彼らは，封建荘園制農業という大海原の中では，あまりにも人数が少なく，力が弱く，地位が低く，社会の大局を左右することができなかった．

近代になってから，中間層の中に中小資本家（古い中国では民族資産階級）を主とする新しいメンバーが加わった．しかし，この社会階層の力は依然弱く，大資産階級（古い中国では官僚資産階級）の牽制さらには圧迫と打撃を受けていた[15]．

19世紀後期に，先進工業国が技術進歩と効率向上に牽引される近代的経済成長モデルに全面的に転換してから，抜本的な変化が起きた．技術者と管理者を含めた専門家は社会の生産システムにおいてその役割の重要性が増し，各種専門家を主体とする新中間層が形成され始め，日々成長するようになった．1845年と1892年のイギリスの労働者階級の状況に関する

エンゲルスの分析を比較すれば，このような変化の兆しを読み取ることができる[16]．知識経済（ナレッジエコノミー）時代に入ると，専門家は社会の生産システムの中に支配的な役割を果たすようになり，「新中間層」の経済的な地位と社会的な役割が鮮明になり，現代社会の中堅的な力（elite, あるいは「精鋭」と訳す）に成長した．第一に，その人数が急増し，一部先進国では肉体労働者の数を上回り，給与所得層の最重要な構成部分となった．例えば，米国では，1900年に労働力全体に占めるホワイトカラーの割合は17％だったが，1970年には47.5％に上昇した．肉体労働者とホワイトカラーの人数の比率は1900年に2：1だったが，1970年には1：1.3となった[17]．第二に，中間所得層は，社会の生産システムに重要な地位を占めるため，先進国では彼らの所得水準が急上昇し，さらには「利子生活者」である中小資産家を追い抜いた．第三に，彼らの政治的地位と社会における影響力も大きく上昇した．「大国の台頭」の中で言及された，20世紀初期の米国の「進歩主義運動（Progressive Movement）」と，20世紀中期のルーズベルトの新政策であるニューディール（New Deal）による寡頭制の崩壊と貧富格差の縮小などの措置は，いずれもある程度，中間層の価値観と政治的要請を反映したものである．

　中間層の勃興により，両端が大きく，その間が細いという伝統的な「ダンベル型社会」は，両端が小さく，その間が大きい「オリーブ型社会」に転換する．「ダンベル型社会」は一般的に不安定で動乱に満ちているが，「オリーブ型社会」は安定に向かう．

　急速な近代化を遂げている中国は，現在，社会構造が急速に変化する時期にある．その中で一つの新しい中間層が成長している．第16回党大会では，「中間所得層の割合を高め，低所得者の所得水準を引き上げる」方針が打ち出された．これは正しい社会分析に基づいた賢明な政策決定である．しかし，それ以前の，改革の方向に関する大論争においては，一部論者は，伝統社会構造の分析に用いる二分法をそのまま今日の社会分析に使用し，社会の群衆を単純に「精鋭」と「草の根」，「有力者」と「弱者」，「金持ち」と「貧民」の二種類に分けていた．これでなければ，あれだという二分法により，本来，大衆側にあるべき企業家・科学研究者・技術

者・医療介護者・教育者などは，大衆と敵対する社会集団に分類されてしまった．この方法は，自らの陣列を乱すだけでなく，実際，目標をすり替え，中間層を含めた膨大な民衆の共通の敵である少数の汚職役人への援護を提供することになる．最近，金持ちへの恨みと反知性的思想のもとで，大学教授の殺害，医療従事者への暴力・暴言，家屋や自動車など個人財産に対する意図的な破壊など，一連の悪質な事件が発生している．調和のとれた社会づくりと相反するこのような社会現象を憂慮せざるを得ない．

以上で，我々は，一部の国が富強に向かう道程において鍵となる役割を果たす要因——市場経済・法治・民主・思想の自由・社会構造における中間層の勃興などの変化——について分析した．むろん，これで各国の繁栄の奥義を全て網羅しているわけではない．一部の国の発展史からみると，教育の普及・公共福祉の向上・科学進歩と技術革新・国民の道徳情操の養いなども重要な役割をもつ．さらに，前述の5つの共通要因にしても，各国がそれぞれ採用した具体的な形態は大きく異なり，各々の長短・優劣がある．これらについては，一層深く掘り下げて研究しなければならない．

注

1) 本章は，筆者が2007年2月11日に「中国経済50人論壇」主催の「大国発展中面臨的挑戦」シンポジウムでの発言に基づき整理した．『同舟共進』（2007年第4期）に掲載．
2) D・諾斯，R・托馬斯〔D・ノース，R・トーマス〕(1971)『西方世界的興起』厲以平／蔡磊訳，華夏出版社，1999年版，5頁．〔Douglass C. North & Robert Paul Thomas, *The Rise of the Western World: A New Economic History*, Cambridge University Press, 1973. 『西欧世界の勃興——新しい経済史の試み』速水融／穐本洋哉訳，ミネルヴァ書房，1980年／増補版，1994年〕
3) J・麦克米蘭〔J・マクミラン〕(2003)『市場演進的故事』，中信出版社，2005年版．〔John McMillan, *Reinventing the Bazaar: A Natural History of Markets*, W. W. Norton, 2002. 『市場を創る——バザールからネット取引まで』瀧澤弘和／木村友二訳，NTT出版，2007年〕
4) この意味から，市場経済を「良い市場経済」と「悪い市場経済」の二種類に分類することは完全に正しいとは言えない．なぜなら，重商主義や官僚資本主義も市場経済の下位分類だと誤解されやすいからである．今から見れば，筆者が前世紀にとった方法のように，「原始資本主義」と称した方がいいかもしれ

ない．ウィリアム・J・ボーモルはこれを「悪い資本主義」と名付けた．(W. J. Baumol, R. E. Litan and C. J. Schramm, 2007, *Good Capitalism, Bad Capitalism, and the Economics of Growth and Prosperity*, Yale University Press.〔『良い資本主義 悪い資本主義——成長と繁栄の経済学』原洋之介監訳／田中健彦訳，書籍工房早山，2014年〕．——2007年5月に呉敬璉による注釈の追加．

5) D・諾斯（1981）『経済史中的結構與変遷』上海三聯書店，1991年版，171頁．〔Douglass Cecil North, *Structure and Change in Economic History*, W. W. Norton & Company Incorporated, 1981.『経済史の構造と変化』大野一訳，日経BPクラシックス，2013年〕

6) Baysinger, Barry, Robert B. Ekelund Jr. and Robert D. Tollison (1981), "Mercantilism as a Rent-Seeking Society", *Toward a Theory of the Rent-Seeking Society* edited by James Buchanan, Robert D. Tollison and Gordon Tullock Texas, A&M University Press. に収録．

7) 20世紀70年代以降のスペインの復興は多くの社会的・政治的要因が作用した結果である．林達（2007）『西班牙旅行筆記』生活・読書・新知三聯書店，2007年版．——2007年5月に呉敬璉による注釈の追加．

8) 亜当・斯密〔アダム・スミス〕（1776）『国民財富的性質和原因的研究』，郭大力／王亜南訳，商務印書館，1983.〔Adam Smith, *An Inquiry into the Nature and Causes of the Wealth of Nations*, 1776.『国富論』水田洋監訳，岩波文庫，2000年〕

9) D・諾斯（1981）『経済史中的結構與変遷』上海三聯書店，1991年版，187頁．

10) 毛沢東（1973）「読『封建論』呈郭老」『毛沢東詩詞選』人民文学出版社，1996年版．

11) リー・クアンユー（李光耀）（2002），"An Entrepreneurial Culture for Singapore"『新加坡的企業家文化』．2002年2月5日にシンガポール内閣顧問のリー・クアンユーが「何日華亜洲領袖公開講座」で行った講演の講演録である．中国語訳は「中国民営科技網」(http://www.mykj.gov.cn/news_Detail.aspx?newsId=2963)を参照．

12) 顧準（1973〜1974）『漫談民主』，『民主与"終極目的"』，『哲学雑談』，『従理想主義到経験主義』，『顧準文稿』中国青年出版社，2002年版，374-397頁，453-454頁．

13) 王元化（2003）「公欲与私欲之間的衝突怎么調和？——研究〈社会契約論〉筆記和対中国歴史的反思」『上海社会科学報』，2003年3月6日．朱学勤（1994）『道徳理想国家的覆滅』，上海三聯書店，2003年版．

14) 羅森堡，小伯澤爾（1986）『西方致富之路——工業化国家的経済演変』，劉賽力など訳，生活・読書・新知三聯書店，1989年版，293頁．〔Nathan Rosenberg, L. E. Birdzell, *How The West Grew Rich: The Economic Transformation Of The Industrial World*〕

15) 馬克思,恩格斯〔マルクス,エンゲルス〕(1848)「共産党宣言」『馬克思恩格斯選集』第1巻,人民出版社,1995年版,248-307頁.
16) 恩格斯(1892)『英国工人階級状況」1892年徳文第二版序言」「馬克思恩格斯選集」第4巻,人民出版社,1995年版,418-434頁.〔「英国工人階級状況」の邦訳は,フリードリヒ・エンゲルス『イギリスにおける労働者階級の状態』浜林正夫訳,新日本出版社,2000年〕
17) D・諾斯(1981)『経済史中的結構與変遷』,陳郁等訳,上海三聯書店,1991年版,198頁.

第2部

自叙伝：社会的に献身した知識人コミュニティーの数世代に跨る歴史

編者による解説：自叙伝のはしがき

バリー・ノートン

　1930年生まれの呉敬璉は激動の時代に育ち，中華人民共和国の建国初期に成人した．呉の個人としての歴史は，人民共和国の歴史と重なり合う．呉敬璉は中華人民共和国の歴史が大きく動いた決定的な出来事の多くの中で，長年にわたりその中心に近い場所にいた．改革期が始まってからは，重要なアクターとして，あるときは直接的に，またあるときは間接的に経済改革の経路の形成に関与してきた．呉敬璉は自身の個人的な歴史について著述しているが，この解説では，1980年代初期までの呉敬璉の歩みを描くために，本人とのインタビューも含め，その他の情報源をさらに集めた．呉敬璉の知的な業績と世界観をより具体的かつ身近に感じるために，この解説を通じ，彼の生い立ちと人間性を読者に提供することができれば幸いである．彼が「どのように歩んできたか」を知れば，改革期における呉敬璉の役割をより容易に理解できるであろう．呉は，中華人民共和国の最も重要な政治的・経済的出来事の多くの場面でその目撃者あるいは当事者であったがゆえに，呉の経験はこれらの出来事の全体像を知るための貴重な補足的な情報となる．なお，1984年以降の足跡は，第3部と第4部の解説で網羅している．また，呉の年譜は本書の末尾に付した．

　この解説の広義の目的は，世代を超えた中国の知識人コミュニティーの中に呉敬璉を描きこむことである．呉敬璉は，若年期の訓練と初期の知的な方向付けが，中国革命の勃興と共産党による権力の掌握がもたらした楽

観主義——それはまた服従でもあったが——によって形成されたという意味において，本来は「1950年代の知識人」であった．一人の若者として，呉敬璉はマルクス主義を熱狂的に信奉し，マルクス主義の社会科学で得た知識を，強大な社会主義国・中国の建設のために役立てることを目指した．その意味で，許紀霖の卓越した論文の中で描かれている20世紀における6世代の知識人の中で，呉は第4世代の代表的人物である[1]．許紀霖によれば，この世代は「非常にイデオロギー的で，マルクス主義に忠実な枠組みを確立しようと常に試みていた」が，この枠組みは，毛沢東時代のイデオロギー的運動と政治的な変動によって繰り返し揺るがされた．呉敬璉の場合には，毛沢東時代の嵐によって，最初は「左」に——「世界観の鋳直し」を追求し共産党が指導する革命的な近代化プロジェクトに参加したように——突き動かされ，後には文化大革命の残虐性と偽善性に幻滅して「右」へと突き動かされた．呉が実に抜きん出ている点は，毛沢東主義の過去を深い部分で突き破り，全く新しい知的かつ社会的枠組みにおいて重大な貢献をする能力を持ち合わせていたことである．許紀霖は第4世代知識人を次のように表現している．「彼らの何人かは，1976年以降，相当深く再検討を行い，西側の（知的）文化を選別的に適用し始め，イデオロギー的解放に向けた動きの中で重要な参加者となった．」第4世代に関する許紀霖の慎重な記述——「何人かは……選別的に適用し始め」——に注意していただきたい．呉敬璉は，マルクス主義イデオロギーを完全に超えて，西側の近代経済学の新しい概念の導入に成功し，創造的かつ建設的な貢献をした数少ない知識人の一人である．文化大革命の後，呉敬璉は彼の世界観を根底から一つ一つ作り直し，徐々に幻滅から立ち上がり，時が進むにつれて経済・社会の改革を力強く包括的に唱道する者へと変わっていった．

　呉敬璉はまた，中国の旧い世代の知識人とも太い絆を有している．呉の両親に加え，孫冶方と顧準という上の世代の2人の重要な知識人とも個人的に親密な関係があった．この2人とも，許紀霖が中国の知識人の「第3世代」と呼んだ，五四運動（1919年）から建国（1949年）までの世代の知識人である．1949年以降に活躍した彼らは，1949年以前に教育を受けていた．そして，マルクス主義の影響を強く受けながらも，彼らはそれを自

身の知的・政治的発展の過程の中で個人として吸収・解釈し，自らの意思で革命運動に加わった．さらに，呉は若い世代の多くの経済学者とも，教師として，改革者として，そして活動家として親密な関係をもっている．周小川（現在の中央銀行総裁であり，第12章の共著者でもある）のような人物は，多くの第5世代の，または文革世代の知識人の代表格である．呉敬璉は彼らの師となり，呉の影響を受けた知識人が中国における政策決定の重要な地位についていった．

　呉の知的な進化を描いていくと，際立った軌跡が現れてくる．1950年代，呉は自分のルーツから遠ざかった．彼のブルジョア的な家族背景を克服することを追い求め，中国を席巻した革命の潮流の中にどっぷりと浸かった．しかし，1970年代末には，呉は，中間層の革命家であった彼の両親の世代が抱いていた現代中国のヴィジョンへと立ち返っていた．20世紀の終わりには，呉は自分のルーツに完全に戻っていた．そして，彼の両親が抱いていた民主的で，文化的な，繁栄した強大な中国というヴィジョンを共有した．そのような訳で，第2部は呉が自身の母親について書いた文章（第7章）から始めることとする．伝記の導入として両親の影響を論じるのは常套手段であるが，それが呉敬璉の知的な進化の「起点」であると同時に彼が辿りついた「到達点」を表すものである，ということも認識すべきである．

家族

　この解説では，呉の母親である鄧季惺に対する呉の評価から論じてみたい．鄧季惺は特筆すべき人物として登場する．それは，単に彼女が溺愛したただ一人の息子の目を通して描いたから，というだけの理由によるものではない．実に鄧季惺は，中国におけるフェミニストの走りであり，社会活動家であり，中国初の女性法律家の一人であった．彼女はまた，有能な事業家でもあり，中華民国時代に極めて重要な役割を果たした独立系新聞『新民報』の成功に大きく貢献した．呉はこのように述懐している．

　　私の実の父は24歳という若さで他界した．また，小さいときの私

は虚弱でしょっちゅう病気をしていた．母が私を深く愛してくれたことは，私には微塵の疑いもないことであった．とは言っても，『新民報』とその発展は，母にとって常に最優先事項であった．このため，母には，普通の主婦のように子供と会話するといった時間は殆どなかった．子供の頃，朝起きると決まってベッドの脇に母と継父がおり，『新民報』の発展計画およびその日の編集と仕事の詳細について，日課となった議論が始まっていた．それから，両親は慌ただしく朝食を済ませると，事務所や訪問先に向かい，夜遅くまで帰って来なかった[2]．

　鄧季惺の理想主義，実践主義，フェミニズムの際立った組み合わせは，多くの場面ではっきりと見て取れる．呉敬璉の実父の死後，鄧季惺は『新民報』の共同創始者の一人であった陳銘德と再婚した．1933年に北京で行われた結婚式では，ピンク色のカードに印刷された結婚の誓約書が全ての招待者に配られた．その誓約書には，鄧の3人の子供は引き続き実父の姓である呉を使用すること，彼女は引き続き本名を使用すること，夫婦のもつ資産の名義は別々のままとし双方が家計支出に責任を負うこと，が明記されていた[3]．

　社会的責任と個人的な自信の交じり合った鄧季惺の態度は，どちらかと言うと特権的だった家族背景から来るものであった．第8章において，主に四川省において3代にわたる産業の開拓者および社会的な活動家であった家族背景が述べられている．それゆえ，鄧季惺と彼女の7人の兄弟姉妹は，経済的な安全を保障するのに十分な富を相続するが，社会的責任に対する強い意識をも受け継いだ．8人の兄弟姉妹は，中国を強大で繁栄した国に，かつ民主的な国にするための革命的な転換を追求し，政治の世界に身を投じた．この頃，抗日戦争の最中であった毛沢東と中国共産党は「新民主主義」を提唱し始めた[4]．「新民主主義」のもとで，共産党を代表とする全ての労働者と農民は「民族資本家」——呉一族のような——と同盟を組み，社会主義の，強大な，経済的に発展した国家を建設する道を邁進するために，広範な代表性を有する政府を組織する．このヴィジョンは呉

敬璉の一族の成人を大いに魅了したが，それは何も驚くべきことではない．彼らはまさに，この政策がターゲットとした社会層・社会類型の人々だったからである．十代の呉敬璉は，とりわけ彼の3人の叔父が延安に行き共産党に入党したことで，この政策に刺激された．もっとも，呉敬璉が一番影響を受けたのは，もう一人の叔父，科学と技術こそが中国を救うという考え方を説いていた技術者の叔父であった．この叔父は，呉敬璉の生涯にわたる技術への関心と道具類への愛情（それは文化大革命期の呉に大いに役立った）を育んだ．最も重要なことは，呉の家族全員が——彼らの世代の他の多くの人々とともに——共有していた中国の将来ヴィジョンが，現在もなお色褪せていないということである．『新民報』を創設した人々について，呉は特別に次のように述べている．

> 『新民報』の物語は，壮大な夢が失望へと変わった旧い社会におけるジャーナリスト集団の物語である．多くの年月が経過し『新民報』に直接関わった人々がこの世を去った今日において，その物語は，どのような意味をもつのだろうか？　私はこのように考える．一世紀前の中国の知識人は，その家族背景，教育水準，個人的・政治的志向，専門的業績が異なっていたにもかかわらず，この集団の底流で，民主的，文明的に繁栄した強大な中国（中国語で「民主，文明，富強的中国」）という願望が共有されていたことは間違いない．経済改革の開始以来，中国は多くの面で偉大な事業を成し遂げたが，昔日の進歩的な世代が抱いた理想を実現するには，なお長い道のりを歩まなくてはならない．21世紀の初めにあたり，我々の優先課題は，生活水準を継続的に引き上げるとともに，民主的慣行を発展させることであり，法の支配が浸透した社会を確立することであり，民主的な政治を実行することであるべきなのだ[5]．

「新民主主義」を成り立たせる目標と階級間の提携関係は，1949年の人民共和国の発足後，長続きしなかった．共産党のプログラムと中国の「ブルジョア的」進歩派知識人のヴィジョンの共通項が，抗日戦争や国共内戦

の最中ほどには大きくないことが明らかになった．中国共産党は，1949年の建国とほぼ同時に新民主主義から離れ始め，「社会主義建設の総路線」の段階に入った1955～56年にはそれを完全に捨て去ってしまった．新たな政治環境の中で，資本家階級の家族背景は次第に重い負債となっていった．事実，共産党は長きにわたり，その同盟者に厳しく当たった．呉敬璉の母親の8人の兄弟姉妹は，いずれも政治活動に積極的であった．呉敬璉の3人の叔父は共産党に入党するために延安に行った．しかし，ついには8人のうち7人が1949年の前と後の中国を疲弊させた政治運動において苦痛を味わうことになったのは実に嘆かわしい（ただ一人の例外は国民党とともに1949年に台湾に渡った叔父であった）．呉敬璉の4人の叔父は，政治運動の最中に命を落とした．「1940年代以降，大きな政治運動が起こるたびに，鄧一族の兄弟が一人ずつ自殺する結果となった」[6]．母方の他の2人は，政治犯として長期間，労働改造所で過ごした．呉敬璉の母と継父も反右派闘争の中で大変な苦難に遭ったが，他の兄弟姉妹のような悲惨な運命は免れた．

経済研究所時代

若き日の呉敬璉にとって，人民共和国の建国当初は実に幸福な時期であった．彼は中国を覆い尽くす政治運動に積極的に参加し，大学に通いながらも1952年9月に共産党に入党した．〔1948年に〕南京の金陵大学経済系（後に上海の復旦大学に併合される）に入学し，1954年に復旦大学経済系を卒業すると，呉敬璉は中国社会科学院（CASS）経済研究所に配属されたが，そこは学術研究を行う経済学者にとっては可能な範囲で最も恵まれた場所であった[7]．新生した人民共和国における最初の大学卒業生のうち，最優秀の学生の一人であった呉敬璉は，その年に研究所が採用した8人のうちの一人となった．呉は新たに採用された他の大卒者と親しくなったが，その中には張卓元や烏家培のような，その後50年間にわたり付き合うことになる友人や同僚がいた．1956年6月に呉敬璉は周南と結婚した．南京出身の周南は，北京師範大学でポストを得ることができた．こうして，その後50年以上続くことになる幸せな結婚生活が始まった．結婚式は，呉

の母が1949年以降に建てた，天安門からすぐのところにある南長街の居心地の良い西洋風の家で執り行われた．新婚夫婦には経済的な心配はなかったが，より重要なことは，呉が新たに現れた知的エリートの中でも明らかに将来を嘱望されていたことである．研究所は実践的な経済調査能力の確立を図っていたので，呉は財政研究グループに配属された．当時の政府の政策は，国内の知的資源の開発を強く支持していた．教育は急速に普及し，周恩来が1956年1月に主催した会議において，科学的・専門的人材養成の重要性が強調され，科学技術の発展のための12ヵ年計画（1956～67年）が採択された．この会議の終了時に，中国科学院（CAS）の最高レベルの科学者が国内外における近年の科学的発展について報告を行ったが，それは非常に重要な象徴的な場面であった．毛沢東およびその他の最高指導者たちが観客席に座り，科学者が演壇から講義を行ったのである．その象徴的意義は深淵である．このように，科学への志向が強く，部分的ではあるが実力主義が支配する共産中国の主流派に，呉は位置しているように思われた（第8章を参照）．

しかし，呉と他の若手経済学者たちは，新たな使命に取り組み始めるや即座に困難に直面した．それは，模範的な人物像が，その後の20年間で根本的に覆されることを予感させるものであった．研究所に入ってしばらくすると，呉は若手の間の指導的立場に立つことになり，研究所内に置かれた共産党の3つの指導的な委員会のうち一つの委員会のアシスタントに任命された[8]．1956年，研究所内の共産主義青年団は全ての若手団員に対して学位取得後の具体的な研究計画を作成するよう求めた．例えば，ソビエト式の投入産出表を理解するために線形代数を学ぶ，あるいは（一例として）比較経済理論を研究するために英語を学ぶ，といったものである．これは，「科学的知識への前進」（中国語で「向科学進軍」）という国家青年団プログラムの一環であった[9]．しかし，国家的政策であったにもかかわらず，経済研究所の指導者であった狄超白はこれを差し止めた．彼が〔このプログラムの実施に伴い〕研究所内の地位階層に起きうる変更を恐れていたのは明らかであった．彼はむしろ，若手の研究者が，上司の指示した研究プログラムを実行することを望んでいたのである．もっとも，1956年

の中国は，社会全般が相対的に自由主義の時期であった．若手の学者たちは巻き返しを図り，青年団の全国組織からいくつかの公的な支持も得た．ところが，驚くべきことに，それでは不十分だったのである．青年団〔支部〕のリーダー〔書記〕であった烏家培（後に著名な計量経済学者となる）はブルジョア的な自己利益を得ようとした嫌疑で脅迫され，自己批判を強要されたのである．呉敬璉もまた批判された．彼は，自身のブルジョア的な家族背景が潜在的にいかに危険なものであるかを認識し始めていた．

反右派闘争（1957年）とその後

　研究所のミクロ的な所内政治は，やがて起こる劇的な国家的事件の中にあっては瑣末なものとなった．1956年後半から1957年前半にかけて，中国では先例のない言論の自由と社会主義経済モデルの再評価の動きが席巻した．呉が第8章で述べているように，彼と他の経済学者たちは，中国がソビエト連邦から取り入れた過度に集権的な経済モデルを修正するため，経済改革の設計プログラムに引き込まれた．同時に，「百花斉放・百花争鳴」運動と名付けられた言論の自由化が社会を覆い尽くした．毛沢東は，とくに共産党員「以外」の知識人による共産党の政策への批判を奨励した．評判の左派知識人として，独立した思想家として，そして中国の「民主的」党派（非共産党）のメンバーとして，呉敬璉の両親が，このドラマの中の登場人物となるのは必然であった．事実，彼らは個人の身分で1957年2月27日の会合に出席した．その会合で，毛沢東は「人民内部の矛盾を正しく処理する問題について」と題する演説を行い，共産党の間違いを正すために非共産党員の知識人の助けを強く求めたのであった．

　呉の母親の鄧季惺は，初めにやんわりとした批判をいくつか提起した．彼女と夫の陳銘徳は，『新民報』が国有化された後に，北京市政府において高位ではあるが意味のない仕事を与えられていた．鄧は，その仕事の中で自分が全ての意思決定から疎外されていること，新中国への中身のある貢献が何一つできないことへの不満を口にした．しかし，鄧季惺と陳銘徳は，より根本的な批判をするよう仕向けられた．共産党を矯正するよう〔党外人士に対して〕「開放的に」懇願するという毛沢東の政策は，党内で

は常に論争の的であった．毛のそもそもの意図が何であったかはともかく，5月13日か遅くとも15日には，毛はその政策を計略に変えることを決断していた．共産党の幹部は，より一層厳しい批判を引き出すよう指示された．極端な批判であっても，それを否定することは控えられた．そして，証拠を集め，後の反撃に備えるための地ならしを行った[10]．鄧季惺と陳銘徳は，毛沢東の計略にまんまと嵌まってしまった．5月15日に北京で開かれた非共産党員の政府職員による会合において，鄧はかつてない大勢の聴衆を前に演説を行った[11]．それは運命が定まる日であった．まさにその日の朝，毛沢東は「事態は変化しつつある」と題する秘密演説を行い，百花斉放で噴出した〔共産党に対する〕批判をブルジョア的，修正主義的，反共産党的であり，権力欲に動機づけられたものだとして攻撃したのである．鄧と親密な友人の何人かは，彼女におとなしくしているように警告した．しかし，鄧季惺は理想主義的で思ったことをそのまま口にする性分であり，いつかは自分が中国の民主的な発展に貢献できると固く信じていたので，その忠告には目もくれなかった[12]．5月15日以降の5日間，鄧季惺と陳銘徳は繰り返し演説を行った．鄧季惺は，法の支配を求め，無実の推定，起訴状の必要，共産党から独立した開廷前の調査を提唱した．彼女は，共産党の派閥主義および人事決定に際しての党の管理の秘密性を批判した．鄧は，産業の社会主義改造をも批判した．社会主義改造では，資本家は彼らの資本に対して8%の固定レートで配当を受けていたが，それは彼らを実質的な経営から遠ざける手段であった．彼女は表現の自由を，陳銘徳は非共産党系の新聞の役割の拡大を求め，北京で非共産党系の夕刊紙を立ち上げることを提案した[13]．

　3週間後の1957年6月8日，『人民日報』は「これはどうしたことか？」と題する社説を発表した．これは，言論の自由の突然の終焉と反右派闘争開始のシグナルであった．その日の午後までに，毛沢東と共産党による怒りに満ちた反撃がすでに始まっていた．その運動は，最終的に60万人の非共産党員の知識人を「右派」と呼んで一掃した．右派は職位を剥奪され，都市を追い出されて多くは肉体労働を強いられ，囚人として収容所に送られた者もいた．最初に，多くの〔階級〕闘争会議が開かれ，ある会議にお

いて北京民生局から動員された鄧季惺の同僚64人が公開の場で彼女を批判した．鄧季惺と陳銘徳は，8月までにこれまでの論説の撤回と屈辱的な自己批判を強要され，鄧季惺の自己批判の全文は8月7日の『北京日報』に掲載された．彼らは政府の職を奪われ，ついには中国人民政治協商会議の中のみすぼらしい職をあてがわれた．彼らはこの重要とされる政治組織において名目的には高位に就いていたにもかかわらず，である．その後20年以上にわたり，鄧季惺は〔人民政治協商会議内の〕食堂で働き，共産党によって自身が管理されることの必然を受け入れ，その環境に自身を適応させた．彼女の孫娘はこのように記している．

> この後，私の祖母は統一戦線システムの中で正式な地位を得たが，真剣にやらねばならない仕事は何もなかった．もちろん，四川料理の腕前と天賦の管理能力をもつ祖母は，野菜の漬物を使って党の統一戦線工作に貢献し，人民政治協商会議内の食堂の難しい仕事をやすやすとこなすことができた．しかし，祖母が45歳になるまでの間に成し遂げた全ての業績を振り返り，彼女の後半生でできたであろう国家への貢献を考えたときに，そのような仕事はあまりに過酷で無駄なものであった[14]．

鄧季惺と陳銘徳に付けられた右派のレッテルは，〔政策が〕一時的に柔軟化した1960年代初期に取り除かれ，新たに与えられた仕事も軌道に乗った．旧『新民報』に関わった者を含む多数の人々に比べれば，反右派闘争の間の彼らの苦痛は大きなものではなかった[15]．経済研究所では，指導者たちは反右派闘争を利用して，烏家培，呉敬璉などの古株や他の何人かの右派を処分しようとした．しかし，皮肉なことに，研究所の指導者である狄超白と林里夫ら自身が，中国社会科学院の上司によって右派のレッテルを貼られてしまったのである！　呉敬璉は「右傾分子」というレッテルを貼られたが，「右派」のレッテルに比べればダメージははるかに小さかった．彼は以前にも増して慎重になった．そして，呉敬璉も彼の両親も問題のある階級的背景やブルジョア的世界観から逃れることができないこ

とを認識した．しかし，共産党のプロジェクトに対する彼の信念が根本的に揺らいだ訳ではなかった．事実，呉は自身の世界観を修正すべく必死に格闘し，良き共産党員になるという決心を強めた．呉は一層左傾化し，それまで以上に挺身的な，頑強な共産主義者になった．彼にとって，ブルジョア的知識人の時代はとうに過ぎ去ったように思われた．さらに，大躍進運動（1958～60年）でイデオロギー的・経済的環境がますます熱狂的になるにつれて，過去を振り返る時間は殆どなくなった．

　反右派闘争のあおりを受けて，旧世代の2人の重要な経済学者が，経済研究所に来ることになった．一人は1950年代半ばに国家統計局の副主任を務めていた著名な経済学者である孫冶方であり，もう一人は建設部から移ってきた顧准である．孫冶方と顧准は似たような経歴をもち，互いに良き友人であった．2人はともに「革命世代」（第三世代）の知識人であり，ともに上海またはその周辺で入党し，後に共産党の新四軍とともに戦った知識人グループに属していた．このグループの人々は，比較的教育水準が高く，"解放"直後の1950年代の上海において，各々が別の道へと進むまでの間，重要な経済関係の仕事に従事した[16]．孫冶方と顧准はともに，呉敬璉に非常に大きな影響を与えることになる．孫冶方の影響が広範にわたり，理論的かつ複雑なものであったのに対し，顧准の影響は直接的かつ個人的なものであった．

　孫冶方はソビエト経済学の研究者であり，フルシチョフ時代にソ連と東欧で伸長した社会主義経済改革の国際的な動きについても研究していた．孫は，中国が取り入れたソビエト型の計画システムに対して批判的な重要論文を何本か書いていた[17]．孫もまた，反右派闘争で批判されたが，多くの友人をもつ旧い党員であったためさほど脆弱な立場ではなく，それどころか1957年末には国家統計局から横滑りで経済研究所に移り副所長になった．研究所のそれまでの指導者たちが「右派」のレッテルを貼られるという奇妙な巡りあわせがあったために，孫冶方は研究所でより多くの責任ある立場に就くことになり，最終的には1960年代半ばに所長に任命された．大躍進運動（1958～60年）の推進はやがて深刻な問題をもたらし，その挫折は，孫に社会主義経済システムの再検討を率いる道を開いた．孫

冶方はすでに経済システム改革の一般的な処方の作成に携わっていたが，大躍進運動の壊滅的な結果は，彼の決意をより強めることになった．完全に恣意的で非現実的な計画目標は，経済をまっさかさまに危機，そして崩壊へと陥らせ，ついには飢餓をもたらした．孫の哲学である「価値法則」によれば，全ての計画は，等価交換と科学的に計算された価格，および計画者の恣意的な行動を限定し企業の独立性を増大させる土台となるルール，によって導かれるべきであった．大躍進運動の崩壊とともに，中国の最高指導者は経済を安定させるために格闘した（1961〜63年）．この時期に，孫冶方は，莫大な影響力をもち，最も著名な経済学者や経済分野の指導者の多くと連携し，経済界において尊敬を受ける立場にあった．

　しかし，1960年代は，呉敬璉と孫冶方は全く異なるレールの上を走っていた．孫冶方が自身の改革案の作成に携わっていた一方で，呉敬璉は自身のブルジョア的な出自から距離を置き，毛沢東主義の理想と合致する「世界観の再構築」を図っていた．呉の思考は左傾化し，社会主義経済において「ブルジョア右派的」要素を低下させるという毛沢東的な構想に貢献しようとしていた．果たして，1964年に孫冶方は毛沢東主義のイデオローグである康生によって攻撃目標とされ，文化大革命に繋がる一連の政治的粛清の最初のそして最も悲惨な犠牲者となった．そのとき，呉は自分の上司を批判する側に加わった．当時の呉の行動は真摯なものであり，彼は孫冶方が目指していたものとは反対の，左派的な政治経済を懸命に論じようとしていた．後に呉はこのときの行動について深く自責の念にかられ，何年もの間，公に（孫冶方に対して直接謝罪したことも含め）謝罪した．呉敬璉は一度ならず，真理と和解の道を選択し，1960年代の自身の役割，行動，間違いを認めている．この点において，呉は，文革派の何万人もの過激な連中に比べ，はるかに立派に振る舞っている．そうした過激派は，呉とは比べようもない程に悪辣なことをしていたにもかかわらず，自分も文化大革命の犠牲者であるかのように装って自身の行為を隠してきたのである．

　1964〜66年の期間，呉敬璉はかなり特殊な立場にあった．30代半ばの呉は，研究所の中で責任ある立場にあり，かつ左派に傾倒していた．外部

の行動部隊が孫冶方を批判するために経済研究所を訪れる際，呉はそれらの人間に便宜を図った．また，「四清」運動^{訳注1}の一環として，経済研究所は農村に派遣する作業部隊を自ら組織するよう指示された．呉敬璉は，部隊とともに北京近郊の周口店の農村に送られ，農村の指導幹部を批判し，改造し，首をすげ替えた．ありとあらゆる場所で論争と格闘があった．今日自分が誰かを批判し，次の日には自分が批判される．同じ頃，呉の母と継父はテレビと熱いお湯の出るシャワーが備えられた，北京の快適なアパートに住んでいた！ 彼らが住んでいた洋風の素敵な家は没収され，彼らは取るに足らない仕事をあてがわれたが，生活水準は北京の平均的な住民よりもはるかに高かった．呉は両親を頻繁に訪ね，新たな政治的真理を説き，彼らのブルジョア的習慣および生活様式を見直すことの必要性を説いていた．

文化大革命と幹部学校

しかしながら，文化大革命は全てを変えてしまった．中国社会科学院は文化大革命の温床であり，社会科学院が重要なチャネルとなって，中央文革小組の最高指導者の指示が北京大学や高等学校の造反学生リーダーに伝えられた．文化大革命の到来とともに，経済研究所を含む社会科学院全体が，紅衛兵同士の派閥抗争に巻き込まれて分裂した．「左派」であったにもかかわらず，呉敬璉は活動主体ではなく攻撃対象となってしまった．まず彼の「四清」工作チームにおける役割が批判された．呉は，研究所において政治経済グループの学術秘書でもあったので，「学術界の権威」とみなされ批判された．さらに，呉の「好ましくない（bad）」階級的背景は潜在的に問題を孕んでいたので，彼は当初，紅衛兵組織とは距離を置いていた．一方，紅衛兵の諸派閥は，次第に全市的な同盟を結んでいき，「学部紅衛兵聯隊」（聯隊）や「学部紅衛兵総隊」（総隊）などと呼ばれる諸グループが形成された[18]．中央文革小組の最高指導者による後援のあったグループが突然他のグループに変わるようなことがあったため，中国社会科学院の中でも，諸グループの間で何度も権力の移行が生じた．1967年初めまでに，文革の指導者は概して「聯隊」を支持するようになり，この組

織を利用して周恩来のような穏健な中央指導者を攻撃し始めた.

　1967年3月のこの時期，呉と彼の親しい友人たちは第三のグループ「大批判指揮部」に参加した．文化大革命の差し迫った必要性を信じてはいたが，最高指導者が明らかに自身の利益のために運動を操作しているという事実への警戒（とくに周恩来批判が始まって以来）から，呉は，当時の基準に照らして穏健と思われる左派グループに属するようにしていた．呉らは，文革リーダーと聯隊の関係について調査し，康生が一連のプロセスを操っていることを突き止めた．しかし，彼ら自身のグループもまた文革リーダーの戚本禹によって扇動されていることがわかってしまった[19]．トップの政治指導者たちが自主的な組織と思われていた造反グループをいかに操作しているかが明らかになるにつれて，呉敬璉と彼の友人たちは，文革の運動に疑問を抱き始め，それを単なる権力闘争と考えるようになった．1968年に「人民解放軍毛沢東思想宣伝隊」（軍宣隊）と呼ばれる外部の工作グループが乗り込んでくると，他の組織でもそうであったように，派閥抗争によって中国社会科学院の機能は麻痺した．軍宣隊は直ちに，最高指導者のパトロンを失っていた聯隊と対立する立場に立った（後に，それらのパトロンは「五・一六兵団」〔「首都紅衛兵五・一六兵団」の略称．文化大革命初期に周恩来総理を攻撃し，毛沢東に反革命組織と断定された紅衛兵グループ〕という極左グループのレッテルを貼られ，国家権力の掌握を試みたとして糾弾されている）．社会全体で始まっていた粛清と軌を一にして，中国社会科学院の指導部でも粛清が始まった．こうして文化大革命は，派閥抗争からトップダウンの吊るし上げという悪循環に陥り，その中で，多くの個人は孤立し，集中的な批判を浴び，ときに肉体的な拷問を受け，さらに他の人々をも巻き込むことを強要された．

　これらの運動が進行する中，1969年11月16日，中国社会科学院の全てのスタッフは彼らの「世界観を鋳直すために」河南省の農村にある五・七幹部学校〔文化大革命期に設けられた幹部の思想改造用の集団農場〕へと下放された．彼らは1972年7月に北京に戻るまでの約3年間をそこで過ごした．当初は，そこでの生活は悪いものではなかった．農村で暮らすことは，呉敬璉には何ら不便を感じるものではなかった．事実，子供の頃に病気がち

編者による解説：自叙伝のはしがき　　159

でしばしば家に閉じこもっていた呉敬璉は，大工としてタイルを貼り，設備を修繕し，肉体労働での腕前が上がることを楽しんだ．しかし，農村においてさえも，政治闘争のペースは速かった．新たに始まった「階級隊列の純潔化運動」は広範におよび，初期の運動よりもさらに酷いものであった．結局のところ，極左グループは粛清された．より多くの生贄が必要だったのである．1970年11月11日，第三のグループである（呉敬璉が属していた）「大批判指揮部」は極左派の五・一六兵団の「第二隊列」として糾弾された．呉敬璉は拡大された網の中に引っ掛かってしまい，暫定的に「反革命分子」のレッテルを貼られてしまった．この時期，彼は完全に孤立し，彼の同僚は彼と話をすることを禁じられた[20]．彼は反復的な意味のない労働を課せられた．この取るに足らない労働を課せられた時期に，呉は顧準に出会ったのである．そのとき，顧準はすでに，社会の底辺におかれ意味のない汚れた仕事をこなす生活に十分適応していた．

顧準

　顧準は今日，中国の若い知識人や学生の間でよく知られた人物である．彼らは，中国の現代史の中で，自分たちが目指すべき，洞察力，知的厳格さ，そして個人としての勇気に富む人物のモデルとして顧準を捉えている．顧準の死後の名声に詩的な正義を感じるのは，彼のたどった実際の生涯が悲惨なものだったからである．聡明な学者にして献身的な革命家であったこの個人の生涯は，その殆どが相次ぐ不運と苦痛に満ちた物語である．彼は自分を貫いた人物であった．どのような逆境にあっても，生き抜いて真実を語ろうとした彼の強靱な精神力が，今も我々に訴えかけている．呉は，表面的には経済研究所で顧準を知ったが，この2人は〔文革後期に〕ともに過酷な労働の場に放り込まれることになった．顧準との親交に関しては，呉敬璉の文章（第9章）で語られているが，ここで顧準のバックグランドについて補足を加えることで，その物語には厚みが増すであろう[21]．

　顧準は幼い頃神童と呼ばれた．10人の子供のいる上海の貧しい家庭で育った顧準は，12歳で会計事務所に奉公に出た．19歳にしてすでに会計の教鞭をとっていた彼は，財務会計に関する大部の教科書を出版している

(1934年). 彼は上海で著名な立信会計事務所に14年間勤め, 繁栄を極めていた上海のビジネスの現場で, 近代的な会計実務をこなしていた. しかし, これは彼にとって日銭を稼ぐものに過ぎなかった. 会計の仕事の一方で, 彼は真の熱情をもって共産党の地下組織の活動に関わり, 1935年2月に正式に党員となった. 抗日戦争の間, 顧準は上海を離れて主に東部の解放区, さらには延安にも赴いた. 1949年に共産党軍が勝利を収めて上海に凱旋すると, 顧準は上層の経済幹部の一人となった. 顧準は, 上海財政局の主任となったが, これは極めて重要なポストであった. 当時の上海は全国の財政収入の6分の1以上の収入を生み出していたのである. 顧準は立派な家に住み, 自動車と運転手をもち, 全ての経済問題について発言力をもつ, 地位の高い幹部であった. ところが, 1952年2月29日, 顧準は他の7人の幹部とともに公開の批判に晒され, 全ての役職を解任され, 共産党を除名になった. 顧準の失脚について, 公の説明は何もなかった. 公式声明は単に次のように述べるだけであった. 顧準は「一貫して『英雄を気取った』個人主義に浸り, 常に自分は正しいと考え, 組織に従わず, 党の指示と政策に反し, 度重なる教育にもかかわらず自分のやり方を改めなかった」.

　顧準でさえも, このような最初の災難がなぜ彼の身に降りかかったのか本当のところはわからなかった. 遡って思い当たることは, 徴税政策をめぐって, 顧準が中央政府の当時の財政部長であった薄一波に公開の場で異を唱えたことである. 顧準はこう主張した. 上海では, 資本家の事業者の帳簿を精査することによって徴税できる. したがって, 建国直後に中国の他の地域で行われていた, 不正確でそもそも強制的な「大衆による評価」に依存する必要はない, と. 1952年には全国的な大衆運動が中国を席巻した. それは「三反五反」運動という形をとり, 民間の事業者や地方の幹部に服従を強いることが狙いであった. 顧準は, 自分に対する処罰は, 薄一波の指示に従おうとしなかったことに対する報復だったと信じていた. 顧準は頑固で, 刺々しく, おそらくは傲慢であり, 共産党が求めるような従順な器でなかったことは確かである[22].

　顧準にとって, この出来事は, 長期間続く苦痛や災難の始まりに過ぎな

かった．顧の若い時期に着せられた汚名は，その後の中国で相次いで発生した政治運動において繰り返し標的とされるであろうことを暗示していた．最初の粛清の後，顧は新しい仕事を与えられ，それから後に経済研究所へ異動となり，理論的な経済研究を行うことが許された．他の旧い友人や，ときには上司である孫冶方と同様に，顧は，1956～57年に社会主義陣営で進行していた伝統的なソビエト・モデルへの改革派による批判的評価に貢献する秀でた論文を数多く執筆した．しかも，顧は，孫よりもさらに過激な立場をとった[23]．会計的な視点から出発する顧は，企業の潜在価値を反映するには，市場実勢に従って調整された価格に基づいて企業を評価すべきであると論じた．1956年から57年の言論が自由化された時期，顧は自身の考えをより深く説明する機会を得たが，言論の自由が突如として反右派闘争に転換した1957年半ば，彼は再び粛清に遭い右派のレッテルを貼られた．顧は厳しい肉体労働をするために農村に下放され，大躍進の最悪期の2年間，河北省の農民とともに飢えと生活物資の不足に耐えた．

大躍進政策が破綻した後，1960年代初頭の比較的自由な環境が生じた時期に，旧友の孫冶方の力添えで顧準は経済研究所に戻ってきた．顧は数年間，経済研究所に迷惑がかからぬように静かに働いた．しかし，孫冶方が批判され権限を剥奪されると，顧準に再び災難が降りかかるのは避けられなかった．彼は再度右派のレッテルを貼られた．そして，文化大革命が正式に発動される前であったにもかかわらず，強制労働のため再度農村に下放された．このとき，顧の家族は彼と縁を切るよう圧力をかけられた．彼の家族は「階級的な境界線をはっきりと引く」ことを強要され，顧との一切の接触を断たれた．顧の妻は彼と離婚し，顧は妻や子供たちと二度と会うことはなかった．文化大革命がさらに勢いを得ると，彼の妻は自殺した．顧準自身も文革の終焉を見ることはかなわず，1974年にガンのため59歳でこの世を去った．

生涯に3度も犠牲者となり，前半生で身を捧げた理想も，後半生ではそれに貢献することを妨げられたが，顧準の遺産は受け継がれている．信じがたいことであるが，顧準は，悲惨な生涯の中にあって，純粋に創造的で真の自立性を備えた，最高級の知的業績を繰り返し生み出していた．彼は

日記および多くの分野にわたるエッセイを残している．その中には，1973年から74年にかけて執筆された，今日有名となっているあるエッセイがある．そのエッセイで，顧準は，中国の経験に基づき，多党制による民主主義こそが，現存する社会主義社会の統治が直面している挑戦の唯一の解決策であると論じている[24]．ほぼ孤立した状態で研究していたことにより，顧準は，経済的・政治的・歴史的分析において独創的なアイデアを生み出すことができた．英語には翻訳されていないものの，顧準が残した論文は，呉敬璉の尽力を得て，実弟の陳敏之によって出版され，多くの若い知識人にインスピレーションを与えている[25]．呉敬璉は，第9章の中で，顧準との邂逅，二人の知識人としての交流，および個人的な付き合いについて語り，また顧準の生涯の最後の瞬間に立ち合ったことを記述している．

基本的な原理の再考：大学に戻る

1973年，呉は北京に戻ることを許された．彼は殆どの時間を自宅で過ごし，いかなる役職にも就かず，相変わらず政治学習に全ての時間が費やされていた職場には行こうとしなかった．彼はトランジスター・ラジオを作り，暇潰しに他の家庭用品をいじくり回した．

彼は英語を独習した．毎日朝食前にギボンの『ローマ帝国衰亡史』を最低50ページ読むことを自らに課した．彼は歴史と経済に関する本をこつこつと読み，将来のことについて思索にふけった[26]．

1975年，呉は『大寨の政治経済』と題する本の執筆チームへの手助けを依頼された．大寨は，毛沢東の後継者に指名された華国鋒と密接な関係のある，国家的モデルであった．大寨の指導者であり国政を担う政治家にもなった陳永貴〔後に国務院副総理に登り詰めた〕は，自身の故郷にモデルとしての理論的な色彩を添えるため同書を作成するよう執筆チームに要請してきた．しかし，執筆チームが大寨に着いてみると，彼らは政府機関の所在地に留まるよう強制され，監督者のいないところで大寨の一般住民と接触することは禁じられた．

大寨には，毎年そこを訪れる何百万人の訪問者全てに適用されるルールがあった．そのような状況下で，不満を募らした呉敬璉は，1974年の大

寨の政府歳入勘定のコピーを何とか手に入れた．その資料は，驚いたことに，1974年の大寨の歳入の40%はトラック運送事業からのもので，20%は他の副業からのものであることを示していた．これは衝撃的な情報であった．大寨は，自給自足的な農耕社会のモデルとして吹聴されていたからである．呉がこの情報を他のメンバーと共有し始めると，執筆チームは不躾に昔陽県から追い出された．呉は沈黙しなければならなかった．華国鋒と陳永貴は強大な権力を握っていたからである．しかし，毛沢東の死後，鄧小平が復活し，華と陳が最終的に権力の座を追われると，呉が突き止めた事実は公になり，華と陳の政治生命を断つ決め手となった[27]．

その経験は，呉敬璉個人に対しては異なる形，すなわち左派の政治思想に対する彼の幻滅を決定的なものにしたという形でインパクトを与えた．呉はすでに，文化大革命の白々しい大義を「見透かし」始めていた．顧準は，毛主席は中国の伝統的な思想や手段を用いて国を運営している，と呉に語っていた．それゆえ，文革末期の法治主義に関する議論は，呉にとってピンとくるものがあった．そして，農村や大寨で得た経験が，彼自身に新たな観点を与えることになったのだ．呉は，急進的社会主義の背後にある推進力が，彼が「封建主義」と呼んできたものや我々が「前近代的な家父長制」社会と規定しうるものと分かちがたい関係にあることに気付いた．常に正しい政策的選択をするとされる強力な指導者によって率いられた，平等主義的制度への渇望——人民を率いる偉大な指導者への渇望——，呉はそれを，中国の農耕社会の初歩的原理への先祖帰りであると理解した．言い換えれば，毛沢東主義とは，社会主義とは全く異なるものであった．それは単に，社会主義イデオロギーという衣をまとった農耕社会的な専制政治に過ぎなかったのである．1950年代，呉は，毛沢東主義には蓋然性があり，（資本主義の後に現れ，庶民の財産権を留保する社会主義の初期段階に位置する）社会発展の最も先進的な形態であると確信していた．今やそうした見方は完全にひっくり返った．呉は，毛沢東主義を伝統主義と家父長制への回帰とみなし始めていた．中国共産党は長く農村部を根拠地にしてきた．そして，その指導者の多くも元々は農民であった．「それゆえに，我々の社会主義建設の過程において，平等主義的な誤り，その他の左傾的

な誤りがしばしば現れた．（…）農耕的な社会主義と封建主義とは常に相互に密接な関係がある．」古代において，封建的な王の多くは，平等主義を唱道する農村の社会運動の指導者として力を蓄えた[28]．

　毛沢東主義への幻滅は今や確信的なものとなった．その一方で，呉敬璉は新たな技能を習得し，世界に対する新たなアプローチを見出す必要に迫られた．彼は，経済学，中国史，世界史，哲学といった広範な分野の書物を貪欲に読み漁っていた．特筆すべきことは，経済研究所の図書館の主任であった宗井滔が，文化大革命期においても *American Economic Review* などの海外の学術誌の購読を何とか継続していたことであった．呉は多くの論文に目を通したが，それらを理解する準備が自分にはできていないと感じた．毛沢東の死後，中国社会は世界に対して開放され始めた．1970年代末，「労働に応じて分配する」（社会主義を共産主義と区別する決定的な特徴）といった基本的な経済観念の復権を目的として，新たな会議や宣伝活動がもたれた．さらに，東欧諸国の経済学者が経済改革の経験を共有するために中国を訪れるようになり，数十年続いていた中国の経済学者の孤立に終止符が打たれた．ウラジミール・ブルスとオタ・シークは，それらの経済学者の中で最も重要な2人である（第10章）．しかし，後に呉は「現在の観点からすれば，我々はただ暗闇の中を手探りで進んでいたようなものだ」と述べている[29]．新たな機会が与えられたにもかかわらず，自身の資質に欠如しているものがあるという現実に直面し，呉は"大学に戻って学び直す"という論理的帰結を実行に移した．

　1982年の秋，呉敬璉は経済研究所の董輔礽，栄敬本とともに北京第二外国語学院の英語のクラスに参加した．彼らは，それぞれ52歳，55歳，49歳であった．呉はさらに，西側の経済学を一から勉強し始めた．1983年1月，呉敬璉は客員研究員としてイェール大学に留学した．彼は，西側の経済学に関するまさしく一冊の本を通じて，自らに課した道を全うすべく格闘した．その本とは，米国の何千万人の学部生が読んだのと同じサミュエルソンによる入門書であった．呉は，マイケル・モンティアスが大学院で主催していた比較経済体制論のセミナーにも参加した．それは思いがけない出会いであった．この分野の第一人者の一人であるモンティアスは，

The Journal of Comparative Economics の創刊時の編集者であり，近代的な情報・インセンティブ理論を自在に使いこなすことのできる人物であった．彼はちょうど，東欧諸国とそれらの経済改革に関する研究成果，および中国を訪問したばかりだったブルスやシークといった改革派の理論家の研究成果に足を踏み入れたところであった．新たな情報の洪水に遭い，呉はイェール大学で学ぶべきものがいかに膨大であるかを悟った．彼は学部のマクロ経済学・ミクロ経済学のクラスを聴講し，市場システムの研究とそのシステムが実際にどのように機能するかの観察に没頭した．1984年7月にイェール大学を離れて中国に帰国するまでの間に，彼は西側の経済学を理解し始めたとの手応えを得た．そして，中国の改革が成功するために何が必要であるかを，より現実的に理解したと感じるようになった．

中国に戻って2日後，彼は，国務院発展研究センター主任である馬洪からある要請を受けた．馬は中国東北部の発展戦略に関する会議に呉を招いたのであるが，本当の目的は，報告書の作成にあたって呉の力を借りるためであった．趙紫陽首相から，社会主義のもとにおける「商品経済」に関する報告書の作成が要請されていた．馬と呉が執筆した「社会主義商品経済の再考」と題する論文は，趙紫陽が1984年9月9日に政治局常務委員に送付した有名な書簡に対するインプットの役割を果たした．その書簡は，市場志向の改革を加速することについて，鄧小平，陳雲，李先念といった長老の承認を引き出した．この出来事の後，馬洪は，呉敬璉に30年間勤めた〔中国社会科学院の〕経済研究所を離れるよう説得し，その結果，呉は1984年に国務院発展研究センターに異動した．この異動は，概して「学術的」であったそれまでの立場から離れ，最高指導者に対する政策助言を行う責任を受け入れることを意味していた．これは，（第3部で語られる）新しい時代の始まりを記すものであった．

注

1) 許紀霖「自序」『許紀霖自選集：跨世紀学人文存』，南寧，広西師範大学出版社，1999年．
2) 呉敬璉「再版序文」，蒋麗萍，林偉平『民間的回声：新民報創始者陳銘徳鄧

季惺伝』第2版, 北京, 新世界出版社, 2004年, 4頁.
3) 呉敬璉「再版序文」, 蒋麗萍, 林偉平, 前掲書, 25頁. 呉暁蓮, 17-19頁.
4) 毛沢東「新民主主義について」(1940年1月9日). 英語版全文は下記のサイト.

   http://www.marxists.org/reference/archive/mao/selected-works/volume-2/mswv2_26.htm
5) 呉敬璉「再版序文」, 蒋麗萍, 林偉平, 前掲書, 4-5頁.
6) 柳紅『呉敬璉(当代中国経済学家学術評伝)』, 西安, 陝西師範大学出版社, 2002年, 29頁.
7) 呉暁波『呉敬璉伝:一個中国経済学家的肖像』, 北京, 中信出版社, 2010年, 18-21頁. この時期, 社会科学研究所はまだ中国科学院(CAS)の一部であったが, 特別に「社会科学部」と呼ばれていた. 中国社会科学院(CASS)が中国科学院から正式に分離したのは1979年である. 本書では, 便宜上, 時代を問わず, この部門を中国社会科学院と呼ぶこととする.
8) 3つの委員会とは, 指導委員会, 組織委員会, 宣伝委員会のことを指し, それぞれ直接的な命令, 人事管理, イデオロギー・宣伝工作を担当していた.
9) 呉暁波, 前掲書, 21-26頁, を参照. この当時, 全国共産主義青年団のトップは, 後に総書記となって中国の改革に計り知れない貢献を果たした胡耀邦が務めていた. 1989年, 胡耀邦の死去が天安門における追悼集会とそれに続く〔共産党への〕抗議行動の契機となった. 周恩来「関於知識分子的問題報告」〔知識人問題に関する報告〕(1956年1月14日). 全文は以下のサイト(2013年2月17日アクセス)を参照.

   http://news.xinhuanet.com/ziliao/2004-12/30/content_2397308.htm
10) 葉永烈『歴史悲歌:"反右派"内幕』, 香港, 天地図書, 1995年. 反右派闘争時の出来事と毛沢東の発言の時期の詳細な整理は107-160頁を参照. 鄧季惺と陳銘徳に関する出来事と発言については同書の480-482頁, および朱正『反右派闘争始末』, 香港, 民報出版社, 2004年, を参照. この決定的な時期の共産党の活動についての正確な年表は, 最近発表された下記の論文に収録されている. Yenlin Chung (2011), "The witch hunting vanguard: The central secretariat's roles and activities in the anti-Rightist campaign," *The China Quarterly*, vol. 206, pp. 391-411.
11) 「批評党内宗派主義錯誤:本市非党負責幹部継続発表意見」, 『北京日報』(1957年4月16日).
12) 蒋麗萍, 林偉平, 前掲書, 2004年, 312-328頁.
13) 蒋麗萍, 林偉平, 前掲書.
14) 呉暁蓮『我和爸爸呉敬璉』, 北京, 当代中国出版社, 2007年, 169-170頁.
15) 「右派」に対しては6段階の処罰があった. 処罰の重いものから順番に, ①労働による再教育(労働改造所への投獄), ②監視下での労働, ③監視および

職務停止，④解雇，⑤降格，⑥行政的処分．羅銀勝『顧準的最后 25 年』，北京，中国文史出版社，2005 年，282 頁，を参照．反右派闘争期にある家族の体験，小さな出来事がやがて大惨事へと広がる体験についての重厚な著作として，下記の書物の第 12 章を参照．Joseph W. Esherick, *Ancestral Leaves: A Family Journey through Chinese History*, Berkeley: University of California Press, 2011, pp. 250-77.

16) このグループには，他に薛暮橋，汪道涵，および後に中国科学院党組書記となる張勁夫〔1982 年に国務委員兼国家経済委員会主任に就任〕がいた．この 3 人は，孫や顧と同様に，1949 年〔の建国の〕直後から上海で要職に就いた．彼らは皆，1970 年代末から 1980 年代初頭の経済改革初期に重要な役割を演じた．

17) 孫冶方「把計画和統計放在価値規律的基礎上」，『経済研究』（1956 年第 6 期），30 頁．孫冶方「従"総産値"談起」，『統計工作』（1957 年第 13 期）13 頁．孫冶方の経歴全般については，以下の文献を参照されたい．Barry Naughton, "Sun Yefang: Toward a reconstruction of socialist economics," in T. Cheek and C. Hamrin, eds., *China's Establishment Intellectuals*, White Plains, NY: Sharpe, 1986；呉敬璉，張問敏「社会主義市場経済的経済理論」，張卓元主編『論争與発展：中国経済理論 50 年』，昆明，雲南人民出版社，1999 年，77-101 頁；Nina Halpern, *Economic specialists and the making of Chinese economic policy, 1955-1983*（Ann Arbor: University of Michigan PhD dissertation, 1985）.

18) 北京大学でこれらのグループに分裂した事件とそれらの社会的構成についての最も優れた説明として，Andrew Walder, *Fractured Rebellion: The Beijing Red Guard Movement*. Cambridge: Harvard University Press, 2009. を参照されたい．中国社会科学院においては――他の単位については必ずしも当てはまらないが――学部紅衛兵総隊（総隊）はほぼ例外なく，総じて文化大革命前に責任ある立場にあった「優良な」（例えば党と密接な）階級背景をもつ活動家と同じグループに属した．学部紅衛兵聯隊（聯隊）の活動家は，必ずしも「好ましくない」階級背景があった訳ではないが，どちらかと言うと，文革前の権力構造の中ではアウトサイダーであった．

19) 大批判指揮部のリーダーの傅崇蘭は歴史研究所の若手研究員であった．傅は，同じ歴史研究所にいた毛沢東の娘・李訥と親しかった．

20) 呉暁蓮『我和爸爸呉敬璉』，110-111 頁．

21) 顧準については今日多くの評伝が出版されている．陳敏之『我與顧準』，上海文芸出版社，2003 年；羅銀勝『顧準的最后 25 年』，北京，中国文史出版社，2005 年；羅銀勝，梁倩婷『顧準画伝』，北京，団結出版社，2005 年．

22) 羅銀勝，梁倩婷『顧準画伝』，187-192 頁．羅銀勝『顧準的最后 25 年』，46-54 頁．

23) 顧準「試論社会主義制度下的商品生産和価値規律」，『経済研究』，1957 年

第3期，21頁．
24) 顧準「漫談民主」『顧準文集』，北京，中国青年，2007年，374-391頁．
25) 顧準『顧準文集』，『顧準日記』，北京，2007年．
26) 呉暁波『呉敬璉伝』，115-116頁．
27) 呉は，1979年2月の国家理論会議において，大寨に関して長時間の講演を行った．呉暁波，前掲書，61〜64頁，および Ezra Vogel, *Deng Xiaoping and the Transformation of China*, Cambridge: Harvard University Press, 2011〔『現代中国の父　鄧小平』上・下，益尾知佐子・杉本孝訳，日本経済新聞出版社，2013年〕を参照されたい．
28) 呉敬璉「科学社会主義同非科学的社会主義的闘争」『経済研究』1981年第4期，22頁．初出は1978年．
29) 呉敬璉「前言」『呉敬璉自選集』，山西経済出版社，2004年，5頁．

訳注1　中国共産党が63年から66年春まで一部の農村と少数の都市基層単位で展開した政治運動（社会主義思想教育運動）を指す．農村部では，人民公社における労働点数，帳簿，倉庫，財産の再点検を意味する「四清」から，「四清」運動と呼ばれる．

7
企業家精神で人生の理想を追い求める：
母への追憶

1995年9月[1]

　殆どの人の子にとって，母親は，一種の偉大で追想すべき精神を体現したものである．しかし，それぞれの母親で精神の偉大さは異なる．母が亡くなってから一ヵ月の間，私はずっと考えている．私たちの母に特有の精神は一体，何だったのだろうか．私たちが永遠に追懐し学ぶに値するものは何だろうか．母はとても個性が強い人で，自分の定めた目標に向かってひたむきに突き進む粘り強さがあり，剛直で人に諂わず，原則を重視していた．母は仕事をてきぱきとこなし，決断力があった．家庭生活と家計を切り盛りする時，いつも計画を綿密に立て，その勤勉倹約ぶりで評判が高かった．何か特別な精神が，世俗に超然としていた母の人生を貫いていたようである．母の精神をどのようにして正確に定義すればいいのか，私はずっと考えていた．それをマックス・ヴェーバーの言葉で表すと，「資本主義の精神」，または「理性主義の精神」と呼んでもよかろう．私は今，比較的に「中性的〔中立的〕」な言葉を用いて，それを「企業家精神」と表現したい．いわゆる「企業家精神」とは，経済学的な意味合いとしては，「最も良い結果を得るため，事前の計画と計算可能な方法を用いて，イノベーション活動に従事すること」，と言ってよかろう．

　母は一生，女性の解放，民族の富強，民主と法治，という3つの理想を追い求めていた．母がこのような人生目標を抱くようになった理由は，特別なものであった．私の祖母は，20世紀初めの基準で言うと，女性として，

とても物わかりのいい知識人で，当時重慶で最初の女子学校を創設したほどの人物であった．母は小さい頃から，その母親の影響下で，女性は男性と平等な地位をもつべきだと思っていた．私の曾祖父は，重慶の通商開港の年（1891年）に，日本にあったマッチ工場を重慶に移転し，四川省最初の近代工場を立ち上げた．私の祖父には2人兄がいて，うち一人は，川漢鉄道[訳注1]の利権回収のために闘い，辛亥革命のきっかけとなった保路同志会[訳注2]の副会長を務めた．もう一人は，様々な実業を興し，中国銀行四川支店の支店長を務めた．母はこのような二代にわたる民族資産階級の家庭に生まれ育ち，民族経済の発展を追い求めることが，当然のこととして彼女の人生目標となった．この他に，母はプロの弁護士としての教育を受けており，法に従って国を治めることを求めるのも至極当たり前のことと考えていた．もっとも，女性の解放，民族の富強，そして，民主と法治は母のみならず，当時の進歩的若者の共通の夢であった．母に特有の精神は，企業家の方法を用いて，企業家精神を以て，自分の理想を実現しようとしたことにある，と私は思う．

　女性解放の追求について言えば，母は1930年代に南京にいた頃から，女性運動の活動家であった．しかし，女性運動の友人たちと違い，母は男女平等というスローガンや政界闘争に注目するのではなく，女性解放のため実務に力を注いだ．1930年代初め，母は開業弁護士として，虐待や遺棄を受けた女性たちのために，無料で訴訟を引き受け，『新民報』の〔文芸・学芸欄〕「新婦女週刊」に寄稿し「法律問答」というコラムを受け持った．同時に，女性は自分のキャリアと独立した地位がなければ自立した社会的地位をもてないこと，職業女性は家事の負担によって家庭内外ともに行き詰まりやすいこと，を母自身が身にしみてよく分かっていた．職業女性の後顧の憂いを解消するため，母は友人たちと共に婦女文化促進会を立ち上げ，1935年に「南京第一託児所」を創設し，母は自ら立候補して，所長を務めた．抗日戦争中の重慶では，母は『新民報』の社長として，業務が多忙であったにもかかわらず，南岸で「七七託児所」を創設し，自ら所長を務めた．この二つの託児所を運営していた時，母は企業家としての組織能力を発揮し，託児所の保育と教育に取り組んでいた．

独立した経済的地位を保つことについて，母は自ら実践に励んだ．母は陳銘徳と再婚した時に，夫婦は結婚後，それぞれ自分の財産を有するとの約束を明文化して交わした．実際に，有能で精力的な良妻賢母として，母は自身で所有する財産を持ち，家計の実権を握っていた．母のようなライフスタイルは，当時の中国では，風変わりであった．1950年代初め，女性運動のリーダーたちが，女性の婚姻問題における平等の権利を如何に保障するかについて議論していた時に，周恩来総理は，女性が平等の地位を勝ち取るにはスローガンを掲げて名分を争うのではなく，経済的な自立が重要だ，と私の母の事例をあげて発言した．「鄧季惺を御覧なさい，家計の実権を握る者は，自立した地位をもつのだ」と周総理は言った．

1937年に，母は開業弁護士の仕事を辞め，正式に『新民報』の経営に携わった．以降，中国に伝来したばかりの「科学管理」理論〔科学的な経営管理の理論〕を懸命に学び，新聞社の経営管理を生涯の事業とみなしていた．新聞社を上手に経営し，その実力と影響力を高めていくことは，母にとって，当時の政治環境下で民主と法治を実現させるための特別な闘い方となった．1929年に，後に私の継父となる陳銘徳と，私の実の父の呉竹似など，国民党中央社で上司の指図に従って文章を書くことに抵抗する数人の青年記者が，小さな同人新聞『新民報』を立ち上げたが，最初は毎日数百部しか売れなかった．1931年9月18日に勃発した満州事変の後，民衆の声を反映し，抗日救国を宣伝していたため，販売部数はある程度増えた．しかし，経営状況は依然として改善の目途が立たなかった．私の実の父，呉竹似は，文章の達人であった．私の継父，陳銘徳は，文化界の稀代の秀才たちを束ねるのが得意で，政府筋とうまく付き合う手腕もあった．しかし，2人とも経営に長けていたわけではなかった．『新民報』に加わった後，母はすぐに新聞社を株式会社に組織改編し，厳しい財務制度と管理体制をつくり，科学的管理手法を『新民報』の企業文化の一部にした．日本帝国主義が投降した後，母は一人で占領が解かれた地域へ飛んだ．3ヵ月の間に新聞社を3社立ち上げたというハイスピードで，南京・上海・北京の3都市で『新民報』の復刊と創刊の準備作業を全て整えた．この新聞は，後に当時としては中国の最大の民営新聞社となり，国民党統治地域

において大衆の声を反映した重要なメディアに発展したが，これはひとえに母の企業家としての才能と不断の経営努力の結果であった．

物事をうまく治めようと精励し，何についてもやり遂げようとする母の態度は，自分の所有する企業に対するものだけではなかった．1952年に北京『新民報』が『北京日報』に組織改編された後，母は『北京日報』の顧問を務めた．当時，母は『新民報』の副社長を務めた時と同様に，『北京日報』のために様々な業務制度づくりに尽力した．1957年の反右派闘争以降，企業経営に参画する機会を奪われるという状況の中，母は人民政治協商会議文化クラブの食堂へ配属された．すると，母は新民報社を管理した時と同様に，自分の才能とエネルギーを食堂経営に注いだ．食堂のあらゆる管理制度づくりに尽力したほか，自ら調理道具をデザインしてそれらの製作を注文したり，自ら四川風の漬物を作ったりしていた．結果，この食堂は，食糧難の時期にあっても，政協委員たちの栄養補給と腹ごしらえの場所になった．

しかし，企業経営と財務管理の能力だけでは，母の精神を十分には総括できない．1991年，私は江蘇人民出版社から『私の経済観』〔『我的経済観』〕の原稿を頼まれた時，初稿の中で「私の母，鄧季惺は当時の中国で有名な理財家〔経営者・企業家の意〕であった」と書いた．母はこの評価に対してかなり不満があり，「私はただの理財家に過ぎなかったのか」と私に言った．後に，私がこの一文を「母は当時の中国で有名な理財家であり社会活動家であった」と書き直して，ようやく納得してもらった．今日の世の中では「企業家」に対する誤解があるようで，体制転換期に混乱に乗じて金儲けをした成金がいわゆる「企業家」だと勘違いされることが多い．酒色におぼれ，金銭を湯水のように使うことを，よく「企業家の格好良さ」とみなされる．このような偽の「企業家精神」は，母の精神とはまったく相容れないのである．

1. 母は「君子は財を欲するも，その取得には徳行というものがある」というモットーを貫いていた．1949年までの国民党政権下の中国では，当局が新聞社に対して，それぞれの政治スタンスによって色分けをし，経済

的に異なる待遇を与える政策を行った．例えば，もし親国民党で，少なくとも「軽く非難し，大いに協力する」というスタンスを示せば，公定価格で外貨を安く買うことができた．逆に，反抗すれば，闇市で米ドルを高く買うしかなかった．母に助言する人もいた．そこまで真面目でなくてもいいのに，もっと利口になれば皆にメリットがあるのではないか，と．しかし，母はこのような言い訳は新聞記者の職業モラルに反すると考えたため，助言は全てきっぱりと断った．

2．母は生涯，勤勉倹約であり，見栄張りの無駄遣いを最も嫌っていた．そして節約のできるお金を全部，事業拡大のために投じた．1930年代半ば，南京の『新民報』が社会に根を下ろしたにもかかわらず，新聞社の事務施設も我が家の居住環境も，できるだけ節約して間に合わせていた．母は，資金を工面して，日本から中古の輪転機を購入した結果，『新民報』は当時，かなり先進的な印刷機械を装備することができた．1945年に上海『新民報』を立ち上げてから，1948年に止むを得ず香港に亡命するまで，新聞社の最高責任者として，母はずっと，円明園路にある新聞社ビルの中の簡素な宿舎に住んでいた．母は大変倹しい生活をしていながらも，重要なことに金銭を惜しむことはなかった．母は亡くなるまでに，家では，古い封筒を裏返して使ったり，顔を洗った後の水を桶に貯めておき，トイレを流す時に使ったりしていた．そこまで節約に徹したのは，お金がないからではなく，極力貯蓄をすることによって，企業が競争を生き抜く必要条件を備えるためであった．こうして月日の経つうちに，倹約と蓄積の習慣が身についていたが，それは，人生を享受することよりも，ずっと重要だ，と母は思っていた．皆に言われるとおり，「鄧季惺は生涯お金に困ることはなかったが，決して無駄遣いはしなかった」．

3．母は蓄財を，人生の最終目標ではなく，自分の人生目標を実現するための手段とみなしていた．1948年の内戦中，劉伯承・鄧小平が率いた人民解放軍は黄河を渡り，都市を占領した．人民解放軍が占領した全ての都市に対して，国民党政府はすぐに空軍を派遣し爆撃を行った．特に，解放軍が開封を占領した後，国民党政府は何度も多くの爆撃機を出動させ，数千人の市民を死傷させた．当時，母は国民党政府の立法委員を務めていた．

母はこの件について何応欽国防部長に質疑し，30数名の立法委員の連帯を呼びかけ，立法院において臨時動議を提出し，内戦中に都市に対する爆撃を禁止するよう求めた．母はまた『新民報』に記事を掲載することによって，民衆を殺害する行為を暴き出した．母がこのような行動をとったために，国民党政府の反発を招き『新民報』が災いに巻き込まれるであろうことは，当然のごとく見当がついた．しかし，母は怖じけずに，勇気を振り絞って闘った．案の定，母の言動が立法院の反動分子を怒らせ，集中攻撃を浴びた．しかし，母は，正面衝突が報復を招き，人生の支えである財産と事業が危険に陥ることを知りながら，「スパイ」や「内通者」という罵声を浴びたまま先頭に立ち，反動分子たちと面と向かって闘った．結局，南京の『新民報』は永久停刊を強いられ，母本人も逮捕の脅威にさらされて，止むを得ず香港に亡命することになった．

とにかく，私が思う母の最も重要な精神は，自分の社会理念を粘り強く追求することであり，それは企業家としての緻密な計算と大胆なイノベーションが融合したものである．このような企業家のイノベーション精神と現実主義の精神をもって，懸命に努力し，自分の人生目標を実現しようとするひたむきさは，子供として私たちが見習い継承するのに値する，最も貴重な財産だと私は思っている．

注
1) 呉敬璉著『呉敬璉選集』，山西経済出版社，611-616頁．

訳注1　川漢鉄道とは，中国で20世紀に計画された湖北省武漢－四川省成都間，約2,000kmの鉄道予定線路．1903年，省営鉄道として計画され，同34年，民営に移された．1911年，粤漢鉄道とともに国有化の対象とされたが，この国有化は外国資本を導入するためのものであったため，四川省民が激しい反対運動を巻き起こし，辛亥革命を誘発した．

訳注2　保路同志会とは，1911年に，四川省の鉄道国有反対運動（保路運動）の中心となった団体．同年5月の鉄道国有令に対して翌6月に結成され，鉄道国有と外国借款，外国会社による川漢鉄道建設に反対して，商店・学校の一斉ストライキ（罷市，罷課）などの大衆運動を展開した．

8

私の経済観の背景
―― 中国経済の振興は市場志向の改革にかかっている

　本章のタイトルは，私の「中国経済を如何にして振興できるか」という切実な質問に対する回答であり，「私の経済観」に基づき，今日の問題を研究して得た基本的な結論でもある．多くの偉大な経済学者の研究人生は安定した学識の蓄積であるのに対し，私は経済観の形成過程で，幾多の紆余曲折を経験してきた．したがって，この自伝の中で，私はまず自分の経済観の形成過程について説明し，それから，その要点について論じていく．

中国を振興させる道を探し求める

　私は数代にわたり民族資産階級の伝統を受け継ぐ家庭に生まれた．私の母方の曾祖父である鄧命辰は，「中国の利権を取り戻すために」，1891年に，四川の同郷人とともに日本で経営していた森昌マッチ工場を重慶へ移転し，四川省最初の近代工場を立ち上げた[1]．母方の祖父，鄧孝然は，1909年に創業した大手民営企業「川漢鉄道会社」の役員を務めた．彼とその兄の鄧孝可は，共に20世紀初めに四川で鉱石採掘などの実業を行い，1911年〜12年に起きた「保路運動」にも積極的に参加した．周知のように，「保路運動」は辛亥革命のきっかけとなった．私の実の父，呉竹似は，後に私の継父となる陳銘徳とともに，1929年に小さな同人新聞，『新民報』を創刊した．『新民報』は，中間階級の代弁者としての政治的スタンスと斬新かつ生き生きとした紙面を通じて，多くの読者を獲得し，1940年代後半に，

当時の中国で最大の民営新聞社に成長した．我の母，鄧季惺は，有名な理財家〔経営者・起業家の意〕，社会活動家であり，『新民報』社の副社長として，その経営管理を担当していた．

このような家庭環境の中で生まれ育った私は，少年時代から「どうしたら中国を振興させることができるか」という真理を追い求める数代にわたる中国人が抱いた切なる思いに触れ始めた．当時，私の夢は科学や実業で国を救うことであった．音響学，光学，電気学と化学を用いて近代工業を発展させ，西洋人が有する強大な戦艦や大砲とダンピング輸出に対抗し，中国を豊かな強国に造り上げることができると思い込んでいた．どのような社会制度を以てこの夢を実現していくのかについては，私は殆ど考えたこともなかった．先人たちの足跡に沿って，当時の社会制度の下で近代産業を発展させること，あるいは今日の言葉で言えば，資本主義的な近代化の道を歩むことは，ごく当たり前のことと考えていたからである．

しかし，私がまもなく成人しようとしていた時，状況が激変した．家族の三代が中国のために富強を求め，個人のために発展を求める途上で，遭遇した挫折と打撃を実際に見聞した結果，私はこの道は果たして通用するのかと疑い始めた．母方の曾祖父のマッチ会社は，かつて年間売上が銀30～40万両〔1.5～2万キログラム〕で大きな利益を上げていた．しかし，第一次世界大戦終了後，外国商品のダンピング輸入の荒波に呑み込まれて閉鎖された．母方の祖父も自ら創業した様々な実業が失敗を繰り返した後，大志を抱きながらそれを遂げられずに亡くなった．『新民報』の当時の中国での境遇も，決して他の先輩たちの事業の結末に比べて良かったわけではなかった．抗日戦争に勝利した後，『新民報』はすでに全国の5つの都市で8紙をもち，新聞業界におけるトラストを形成していた．しかし，『新民報』が代弁していた民族資産階級と市民階層は，当時の社会制度の下で，官僚資本によってのけ者扱いされていたため，発展のスピードは緩慢であった．その上，『新民報』自身もその政治的スタンスによって再三迫害された．1947年に，上海『新民報』夕刊と南京『新民報』朝刊・夕刊は，相継いで国民党政府によって閉鎖された[2)]．このようなことから，私は科学と実業の発展は社会制度と政治構造に制約を受け，中国の振興は

古い社会制度の下では実現不可能であることに気づいた．そこで，私は「数学，物理，科学，生物」だけに関心を寄せる高校生から，次第に，愛国民主運動に積極的に参加する「先進分子」に変った．

　1946年，国民党と共産党の平和交渉は，国民党が頑なな立場を堅持したため決裂した．「平和と民主の新段階」において科学と実業で国を救おうとした幻想が見事に破れ，結果，私は国民党政府統治地区で入手できた進歩的書物を読み始め，その中から国を救う道を探そうとした．数年間の読書と思索を経て，私は毛沢東が『新民主主義論』などの著作で述べている理論を受け入れ，共産党の指導の下で，旧政権を打倒し，新中国を打ち立てなければ，中華民族が振興を図る見込みはない，と思うようになった．共産党の後をついていき，新民主主義という移行段階を経て，社会主義という理想社会に到達することは，私の堅く信じる道となった．

　当時，自分はすでに「社会主義者」になったと思い込んでいたにもかかわらず，実を言うと，私は社会主義およびその理論的基礎であるマルクス主義の政治経済学について，あまり知らなかった．資本主義の経済法則に対する認識がない以上，社会主義の綱領を実際に受け入れたと言うほどでもなかった．私が『資本論』を読んだ時，マルクスが著書の中で曝露しているイギリス資本主義の原始的蓄積段階における労働者階級の悲惨な生活は，私を震撼させた．しかし，それははるかに遠い西洋の国で起きたことであり，私たちにとって現実的な意義をもつのは，やはり共産党の最低綱領[訳注1]を実現し，政権を奪取し，新民主主義経済を建設することであると思った．「封建階級の土地を没収し農民の所有に帰すること，'四大家族'をはじめとする独占資本を没収し新民主主義国家の所有に帰すること，民族工商業を保護すること，これが新民主主義革命の三大経済綱領である」．この三大綱領が実現できれば，毛沢東が1949年3月に予言したように「中国の興隆は，日ならずして完成できる」のである．もっとも，当時の私は，1957年以降の数回の政治運動で反省したように，せいぜい共産党の民主革命中の「同行者」，または「民主革命派」に過ぎなかった．

　このような思索の最中に，中華人民共和国の誕生を迎えた．新民主主義経済建設への参加に情熱を燃やして，私は大学に入り，経済学を学び始め

た．1950年から54年までの大学での4年間，私は理論経済学の勉強にはあまり身を入れなかった．一年目に欧米の経済学概論を少し勉強し，漆琪生先生の「資本論研究」を受講した他，主に，当時，中国人民大学のソ連専門家が中国の教員に伝授したばかりの「社会主義政治経済学」およびそれの各分野への応用である，財政学，貨幣と銀行，工業経済学などを勉強した．当時の大学で主流だった観点によれば，マルクスの資本主義経済に対する分析は，すでに市場経済に関する真理を極めたという．一方，欧米の経済学は，20世紀半ば以降は科学的であると言えなくなった．レーニン，特にスターリンがゼロから造り上げた社会主義政治経済学は，社会主義経済の主な法則を全て包括している．それならば，スターリンが訓示した一連の「社会主義経済法則」と称する経済規範をしっかり覚えれば，経済学の真の意味を会得し，それが我々を迅速に繁栄と富強へ導いてくれるのである．

　今振り返ってみて非常に不思議なことは，私にこのような理論や観点を信じ込ませたのは，決してソ連社会主義経済に関する様々な事実という材料（この類の材料については，私も先生たちも多くは持ち合わせていなかった）ではなく，むしろ社会主義に対するある種の信念であった．このような信念は，また1950年代前半に新民主主義経済制度の下で収められた実績によって強まった．このような思考経路は，おそらく1950年代前半を実体験した人だけが理解できると思う．長年の戦乱を経験した後，わずか3年間で戦争の傷跡を癒し，堂々と計画された経済建設期間に突入したことを考えてみて欲しい．このような輝かしい業績は，より高水準の社会主義経済制度がより輝かしい業績を成し遂げることができる兆しではないか．共産党の最低綱領を実現しただけで，我々は甚大な被害を受け，災禍の絶えなかった祖国を復活させることができた．それならば，我々が社会主義社会と共産主義社会を建設するという最高綱領を実現する時，世の中で実現のできない奇跡などあるだろうか．このような思考の結果は，毛沢東が言う「ロシア人の道を歩もう．これこそ結論である」に繋がる．または当時我々がよく言っていたように，「ソ連の今日は，我々の明日である」．

　1954年の夏，私は復旦大学を卒業して，中国科学院経済研究所に入り，

研究に従事した．その後まもなく，「社会主義ブーム」が巻き起こり，全人民は銅鑼や太鼓を鳴らして「社会主義社会への突入」を祝った．当時の私は，先生や先輩の教えを深く信じていた．より高い歴史段階における生産関係は，必然的に生産力をより速くよりよく発展させる．社会主義を全面的に打ち立てることは，必ず国の建設を順風満帆かつ破竹の勢いに導く．

しかし，喜びに沸き立った後，実際の経済問題を深く研究すると，私は戸惑ってしまった．現実の社会主義経済の運行は，ソ連の政治経済学教科書に描かれている順調な繁栄ぶりとは大きな隔たりがあった．例えば，教科書の言い方によれば，社会主義公有制の条件の下で計画的にバランスよく発展するという法則が働くことによって，国民経済は必然的に危機に遭うことなく高速発展を成し遂げるだろう．しかし実際には，わが国の生産は増えたり減ったり，しばしばバランスを失っていた．第1次5ヵ年計画（1953年～57年）の間だけで大きな波が2回もあった．また，ソ連の理論によれば，「政治上と道義上の完全一致は，社会主義社会の発展の原動力である」．しかし実際に，根本的な利益の一致があるにもかかわらず，地区の間，部門の間，生産部門の間，および各生活集団の間には利益の矛盾と衝突が存在している．時には，このような矛盾や衝突が相当深刻なレベルまで激化する可能性がある．社会経済において，いわゆる「水掛け論」は至る所に見られる．スターリンが亡くなった後，世界共産主義運動がスターリンの理論と政策遺産を改めて検討した際に，私もソ連の教科書から学んだ経済学理論に対して疑問を抱くようになった．

私は，社会主義の主な理想である，社会の公平とその基本制度の追求，共同所有と労働に応じた分配がもつ正当性と優越性を決して疑わなかった．それにもかかわらず，ソ連の一連の経済管理体制はこの特性を表しているのだろうか，と疑問を抱き始めた．したがって，私は毛沢東の講話，「十大関係を論じる」（「論十大関係」）の通達を聴いた時，問題の本質を喝破した彼の鋭い洞察力と深遠な思想力に深い感銘を受けた．毛沢東の講話は，伝統的な〔古典的な〕ソ連型体制において権力と利益が過度に集中する弊害を主に批判している．これは，私自身が実際に観察した経済現象と完全に一致したのである．彼は，中央と地方の関係について，「我々はソ連の

ように何でも中央に集中し，地方に少しの融通性も与えずに厳しく規制してはいけない」と指摘した．さらに，「社会主義建設を発展させるには，地方のやる気を引き出さなければならない（…）地方の利益に目を配らなければならない」，「正当な独立性，正当な権利について，省，市，地，県，区，郷は皆がそれをもつべきであり，勝ち取るべきである」と述べている．

　国，生産部門および生産者個人の関係について，「何もかも中央や省市に集中し，工場に権力や融通の余地や利益を少しも与えないのは，おそらく妥当ではない」，「片方だけを配慮するのではなく，国，集団，個人という三者を併せて配慮しなければならない」，「工場およびその他の生産部門は，統一性と関連する独立性を有することによって，初めてより活発に発展することができる」．全ての言葉は時代の悪弊をずばりと指摘し，的を射ていると私は感じた．

　「十大関係を論じる」という講話の精神および1956年5月の「全国体制会議」の決定に基づき，1956年下半期と1957年上半期に経済体制改革に関する調査研究の準備作業が行われた．私は命令を受けて，機械工業と軽工業の調査，および財政と税務改革案に関する討議に参加し，以降，数十年にわたる中国社会主義経済体制に関する研究を始めた．

　1956年から文化大革命が終わるまで，中国の経済体制改革は，終始一貫，毛沢東の「原則上はソ連と同じであるが，我々のやり方がある」[3]という基本構想に従っていた．今日の言葉で解釈すると，ソ連型の計画経済（あるいは資源配分の基本的手段に照らして，「命令経済（command economy）」と呼び得る）の基本的枠組みまたは主体的地位を維持することを前提に，このような体制に対して若干の改善を行うことである．一方，改革の出発点と帰結点は，「各方面の動機づけを高める」ことである．

　以上のような基本的な考え方に導かれ，改革に対して2つの異なる方向性が示された．一つは，命令経済に活力を注入するため，地方政府と生産部門の自主権を拡大し，物質的刺激と価値法則に対する「自覚的応用」を強化することである．もう一つは，群衆の「革命精神」と物的パワーを動員し国家の目標を実現するため，「経済戦線，政治戦線および思想戦線における社会主義革命」を継続し，「資産階級を批判する」ことである．こ

の2つの手法はいつも交替で使われていたが，私自身は，2つの考え方の間で揺れ動いていた．

　最初は，1956年から57年までの全国体制調査および財政・税務改革案の討議に参加した時である．私は，ソ連に学んだ一連の経済管理体制の欠陥はそれまで思ったよりも深刻であることをつくづくと認識するようになった．1956年6月の第2回ポーランド経済学者大会におけるオスカル・ランゲ（Oskar Lange）の講演は，この〔ソ連の〕モデルを厳しく批判した．中国国内では，孫冶方など多くの経済学者が，伝統的社会主義経済体制を反映する「自然経済論」に対して，猛烈な批判を展開し，「価値法則に基づき計画せよ」と主張し，経済的手段を十分に運用して経済を管理するように求めた．このような雰囲気の中，私は，ソ連政治経済学の社会主義経済体制に関する論述には重大な欠陥があると確信した．私は共産党第8回全国代表大会前後に，中国の学術界と共産党中央の指導者が掲げていた，計画と市場の関係に関する新しい見解は，社会主義政治経済学の大きな発展であると思い，自分が手掛ける課題（企業の財務制度と価格形成）について理論的に説明をしていこうと考えた．しかし，その後すぐに「反右派」運動と「ユーゴスラビア修正主義」を批判する波が巻き起こり，私が考えていた研究作業は当然ながら続けられなくなった．当時，私は「資産階級知識分子」と「民主革命派」がもつ「原罪」を払い落とそうと，自分に言い聞かせた．経済手段を用いて経済を管理し，物質的刺激と貨幣監督の原則を強調することなどは，一種の資本主義または修正主義の危険な思想傾向であり，方向的に完全に間違っており，根本から方向転換をしなければならないと私は思った．

　私のそれ以降の研究成果の中には，依然として事実に基づいて社会主義経済システムの運行を研究し，科学的な説明に努めた論文もある．しかし，全体的にみれば，「左傾」的見地が支配的な地位を占めていた．当時流行していた見方によれば，ソ連の経済体制に重大な欠陥が存在する原因は，商品と貨幣の関係および価値法則の働きを拒否したためではなく，まったく逆に，「労働に応じた分配や貨幣交換等の資産階級の特権」に頼りすぎたためであった．したがって，社会主義経済体制を健全化する基本方向は，

「資産階級の特権を打ち破ること」，および「共産主義的要素を拡大すること」であった．1960年と63年に『経済研究』誌に掲載された「社会主義の過渡的な性質」〔「社会主義的過渡性」〕，「労働に応じた分配は資産階級特権の属性をもっていないか」〔「按労分配不具有資産階級法権的属性嗎？」〕という私の2本の論文は，まさに「左傾」的経済理論の代表作であった．私が特に恥じ入ることは，このような「左傾」的思想がピークに達した際，「左派」理論家が1964年から1965年までに行った孫冶方の「修正主義」に対する批判に，私が参加したことである．

　1966年から76年までの「文化大革命」の10年間が民族全体に与えた甚大な災難によって，私は突然悟った．「文化大革命」がピークを越えた後，私は同じ「牛小屋」にいた経済学者の顧準と世代を超えた交わりをもち，共に極「左」派の狂気じみた劇場を冷静な目で観察していた．私たちは世界史の発展を背景に，近代中国人が歩んできた道，特に建国後20年間の歴史について，真剣に考えていた．このように振り返ることを通じて，私は，いわゆる「行政社会主義」の社会的本質および政治経済への影響について，より一層深く知り，この道に沿って歩んでいくと，社会主義の理想は必ず歪曲されるようになり，江青などはきっとこのような歪曲を利用し，「社会主義」の旗印を掲げながら封建帝王の過ぎ去った昔をしのぶのに違いないと思った．「文化大革命」後半の「法家を評価し儒家を批判する」ことや，「資産階級特権を批判する」ことなどは全部，そのような企みを実現するための世論の利用に過ぎなかった．

「四人組」が逮捕された後，私は，于光遠等によって発足した「労働に応じた分配に関する討論会」の企画運営に積極的に参加した．1977年から78年までに行われた一連の討論会では，労働に応じた分配を破壊した「四人組」の言動を突破口に，極「左」思潮に対する「混乱を鎮めて正常に戻す」作業を行った．同時に，中国の経済管理体制を今後いかに改善すべきかについて詳しく討議し始めた．長年の鎖国政策および文化的な束縛によって，1978年から80年までの間，経済体制と経済政策に関する議論は殆どゼロからのスタートで，まだ全面的に刷新したとは言えなかった．それにもかかわらず，商品経済や企業の独立性等の課題について，喜ばしい進

歩を刻むことができた．私は，物質的刺激と奨励金制度の「名誉回復」のためにも，「企業の採算性の強化」などの構想提起のためにも，力を尽くした．

注

1) 『四川保路運動檔案選編』，62頁．
2) 『新民報』の歴史資料については，『飛入尋常百姓家―新民報―新民晩報創刊六十周年記念冊』，上海新民晩報社，1989年版参照．
3) 毛沢東は，1958年3月に行われた中央工作会議（成都会議）で，「1956年に十大関係を提起し，自分の建設路線を言い始めた．原則はソ連と同じであるが，我々の独自のやり方がある」と言っている．叢進「曲折発展的歳月」，『1949-1989年的中国』第2巻，河南人民出版社，1989年版，10頁．

訳注1　1922年に行われた中国共産党第2回党大会において，党の綱領が大きく改訂され，はじめて党の最高綱領と最低綱領（すなわち現段階の奮闘目標）を明確に規定し，区分した．会議では党の最終奮闘目標は共産主義を実現することであり，現段階の奮闘目標は「軍閥を打倒し，国際帝国主義の圧迫をひっくり返し，中国（東三省を含む）を真の民主共和国に統一させることであると決めた．1945年に行われた第7回党大会で採択された党章〔党規約〕によれば，中国共産党の最低綱領は「中国の新民主主義制度を実現させるために奮闘すること」，最高綱領は「中国で共産主義制度を実現させること」であった．

9
顧準との親交[1]

邢：先生は顧準とは親友だったが，先生と顧準との親交の経緯について，聴かせていただきたい．

呉：顧準は1956年と1962年の2度，経済研究所に入った．実を言うと，彼が2度目に研究所に来てから，特に1968年に河南明港幹部学校で，私たちはようやく親しくなり，知己になった．

顧準が初めて研究所に来たのは，建築工程部の洛陽工程局と財務司で数年間管理職を務めた後，実務から退いて研究課題をじっくりと考えるためだった．当時の「文化教育戦線を充実させよ」という機会に乗じて，経済研究所に異動となり，研究に従事するようになった．入所したばかりの頃，顧準は私が所属した財政組の組長を務めたため，私の直属上司であった．しかし，彼は組内の管理業務をせずに，朝から晩まで経済研究所図書館の書庫にこもって本を読んでいた．顧準が残した経済学の文章は全てその時期に書かれたものである．当時，彼はすでに，計画経済体制が全面的に築き上げられた後，何かがおかしくなったことに気づいていた．このため，「社会主義制度下の商品生産と価値法則試論」(「試論社会主義制度下的商品生産和価値規律」) という論文の中で，社会主義の生産も市場法則によって自発的に調節できるという観点を唱えた．顧準のこのような観点は，当時の中国経済学界では，時代をはるかに先取りしていた．「四人組」が逮捕される前に，一部の経済学者は，全民所有制経済の下で，各企業の間で交

換された製品も商品である（南氷, 索真），あるいは, 社会主義経済は商品経済である（卓炯），などの打開策となる観点を主張したにもかかわらず, 誰も顧準の水準には及ばなかった. 孫冶方のような傑出した経済学者でさえ,「千の法則でも, 万の法則でも, 価値法則は第一だ」というスローガンを提起したにもかかわらず, やはり自分の言っている「価値法則」は「第二の価値法則」であり,「価格の自発的変動に任せる市場法則」ではない, と説明を繰り返した. 顧準は「価格の自発的変動, すなわち真の市場法則によって生産を調整する」と明確に指摘していた. したがって, 顧準は, 中国経済学界において, 社会主義の下で市場経済を実行することを主張した最初の人物である. 私が当時研究していた課題は企業改革であった. 私の発想はまだ「価値法則の利用」,「採算性の強化」というレベルにとどまっていたため, 顧準の思想はまったく理解できなかった.

その間, 経済研究所に, 若者と党支部上層部との間で「向科学進軍」〔科学に向けて邁進する〕というテーマをめぐって論争が始まった. 同時に, 幹部に対する審査の際に, 当時の研究所の某上司が, 幹部を審査した際,「歴史の評価に関する問題」があると疑われた. すると, 上層部は, 研究所の管理者交代を考え, 顧準を副所長代理に任命しようとした. しかし, その交代させられる上司は, ちょうど顧準が革命に参加した時の直属上司であった. 顧準は, 自分が元上司の代わりになることは中国人としての人の道に反すると考え, 研究所からの転勤を願い出た. 中国科学院の上層部は顧準の転勤願に同意し, 彼を科学院に所属する総合考察委員会に転勤させ, 副主任の役職を与えた（主任は元科学院副院長の竺可禎が兼任した）. 顧準が総合考察委員会で担った仕事は, おそらく一つだけであった. それはソ連科学院生産力配置委員会と共同で行った黒龍江流域の総合視察であった. しかし, この仕事が災いを招いてしまった.

黒龍江省を視察した間に, 数名のソ連側のスタッフは態度がかなり横暴で, 開発のメリットを全部ソ連側のものとし, 受けた損失を全部中国側に押しつけようとしていた. 顧準は, このような大国排外主義的なやり方が気に入らず, 真っ向から対決し, 論理的に交渉に臨む構えであった.

考察組にいた何人かの中国側のメンバーは,「兄貴」分のソ連に対して

慎んで従うべきだと思い，顧準の関連発言を記録し，北京に報告した．ちょうど「反右派」闘争が始まり，顧準の言動は，毛沢東主席が掲げた「六カ条の政治規準」の中の第六条，「社会主義の国際団結に有利である」という規定に違反していたため，彼は「右派分子」という罪を着せられた．私も同じ時期に「厳重右傾」で批判を受けていたため，顧準批判の詳細を知らなかった．科学院内で彼の「反党言行」に関する特集資料が配布され（顧準の社会主義における価値法則の役割に関する言論も当然収録されていた），数回にわたる批判会を経て，正式に「右派」のレッテルを貼られたことしか知らなかった．顧準は後に「1957年に"右派"になったのは，まったくの"誤解"によるものであった」と私に言った．「右派」のレッテルを貼られてから，顧準は過去を振り返り，思想も大きく変化し，「左」のやり方について認識を新たにした．したがって，1964年に，顧準が毛沢東主席に対する個人崇拝を批判して再び「右派」のレッテルを貼られた時は，誤解ではなかったと言える．

　1962年，顧準は「右派」のレッテルを外された後，旧友の孫冶方の計らいで，経済研究所に戻り，研究所の政治経済学組に配属された．その時，顧準の思想はすでに成熟していた．後に彼はこう言った．「1952年に上海で免職された時，自分の思想はまだ相当に正統派的であり，個人に遺恨を晴らすために仕返しをされたとしか思わず，制度上の問題には思い至らなかった．後に，右派になり下放労働をはじめ，農民たちと触れ合い，都会の官僚と天地の差のある農民の生活を目の当たりにし，党内の様々な異常現象に関連付け，ようやく真剣に振り返り，次第に，共産党が政権を奪取し与党になった後の"ノラは家出した後，どうなったか[訳注1]"という課題を考えるようになった」．

邢：顧準の2度目の入所後，2人の仲はどうであったか．
呉：私は当時，自分は「毛主席の革命路線」に追随しながら自己改造をする知識分子だと自負していたため，顧準の考えをまったく理解しなかった．彼は主に一人だけで翻訳に没頭していて，私たちとはあまり付き合ってくれなかった．
邢：当時の「レッテルを外された右派」も研究が禁止され，資料しか取り

扱えなかったのか．

呉：そういうわけではない．私からみれば，顧準は孫冶方とは生死を共にするほどの友人であり，孫冶方には非常に尊敬されていた．孫冶方が所長を務める限り，まだ顧準を守ることができていた．その間，顧準の主な趣味は読書と翻訳であった．彼は本をたくさん訳し，例えば，ヨーゼフ・アーロイス・シュンペーターの著書『資本主義，社会主義，民主主義（*Capitalism, Socialism and Democracy*）』も当時彼が翻訳したものに含まれる．しかし，このような状況が続いたのは，わずか1年余りであった．1964年の夏，孫冶方に対する批判が始まり，孫の親友たちも真っ先にやり玉にあげられた．うちの一人は駱耕漠で，もう一人は顧準であった．その狙いも，孫の友人は皆，反逆者，修正主義分子であることを立証するためであった．当時，顧準の甥の一人は，清華大学でマルクス主義を勉強する読書会を開いていた．その読書会が反動小集団とみなされ，その甥は顧準の普段の発言を自白してしまった．すると，顧準はこの「反動小集団」の「黒幕」とみなされ，再び「右派」のレッテルを貼られた．あの時代では，まさに罪を着せようと思えば理由はいくらでもある．例えば，孫冶方の罪状には，「内通者」というものがあり，その証拠は，以下のようなものであった．1958年の大躍進の時，元国家統計局のソ連専門家，ソ連国家統計局副局長・ソボル（V. A. Sobol）が中国を訪問した際，当時の中国の経済状況について質問をした．孫冶方はロシア語で「頭が熱くなっている」と一言で答えた．このことが後に摘発され，孫冶方は「内通者」である証拠とされた．

私の場合は，当時運動に積極的に参加し，顧準に対して非常に「左」的に接した上，恩師である孫冶方を批判したこともある．孫冶方は，私たちのように運動に積極的に参加していた若者に対して，とても寛容であった．1975年，彼が監獄から出た時，私はお見舞いに行き，周叔蓮の代りに彼に謝罪をした．孫冶方は「当時の状況下で，私たちのような者には皆似た経験があった．もう言わなくてもいい」と言ってくれた．しかし，私たち自身は，政治運動の中で利己心と盲従のせいで態度を誤ったことを，生涯の教訓として汲み取らなければならない．

邢：その後，先生は顧準とどのようにして親しくなったか．
呉：私が彼を理解し始めたのは，1969年以降のことであった．当時，私は中国科学院哲学社会科学部〔中国社会科学院の前身〕河南信陽専区の「五七幹校」（これは楊絳と銭鐘書が『幹校六紀』の中で描いた「幹部学校」である）で，「人民によって断罪されるべき反革命分子」とみなされ，労改隊〔「労働改造管教隊」の略〕へ送られ，その時から，彼と毎日一緒にいるようになった．

「文化大革命」が始まると，当時の中国科学院哲学社会科学部の非共産党員は，「聯隊」，「総隊」，「大批判指揮部」と3つの派閥に分かれ，私は3番目に所属していた．「文化大革命」が始まってから，これらの三派閥の間での闘争がずっと続いていた．

邢：その時，顧準は何をしていたのか．
呉：顧準は「死んだトラ」〔落ち目の人〕とみなされたため，対立の渦中に巻き込まれることなく，傍観することが許されていた．林彪が死んだ後，管制はかなり緩くなり，顧準は「あなたたちは，相手を打倒したり，権力を奪い合ったり，革命を行っていて，非常に光栄だと思っているかもしれないが，実際にあなたたちは他人に駒のように使われているだけで，どこが面白いのか．むしろ落ち着いて読書をし，人民に有益なことをしたほうがいい」と研究所の各派閥のリーダーに話した．私の知っている限り，何人かの若者は彼の助言を聞き入れ，後に学術的に業績をあげた．

軍宣隊（「人民解放軍毛沢東思想宣伝隊」の略）が来てから，「清査五・一六」運動〔"五・一六"とは「文化大革命」期間中の，"首都紅衛兵五・一六兵団"の略称〕をはじめ，最初は「総隊」を使い，「大批判指揮部」の一部の人と手を組んで「聯隊」を徹底的に打ち潰した．また，「聯隊」の中堅幹部をほぼ全員「五・一六反革命分子」とみなした後，「大批判指揮部」の人を吊るし上げた．

邢：先生も「五・一六反革命分子」とみなされたか．
呉：そのとおりだ．私の康生に関する言論を言い掛かりに，私が「無産階級司令部を攻撃する」という証拠は確実とされ，十分「五・一六反革命分子」に該当するとみなされた．しかし，「人民の手に委ねられた反革命分

子」として，結局，私は労改隊へ送られ，労働を強いられた．当時，顧準は労改隊では古株で，実際に皆を率いて労働をしていた．私は労改隊に入るまで農作業や左官や電気工をしたことがあったが，それらの仕事はまだマシであった．労改隊に入ってから最初の作業は，ブタ小屋から糞便を取り出し肥料にすることであった．私はどうしてもこの作業ができなかった．ブタ小屋の中に敷いてあった土は粘度が高く，ブタの糞便と混ざるとシャベルを入れて掬(すく)おうとしても持ち上げられなかった．ちょうどその時，顧準が近づいてきて，手伝ってくれた．「あなたにこんな作業などできるわけがない．私にやらせろ」と彼は言った．その後，私はずっと彼と一緒に労改隊にいた．当時，私は38歳で，彼はすでに50代で痰の中に血が混じっていたのに，真面目に作業し，私の面倒をよくみてくれた．

その頃，私は「文化大革命」全体の本当の意図を疑い始め，「中央文革小組」の個人が計りしれない悪意を抱いているのではないか，と思うようになった．顧準は「これはあの数人だけの問題ではない」とよく言っていた．なぜ20世紀が半分も過ぎた時に中国で「文化大革命」のような不思議なことが起こったのかを，全般的な歴史的発展の背景下で観察する必要がある．当時の労働がきつかったため，深く話し合う機会はそれほど多くはなかった．

1971年の春，学部幹校全体〔学部とは，中国科学院の各学科の指導機関を指す〕が京広鉄道沿線にある明港鎮部隊の空き兵舎に引っ越し，労働をせずに「清隊運動」に集中するようになった．「革命群衆」が会議や運動を行っているとき，私たちのような者は，仮設のアンペラ小屋で，批判闘争の対象とされるべく呼び出しを待っていた．批判闘争を受けない間は，自由に時間を費やすことが許されていた．その年の盧山会議後，華北地区は陳伯達の反革命基地だと会議で言われたため，華北から異動してきた軍宣隊は気が動転し，私たちのような「反革命分子」に対する管制も緩くなった．顧準は「中国のことを理解するためには，まずは世界文化史，経済史，政治史，宗教史を学び，人類の歴史を全体的にまとめる必要がある．その次に，振り返って中国の問題を分析しながら人類の未来発展を探求すると，より理解できるようになる」と私に言った．すると，私たちは，空き時間

がたっぷりあった時期を大事にして，一緒にギリシア史から出発し，歴史を漫遊することを決意した．

新しい知識を吸収するにはツールが必要である．私は顧準に触発され，中学と高校で習ったにもかかわらず得意ではなかった英語を学び直した．当時，幹校では，『毛沢東語録』，『林副主席語録』，『国家と革命』，『共産主義運動中の「左派」幼稚病』などマルクス主義の最高権威を代表する著作の解説本であった6冊を除いて，他の書物を読むことが禁止され，英語の本はなおさら読むことはできなかった．しかし，私たちは，顧準が巧みに勝ち取った「特権」を利用して入手できた本を読み漁った．その経緯は以下のようなものであった．ある日，軍宣隊のある参謀は顧準が中国語と英語の対訳版『聖書』を読んでいるのを見つけ，「宗教は人民の阿片だとマルクスは昔から言っているのに，お前はどうしてそのような本を読むのか．しかも英語版を」と顧準を叱った．数日後，顧準は『共産主義運動中の「左派」幼稚病』の解説本を持って，「レーニンは修正主義者のことを"一杯のレンズマメの煮物のために長子の権利を譲った"〔創世記25章で，飢えたエサウがパンとレンズマメの煮物を代償に長子の権利をヤコブに譲った〕と言っているが，これはどういう意味なのか」とその参謀に質問をした．参謀は答えられず，顧準に懲らしめられた．顧準は「この故事は『聖書』に由来しているため，『聖書』を読まないと，レーニンを読んでも理解できない」と言った．それ以降，気まずくなることを恐れて，軍宣隊は意識的に顧準を避けるようになった．故に，私も顧準のおかげで，読みたかった中国語の書物と英語の書物を読めるようになった．

私たちはギリシア史から着手し，読み進める中で意見を交わしていた．ギリシア史の他に，中国史関連の本も読んだ．当時，「『十批』は良い文章ではないについて」訳注2 と「崇法批儒」〔法家を崇めて儒家に反対する〕に関する「最高指示」はすでに流布していた．是か非かを自分で判断し，指導者の思想の深層を探るため，私たちは郭沫若の『十批判書』および『荀子』，『韓非子』などの本を読んだ．『十批判書』は法家の学説を批判することによって，国民党的な専制統治を暗に批判するという手法であったが，私はあまり好きではなかった．しかし，当時の指導者が法家を敬うことは，

ますます不可解であった．専制統治のためには手段を選ばなくてもよいと主張する韓非子は言うまでもないが，聖人と敬われる荀況までもが「才能や行為が時勢に合わない者は死刑である」と公然と主張していることには，実にあきれてしまった．私は，いわゆる「儒表法裏」〔建前は儒家であるが本質は法家であること〕という専制主義思想が，中国の社会思想の中でどれほど長く歴史に根ざしていたかが見えてきた．すると今後は，ギリシアの都市国家民主制の源を探し求めるという興味が湧いてきた．

それまでのソ連の歴史唯物主義および歴史に関する書物はこのように説いている．ギリシア，ローマの公民民主制度は，原始共産主義社会の共同体民主制を直接受け継いだものであり，公有制度は常に民主制度と関連しており，共産主義社会も原始共産主義社会の復帰に過ぎないとみなされる．しかし，このような説は歴史的事実とは明らかに違う．実際に，原始社会と古代民主政体の間に王政時代と寡頭専制を挟んでいた．ギリシアの都市国家制度が原始共産主義社会から直接変化したわけではないと言うならば，一体，どこから生まれたのか．その答えを求めるために，私たちは議論を重ね，「思想実験」を行い，この質問に関する様々な仮説の真偽を検証した．後に，私はギリシアの小アジア植民地の民主制の形成は，本土より先であったという事実，およびこれらの植民地の社会構造はイギリスの北米植民地と類似点が多いことにヒントを得て，このような仮説を立てた．当初，小アジア植民地のギリシア人は，大半が借金の取り立てから逃れるため，または追放されてこの地に着いた．彼らのそれまでの階級従属関係はすでに断ち切られ，異民族の大きな勢力に対して，各々が独立平等のメンバーという身分で共同体を結成することしかできなかった．都市国家民主制は，まさにこのような状況下で発展してきた政治制度である．その後において，本国も植民地の制度を導入したのである．顧準はこの解釈を非常に気に入ってくれた．私は当時，古代地中海地域の航海貿易と市場制度が都市国家民主制に経済基盤を提供したことを思い付かなかった．

私たちはまた当時，形成しつつあった考え方で時事問題を分析したり，『天演論』〔イギリスの科学者T. H. ハクスリーの『進化と倫理 (*Evolution and Ethics*)』(1894) を，清末の思想家厳復が古雅な文体の中国語に訳したもの〕再

版の意図は何か,「評法反儒」〔法家を評価し儒家を批判する〕の本質は何か,というようなことを議論したりした．顧準が後に「呉敬璉との会話は楽しい」と他の人に言っていたのは，この頃の議論のことを指しているのかもしれない．私も同感であった．腹を割って意見を交わし，大いに啓発される自由な議論は，久しぶりであった．このような機会が，意外にも「反革命分子」とみなされた境遇の中で得られたとは，まさに奇縁である．

邢：顧準は陳敏之〔顧準の実弟〕宛の手紙の中でも同じことを書いている．

呉：1972年，学部全体が明港から北京へ戻ったが，私たちのような「反革命分子」は全員，学部からの無断外出が禁じられた．私は外出禁止令を無視し，勝手に帰宅したが，誰も追って来なかった．顧準は帰る家がなく，学部の中に泊まるしかなかった．それ以降，私たちが会う機会も減った．1，2ヵ月毎に一度会い，それぞれの見聞と勉強の成果について情報を交換した．2人とも，それぞれの「漫遊」を続けていた．

顧準は痰に血が混じるほどの病弱な体なのに，毎日北京図書館へ資料を集めに行き，宿舎に戻ると徹夜で，幹校で構想していたギリシア都市国家制度に関する本の執筆を急いでいた．一方，私はエドワード・ギボンが書いた『ローマ帝国衰亡史（*The History of the Decline and Fall of the Roman Empire*）』を通読し，自分に課した西洋の経済史と思想史に関する研究を中世まで広げた．同時に，私たちは，西側諸国の経済学の発展にも注目していた．「文化大革命」の期間中にあっても，経済研究所図書館は，館長の宗井滔の下で，外国の定期刊行物や雑誌を購読し続けていた．そのおかげで，私たちは *American Economic Review* のような西側の学術誌を読むことができた．私は，顧準に助けてもらい，ジョーン・ロビンソン（Joan Robinson）が書いた論文「経済学の第二の危機（The Second Crisis of Economic Theory）」を翻訳した．顧準も『ジョーン・ロビンソン経済学論文集（*Collected Economic Papers*）』を翻訳した．

その頃，学部に対する軍事管制が緩くなり，顧準にも新しい友達ができた．最も仲の良かった一人は，今は亡き経済研究所の張純音であった．張純音は上海出身で，父親は高名な心理学者の張耀翔で，母親は「五・四」時代の有名な才女であった．張純音は政治に興味を示さず，人となりが正

直で,「左」のやり方が気に入らなかった．彼女の夫は電力関連機関のベテランのエンジニアで，一家全員が顧準と意気投合し，生活面でも顧準の世話をしてくれた．他に，同じ経済研究所にいた趙人偉，周叔蓮，張曙光らも顧準と交流があった．

　1975年10月になると，顧準の肺病はますます悪化し，痰の中の血がますます増えた．ある日，私は彼に付き添って，「反帝医院」（今の協和医院）へ痰液の培養結果を聞きに行った．医者は検査報告を見て問題があることを知りながらも，顧準がレッテルを貼られたままの「右派」であるため，彼を入院させることができず，救急診察室の外の廊下に放置した．顧準の戦友，駱耕漠はこのことを耳にした後，とても心配になり，自分が両目失明の上，「裏切り者」とみなされていたのを構わず，杖をついて，新四軍時代の「紅小鬼」であった当時反帝医院の党委書記を務めた楊純のところへ懇願しに行った．楊純が秘書を送って計らった結果，ようやく顧準の入院が認められた．

　医師は回診の際に英語で顧準の病状を説明していたため，自分が不治の病を患っていることを顧準はよく分かっていた．彼は私を病院に呼び出して，非常に冷静に私に告げた．自分の余命はいくばくもなく，しばらくすると，気管が詰まって発声できなくなるため，まだ話せるうちに長時間の会話をしたい，その後はもう来る必要がない．「中国の"神武景気"は必ずやって来ると思う．しかし，それはいつになるのかは分からない．だから，あなたに"待機守時"〔機会の到来をじっと待つこと〕という四文字を贈ろう．私たちの研究を続けて欲しい．いつか状況は必ず変わる．その時が来たら，国に貢献できる研究成果をあげなければならない」と彼は言った．

邢：顧準が言った研究とは，あなたたちのギリシア史の研究のことなのか，それとも経済学のことなのか．

呉：どちらもちょっと違う．研究の対象はギリシアにしても，他の西側諸国にしても，研究の目的は，中国との比較を通じて，中国に役立つ大きな結論を導き出すことでなければならない，と顧準は言った．私は彼に「あなたの著書はギリシア都市国家研究というよりは，むしろ東西文化比較論

と呼ぶべきものである．そのような研究は，きっと大逆無道とみなされる．自分の意図を見破られることは怖くないか」と話したことがある．彼はちらっと笑い，「残念ながら，彼ら（"四人組"およびその手先を指す）はそんなに賢くない」と言った．とにかく，彼は中国振興の機運が必ず到来すると信じ，そのチャンスを掴むためにも，中国人は独自の理論思考をもたなければならないと思っていた．

　顧準と孫冶方は，生死を共にするほどの友人だっただけではなく，以心伝心の仲でもあった．気質，人徳，人生目標が非常に似ている上，社会に対する見方もかなり近かった．ただし，孫冶方は若い頃にソ連へ留学したため，しばしば無意識の中に計画経済の影響が滲み出てくる．私との最後の会話で，孫冶方について，顧準は「みんなは彼のことを"ソ連のスパイ"と言っているが，私は彼の人柄をよく知っている．彼は絶対に売国奴なんかになることはない．だから，迫害されても，死にさえしなければ，いつかは釈放されるであろう．残念なことに，私はもう彼に会うことができない．彼に会ったら，私の気持ちを必ず伝えて欲しい」と言った．

邢：その後はどうなったのか．

呉：その後は顧準が予測したとおり，腫瘍が気管を塞いだせいで声が出なくなった．入院2ヵ月後，危篤状態になった．自分の死を予感したのかもしれないが，ある日，顧準は，人に言づけて，私を呼び出した．昼間は親戚や友達が付き添っていたが，夜の付添人は研究所の上司の使いであった．そのうちの何人かと一対一でいると不愉快になるため，私に付き添って欲しいと言った．その日の午後，私が病院に駆けつけた時，顧準はすでに危篤に陥っていた．腫瘍が気管をほぼ完全に塞いだため，彼は懸命に酸素ボンベから酸素を吸いながら，衰弱した命を維持していた．陳敏之などの兄弟は，顧準の髪を梳かして顔を洗ってあげた後，帰っていった．私は一人でベッドの前に座り，顧準の手を握ったまま，彼を寝付かせようとした．11時頃になると，顧準は辛うじてジェスチャーを交えながら，まったく聞こえない声で，私に簡易ベッドに寝るようにと合図してくれた．その後，私は意識がもうろうとしていて，突然，応急手当をしに来た医師と看護師の足音で目が覚めた．顧準が亡くなった直後，私は真っ先に陳敏之と彼の

妹の陳楓に電話をかけた．

電話をかけた後，私は若い看護師と一緒に，顧準の遺体を霊安室へ運んだ．搬送ベッドを押しながら霊安室へ向かう途中，顧準が臨終を迎えた時の一幕が，ずっと私の目の前に浮かんでいた．これは私が生まれて初めて目の当たりにした，生き生きとした命が消えていく瞬間であった．しかも，その時，私の目の前で消え去ったのは，仇のように悪を憎みながらも愛情と才能が溢れている輝かしい命であった．私は暗然として，悲しみが止まらなかった．

注

1) これは『百年潮』誌の記者，邢小群（「邢」と略）による呉敬璉（「呉」と略）へのインタビューである．『百年潮』1997年3月号に掲載された．

訳注1 「ノラは家出した後，どうなったか」とは，魯迅が1923年に書いたエッセー．魯迅はヘンリック・イプセンの戯曲『人形の家』の主人公ノラについて論じている．新たな時代の女性の代表とされるノラは，自由を求めるために家出した．ノラは自由に生きるためには精神的，特に経済的サポートが必要だと魯迅はむしろ悲観的に指摘している．女性が家庭の束縛から解放され，個人の自由を得るためには，経済的自由と財産を持たなければならない，と魯迅は強調している．

訳注2 『十批判書』は1945年に出版された郭沫若の書著．「古代研究的自我批判」，「孔墨的批判」，「儒家八派的批判」，「稷下黄老学派的批判」，「荘子的批判」，「荀子的批判」，「名弁思潮的批判」，「前期法家的批判」，「韓非子的批判」，「呂不韋与秦王政的批判」という10本の論文と2本のあとがきで構成されている．1968年10月31日に，毛沢東は中国共産党第8期中央委員会第12回全体会議の閉幕式で郭沫若に「あなたの『十批判書』は，儒家を崇めて法家に反対している．この点についても私はあまり賛成しない」と言った．

10
経済観の新たな段階へ

1991年

　1978年に，理論界の模索と同時に，農業部門において「農家生産請負制」という改革実験が行われ，これに続いて，工業部門では，四川省から，いくつかの国営工場を対象に「企業自主権の拡大」という実験が行われた．実験対象企業に対し，計画外製品の生産と販売，留保利潤の分配と使用，企業の下級幹部の任命等において比較的に大きな権限が与えられた．後に，この「企業自主権の拡大」実験は全国の予算内工業生産高の60％，利潤の70％を占める国営大中型企業6,600社にまで広がった．「企業自主権の拡大」はある程度，実験対象企業の増産増収への動機づけを高めたにもかかわらず，明らかに農村改革ほどの大きな成果を収めなかった．

　その上，他の方面における改革が欠けている状況下で，企業の動機づけの発揮は，往々にして国全体の経済利益と一致せず，マクロ経済の不均衡を引き起こした．また，当時「四人組」が権力を握るという政治問題を解決すれば，すぐに経済の躍進を実現できると思い込んでいたため，外国の技術を導入して近代工業を発展することに対する政府の要求が高すぎ，また急ぎすぎた結果，財政赤字の増加とインフレーションの加速を招いた．そのため，1981年に「国民経済の調整を一歩進める」という計画を打ち出さざるを得なかった．

経済改革観が次第に形成された

　国有部門の改革が予期した成果を十分にあげられなかったという事実は，経済学者たちに反省を促した．明らかに，中国経済の疾患に対する診断がまだ十分正確ではなかったため，処方された薬も病状にあまり合わなかった．例えば，著名な経済学者の薛暮橋は，1980年末に，それまでの国営工業が物質的奨励の強化だけを重視した（彼はそれを「分配改革」と称した）ことには，大きな限界があると言い，改革の重点を「分配方面」から「流通改革」方面へ移行し，「物価管理体制の改革」と「流通ルートの改革」を行い，政府主導の公定価格制度を段階的に廃止し，商品市場と金融市場を築き上げるべきだと主張した．問題点の所在を求めていた私は，先輩経済学者の正確で透徹した見解に大いに啓発された．当時，採算性と物質的刺激を強化するのに，奨励金や利益配当などに頼ることだけでは，経済の運営状況を全面的に改革し経済効果を高めることは不可能である，と私はすでに思い始めていた．故に，私はある論文の中でより幅の広い改革構想を提唱した．(1)社会主義公有制を主としながら，多様な所有制の存在を認める，(2)国が国民経済全体に対して計画指導を行うが，企業に対しては計画ノルマを指示しない，(3)国は生産資料の価格決定を国有企業の経営に委ね，企業は相対的な独立性をもつ，(4)従業員収入は企業の経営状況と直接にリンクする，など[1]．周知のように，当時私が構想した様々な改革は，混乱を鎮めて正常に戻す時期における孤立した単発的な措置ではなくなったが，効率よく運営できるシステムを構成するにはまだ程遠かった．

　ちょうどその頃，ポーランドの改革派経済学者ウラジミール・ブルス（Wlodzimierz Brus）とチェコの1968年経済改革リーダーのオタ・シーク（Ota Sik）が，それぞれ1980年初めと1981年春に，講演のため中国を訪れた．彼らが携えてきた東欧の改革経済学のフレッシュな考え方は，中国の改革者に大きな啓発を与えた．特に，彼らは期せずして同じことを指摘した．いかなる経済体制も，一連の相互にリンクする経済関係によって構成された全体であり，個々の体制にはそれぞれ独自のロジックと運営ルールがある．経済体制の改革が，一つの経済体系から他の経済体系への移行である以上，細切れの改革（piecemeal reforms）は変革の実現に不利であ

る上，経済運営の混乱を引き起こし得るという．これによって，私の改革に対する認識がより一層高まった．中国の都市改革がなぜ予期したような成功を遂げなかったかについても，その答えのヒントが見えたような気がした．

ブルスとシークの訪中のおかげで，私は比較の手法を用いて経済システムを研究する「比較経済体制」という新しい分野に興味をもち始めた．まずは，ブルス，シークを含む比較経済学の巨匠の著書を読むことによって，大いに見聞を広めた．中国の改革を成功させるためには，我々の先を走っている東欧の研究者に追いつくように，一所懸命勉強しなければならないと私は思った．しかし，実行可能な社会主義経済体制は何かという質問に対するこれらの著名な改革経済学者の回答に，私は満足することができなかった．

例えば，ブルスは『社会主義経済運営の一般問題（*The General Problems of the Functioning of the Socialist Economy*）』（1961年）という著書の中で，社会主義諸国の経済改革に大きな影響を与えたモデルを提起し，それを「分権モデル」または「管制された市場と共存する計画経済（planned economy with regulated market）」モデルと名付けている．このモデルによれば，企業は産出の規模や構成，投入の規模や構成，販売先や仕入先など日常業務の決定において，幅広い「ミクロ的政策決定」権を獲得しているが，政府が制定した集中計画は，資源配分の中で依然として支配的な地位を占めており，重要な投資プロジェクトに関連する「マクロ的政策決定」を含む国民経済にかかわる戦略的課題は，依然として国が集中的に計画作成を行うべきである．市場メカニズムは，計画実現の道具としての役割だけを果たす．国の「マクロ的政策決定」が企業の活動範囲を規定すると同時に，国は価格，賃金，貸付，税収等の経済手段を用いて，企業のミクロ的経済活動を調節する．この基本構想は，中国の経済学者の孫冶方が提唱する「大きな権力を独占し，小さな権力を分散させる」というモデルと内容的には非常に近い．ブルスによれば，この「分権型計画経済」体制は，計画と市場の利点を融合させ，社会主義経済が安定的かつ効率よく運営することを保証できる．もっとも，実際には，簡単な分析により，この一連の体制が

以下のように全ての実現を保証できないことが分かる．(1)もしマクロ的政策が国家計画によって制定され，ミクロ的政策が市場メカニズムによって調節されるならば，二者のリンクは大きな難題となる．(2)本来は市場競争によって決められるべきである価格をも，政府が自らの意図によって任意に操作できる「てこ」とみなす結果，必ず価格シグナル〔価格情報の一つで，価格変動の特徴，趨勢の情報表現，およびそれが商品の生産・流通・消費などの経済活動に対する指示作用を指す〕の歪みをもたらし，市場メカニズムはその役割を正確に果たすことができなくなる．(3)もし投資政策の決定が国によって行われれば，生産分野には自由に参入できず，生産要素の流動性が低くなる結果，市場メカニズムによる生産に対する調節機能は発揮しにくくなる[2]．

このような疑問を解消するために，まずは以下の理論的な問題を解決する必要がある．経済体制の機能とは何か．経済体制の優劣を測る基準とは何か．経済システムはどのような条件の下で効率よく運営できるか．経済体制の選択または設計を行う際，どのような原則に従うべきか．

私はこのような問題意識をもって，1983年1月に米国のイェール大学へ赴き，その経済学部と社会政策研究所（ISPS）で客員研究員として研究した．米国に滞在している間，私は主に東欧の社会主義諸国の改革の歴史および現状を研究し，それぞれの特徴を比較し，同時に，比較経済体制を専攻する学生たちの基礎科目である理論経済学に対しても大変興味をもつようになった．以前私は，欧米の経済学が研究しているのは，資本主義という商品経済の最高段階における経済法則だと思っていた．社会主義はすでに商品経済でなくなったため，欧米の経済学は，その古典学派の理論も含めて，我々にとってすでに何の意味ももたなくなっていた．また，19世紀半ば以後，欧米の経済学はすでに自己弁護の理論に成り下がったため，その応用価値はなおさらなくなったと私は思っていた．私は近代経済学の文献を読めば読むほど，この見方が正しくないことに気づいた．まずは，社会主義経済が依然として商品経済である以上，我々の欧米の経済学に対する認識も大きく変えなければならない．我々が社会主義の商品経済を発展させようとする際，近代経済学は疑いもなく応用すべきものである．そ

の上，市場は如何に運行し，価格メカニズムは如何に効率よく資源を配分するかという重要な課題において，1870年代以来の欧米の経済学は大きな進歩をみせた．しかし，私はイェール大学に行く前は，このようなことについて，殆ど知らなかった．研究のレベルを高めるためには，他者の長所をもって自分の短所を補い，包括的に吸収しなければならないことに気が付いた．それゆえ，私は比較経済〔体制〕学を研究する他，大学院生の授業の中での議論にも参加し，学部生の授業をも聴講するなど，ミクロ経済学とマクロ経済学を真剣に補習した．その結果，私はパラダイムを刷新し，経済分析の方法と手段を充実させ，より堅実な理論経済学に基づいて中国の経済体制改革に関して研究することができた．

イェール大学での研修を通じて，私は以下の2つの基本的な理論問題に対する認識を新たにした．

1　経済体制の基本機能および経済体制の優劣を測る基準について

欧米の研究者と経済体制の機能と成果について議論を交わす時，しばしば希少資源の配分（allocation of scarce resources）問題に言及しなければならず，ひいては，全ての分析は資源配分問題をめぐって展開されている．私は大学1年次の「経済学概論」の教科書に載っている定義を思い出した．「経済学は，希少資源があらゆる可能な用途の間で配分されることに関する科学である」[3]．この言い方は一理ある．周知のように，経済学の研究対象はまず物質的な富の生産であり，そして，生産問題の本質は希少資源の有効配分である．もしこの基本前提を確定すれば，その他の問題も自ずと解決できる．社会における資源配分を行うためには，一定の制度設計を行い，一定のゲームのルールを設け，すなわち一定の経済体制を打ち立てる必要がある．それゆえ，経済体制の第一機能は，まさに有効な資源配分にある．そして，ある経済体制の優劣を測る基準は，資源配分の有効の度合いに他ならない．したがって，以下の結論を得ることができる．あらゆる経済体制改革の理論と実践の長短優劣を測る最終基準は，資源を有効に配分し，国民経済全体の効率を高めることができるかどうかである（これこそ，近年中国の指導者が強調している「生産力基準」の経済学的意味だと私は思う）．

そうだとすると，経済学の内容と経済体制の機能に対するこのような定義は，「経済学は生産関係に関する科学である」というマルクス主義者の政治経済学（理論経済学）における定義とは，矛盾があるのではないか．私は，この両者は互いに通じ合っていると思う．資源配分を中心問題として提起することは，生産関係と生産力の関係を正確に把握し，生産関係を科学的に理解するのに有効である．マルクスによれば，生産過程は「人々が自身の活動によって，人と自然の間の物的変換を引き起こし，調整し，制御する過程」[訳注1]であり，また「人々が生産を行う時には，自然界との関係だけではなく，人々が一定の形で共同で活動を行い，その活動を相互に交換し合わなければ，生産はできない．生産を行うために，人々は一定の繋がりと関係をもち始める．このような社会的繋がりと社会関係において，人々に自然界との関係が生まれ，生産ができるようになる」[4)訳注2]．当然ながら，我々が注意すべきことは，マルクスがここではまだ資源配分を生産力と生産関係を繋ぐ仲介部分として明記していないことである．しかし，マルクスは，所詮は古典的な経済学者である．彼の時代では，一定の生産関係（経済体制）の下での資源配分は，まだ経済学的研究の中心課題となっていなかった．経済学の研究が資源配分という方向へ深化したのは，マルクスが亡くなった後の出来事であり，我々は先人に厳しく求めるべきではない．しかし，それ以降の社会主義政治経済学は，近代経済学の成果を吸収しながらマルクス主義を発展させなかっただけではなく，却って，マルクスの観点から後退し，生産過程とかけ離れて，孤立した生産関係を観察した．その結果，社会主義経済学はイデオロギー誘導の道徳規範大全または条令集になった．このようなやり方は実に手本とするには及びもつかない．

この他に，動学的効率性という観点からみると，様々なイノベーション活動の展開が，全て優れた体制によるものであることは言うまでもない．

2　資源配分方式あるいは経済体制の基本類型について

原則的に言うと，協同生産において，資源は2つの方法によって配分できる．一つは行政命令である．例えば，如何なる経済体制の下でも，個別の生産部門の内部では，主にこのような手段を用いて人的資源と物的資源

を配分する．もう一つは市場メカニズムである．市場取引を通じて，すなわち，商品は異なる商品所有者の間で市場価格に基づいて行われる交換を通じて，異なる部門，異なる地域，異なる企業および異なる個人の間において資源配分を行う．配分の範囲規定に基づき，資源配分は，一つの企業（firm）内部におけるミクロ的配分と企業の間における社会的配分に区分できる．後者については，基礎とされる配分方法に基づき，二つの基本的社会資源配分方式：(1)行政手段をベースとし，「統制経済」または「命令経済」と呼ぶもの[5]，と(2)市場メカニズムをベースとし，「貨幣経済」，「商品経済」または「市場経済」と呼ぶもの，に分類できる．

　市場の資源配分メカニズムに対する精緻な分析は，19世紀末から20世紀初めにかけて，アルフレッド・マーシャル，レオン・ワルラス，ヴィルフレド・パレートなどが代表した新古典派経済学者によって行われた．周知のように，古典派経済学者であるアダム・スミスは，原則的に，商品生産者は市場という「見えざる手」に導かれて，自己の利益のために社会のニーズを満たすと指摘している．私が特に注目したのは，新古典派経済学である．特にその中の新厚生経済学は，市場経済における資源配分の効率性を保証する前提条件に対して精緻な分析を行っている上，計画経済における資源配分の効率性を保証する前提条件に対しても緻密な研究を行っている．パレートおよび彼の追随者であるエンリコ・バローネ（Enrico Barone）は以下のように指摘している．社会主義経済の中央計画機関は経済の均衡方程式の解を求め，それに基づいて様々な希少資源の価格を決め，各生産部門が限界コストは価格に等しいという原則に従って生産を調節さえすれば，経済計画も市場競争力がもたらす効果，すなわち希少資源の効率的配分と同様な結果を得られる[6]．資源配分の2つの方法の区別は，上述した方程式の解を求める方法の違いにある．一つは市場競争を通じて解を求め，もう一つは計画計算を通じて解を求める．したがって，両者は解法において優劣の差があり，実行できるか否かという点で比較し得るが，社会制度の本質的特徴とは直接に関係しない．

　1930年代以来の社会主義経済の実際の運営に対して行われてきた研究によると，予定した計画を通じて資源を配分することは，資源を動員して

国の重点部門に集中的に利用する点においては優位を占めるが，非緊急状況下でこの方法を用いる場合には，効率が低下するという致命的な弱点がある．それゆえ，第二次世界大戦以降，社会主義諸国は，次から次へと経済運営メカニズムに対する改革実施案を打ち出した．これらの実施案の目標を一つに帰結するならば，それは資源配分の効率を高めることである．

このように古典派的な理論を学び，また中国およびその他の社会主義諸国の数十年来の改革過程を振り返って分析した末に，私は豁然として悟った．以前は曖昧ではっきり掴めなかったことも，はっきりと分かるようになった．つまり，如何なる真の改革も市場志向でなければならない，ということである[7]．

まず，上述した観点を用いて分析すると，1979年までの中国の改革において支配的な役割を果たし，1979年以降も大きな影響をもつ「放権譲利」〔権限委譲と利益譲渡〕という改革構想の誤りの所在が明らかになった．

過去数十年間において重要な地位を占める改革の理論と実践の要点は以下のように概括できる．(1)伝統的社会主義経済体制の主な弊害は，政策決定の権力が過度に集中し，「統制が多すぎて，管理が硬直しすぎる」ため，地方政府，生産部門および労働者個人の積極性が抑制されたことである．(2)改革の主旨は，各レベルの地方政府，各生産部門および労働者の動機づけを高めるために，彼らの政策決定の権力を拡大することに加え，彼らに対する物質的刺激を強化することにある．(3)したがって，各方面の動機づけを引き出すのに有効な「放権譲利」措置の全ては，改革の大きな方向性と符合したものであり，時機を見て適宜に実施すべきである．

「伝統的体制の主な弊害は政策決定権の過度な集中にある」という判断を下したのは，確かに理由があった．問題は，この判断はあまりにも表面的なものであり，物事の本質を明確に示さなかったため，それに基づいて出された改革の処方箋は，問題を根本的に解決することができない「対症療法」に過ぎなかった．この「療法」は一時的には有効ではあるが，根本的な解決に至らないため，結果的に「過度の集中」という持病を治したにもかかわらず，「過度の分散」という新しい病気にかかってしまったのであ

る．

　経済システムおよびその転換の基本理論をマスターした後，我々には問題の所在がみえてきた．命令経済という行政権力に頼って資源を配分する経済運営方式は，自然に一つの司令塔による命令を下し，権力が高度に集中し，「計画こそが法律である」かのように，命令なら必ず実行し，禁止令なら必ず止める，といったことを要求する．権力の高度の集中が指令的計画経済体制の特徴として必要なものである以上，権力が過度に集中する弊害を克服するためには，行政手段を用いて調節するという資源配分方式を根本から変えなければならない．さもないと，一方に気をとられると他方が疎かになりがちであり，「過度の集中，過度の統制」という状況を変えた途端に，「多くの司令塔による政令」，「地域分権」などの「諸侯経済」〔全国よりも地方独自の利益を重視する経済体制〕へと転じてしまった．縦割りと横割りの命令系統が分かれる状態の下で，多くの司令塔が独自の選好（preferences）によって資源を配分することは，必然的に本来は多少なりとも有効に資源を配分できたメカニズムを撹乱してしまった．この点に至る認識が不十分であったため，数十年にわたり行政的分権から行政的集権へ，そして行政的集権から行政的分権へ，という「改革循環」を招いてしまった．このような状況は，1979年までの改革において特に顕著であった．1958年の「体制下放」〔中央の権限を地方に委譲すること，すなわち分権化〕以後，各地は一斉に沸き立ち，最初の「五つの小規模工業」〔小規模製鉄工場，小規模化学肥料工場，小規模セメント工場，小規模採炭場および小規模水力発電所を指す〕に大々的に取りかかったことも，その後の「全国民による大規模製鉄・製鋼運動」も，体制上の名目として，このような分権的命令経済体系に頼っていた．経済の混乱を克服するために，1960年代の初めに権力を中央に集中させ，建国初期の経済が安定した時期よりもさらに集中度の高い体制を打ち立てた．1960年代半ばになると，経済が次第に回復し，旧体制の過度な統制，過度な管理という持病が再発してしまった．すると，「文化大革命」に合わせて，再び経済体制に対する改革が行われた．1970年に掲げられた改革のスローガンは1958年のものと酷似している．ただ「革命」の色合いがより濃くなり，「分権化こそ革命

であり，分権化すればするほど革命なのだ！」という．分権化が始まると，経済上の混乱が再発したため，「批林整風」運動の間，止むを得ず「全国は一面の碁盤」というスローガンを提唱し，権力を中央のほうへ集中させた．

　以上の現象は，1979年以後の改革にも現れた．経済学原理を用いて我々の経験と教訓をまとめると，以下のように結論せざるを得ない．旧体制による弊害の根源は，その資源配分方式そのものにある．つまり，行政手段に基づいて社会資源を配分することは，効率がよいということにはなり得ない．それは集権的であっても分権的であっても同様である．命令経済がもつ資源配分メカニズムの行政命令的な性格のために，政策決定権は高度に集中する必要がある．さもないと混乱を招いてしまう．「分権的命令経済は最悪の命令経済である」というのは，決して虚言ではない[8]．

結び

　私の人生を振り返ってみると，青年時代には，中国を救うには革命しかないという考え方を徐々に受け入れたが，中年期以降，特にここ十数年の模索を通じて，私は，中国を振興させるには市場志向の改革を実現するしかないと確信するようになった．理論的な論証と世界各国の経験はいずれも，市場調節に基づく資源配分方式が社会化した大規模生産に適し，効率のよい成長を保証できる経済体制であることを証明している．したがって，その市場の確立は，逆行できない歴史の潮流である．

　人々はしばしば「美しい」という言葉を用いて近代経済学の研究者が行う高度にモデル化した数学的論証と理論的証明を形容する．これは当然ながら相応な褒め言葉である．しかし，経済学は物質的な富の生産と分配を研究する科学であり，鑑賞用の芸術品ではない．その中国語の用語が示しているように[9]，経済学とは，「経世済民」〔国を治め，民を助ける〕，すなわち国家の富強と人民の幸福を追求する学問である．私の経済学に対する執着と熱中は結局，真理を追い求めた数世代にわたる中国の知識人たちが抱いてきた問い：「如何にして百年間衰退した中国を振興させるか」に答えるためである．「学以致用」〔学んで実際に役立てる〕という古語がある．

自分の紆余曲折を経た探求から，中国の栄辱と盛衰は改革の成否にかかっている，という結論を得た以上，私が自ら努力して，自分の知識と能力を経済改革という偉大な事業に貢献するのは当然のことである．1984年までの私の経済改革への関与が基本的に「間接的な」もので，主に改革に関連する基本理論を解き明かすことに注力していたとするならば，1984年7月に帰国してからの私は，改革の計画案および政策の制定と実施に直接加わるようになったと言える．

注

1) 呉敬璉「関於現階段生産関係基本結構的若干理論問題」『経済改革的政治経済学問題探討』，中国社会科学出版社，1982年版，15頁，参照．
2) ブルスは後に自分の見解を改めた．彼は「一人の改革経済学者の自画像」の中で，自身が1960年代に提唱した経済モデルに対して批判的な分析を行っている（中国語訳「一位改革経済学家的自画像」は『経済社会体制比較』1989年第2号に掲載）．
3) よく引用されるのは，ライオネル・チャールズ・ロビンズ（Lionel C. Robbins）の1932年の次の定義である．「経済学とは，様々な用途を持つ希少性のある資源とそれらの実際の用途との間の関係を取り扱う時の人間行動を研究する科学である．」（『経済学の本質と意義（*Essay on the Nature and Significance of Economic Science*）』，Macmillan Publishers Limited，1935年第2版，4頁．また，オスカル・リシャルト・ランゲ（Oskar Ryszard Lange）は「経済学は人間社会における希少性のある資源を管理する科学である」と定義している（「経済学的範囲和方法」〔「経済学の範囲と方法（The Scope and Method of Economics）」，『経済学評論』第13巻〔1945-1946年〕，16頁）．
4) 『馬克思恩格斯全集』〔『マルクス・エンゲルス全集』〕第23巻，201-203頁．『馬克思恩格斯選集』〔『マルクス・エンゲルス選集』第1巻，362頁．
5) 現代の文献の中では，「計画経済」について2つの用法がある．一つは，それが自律的に均衡を保つこと，すなわち「計画性」を指す．もう一つは，それが予め作成した計画を用いて希少資源を配分することを指す．語義上の混乱を避けるため，私は前者の意味を表す場合は「計画経済」を用いて，関係当局が自律的な行動によって国民経済の持続・安定・協調発展を保とうとすることを指す．後者の意味を表す場合は，比較経済学の用語を用いて，それを「命令経済」あるいは「集中的計画経済」と称す．ここで強調すべきことは，経済のバランスを保つには様々な方法があってよいということである．実際に，主に予め策定された計画に頼るだけでは，しばしば「計画性」は実現できなくなるた

め，決して優れた表現方法ということにはならない．

6) パレートは著書の『社会主義制度（*Les Systèmes Socialistes*）』（1902-1903年）と『政治経済学提要（*Manual of Political Economy*）』（1906年）の中でこの点を原則的に肯定している．パレートの追随者であるエリンコ・バローネ（Enrico Barone）は，1908年の論文「集団主義国家の生産省」で，公有制経済における計画部門が資源配分を合理的に行う条件についてより詳しく説明をしている．これについて，ヨーゼフ・アーロイス・シュンペーター（Joseph Alois Schumpeter）は，「社会主義計画経済は有効かどうかについて，バローネ以前にも何人かの経済学者はその解答をほのめかした．中にはフリードリヒ・フォン・ヴィーザー（Friedrich von Wieser）とパレートのような権威もいた．両者はともに，経済行為の基本論理は商業社会においても社会主義社会においても同じであり，その論理に基づいて解答が導かれることに気づいた．しかし，パレートの弟子であるバローネが，その解答を完成させた最初の人物である．」と述べている（『資本主義，社会主義和民主主義』，商務印書館，1979年中国語版，215頁）．

7) 私は拙著『経済改革問題探索』の「あとがき」で，1982～83年のわが国の理論界における議論の状況について，以下のように書いている．「第二次世界大戦以来，社会主義諸国における真の改革はすべていわゆる"市場志向（market-oriented）"である．したがって，もし"社会主義商品経済論"は"常軌を逸している"と断言するならば，経済体制改革は非合法的であると宣言するのと同じである．」（『経済改革問題探索』，中国展望出版社，1987年，434-435頁）．

8) しかし，ミクロとマクロの「統制」を突き破ることのできない状況下では，行政的分権にも有益な側面がある．それによって統制経済に多くの「隙間」と「抜け穴」ができて，その結果，市場的な関係をその中から生み出すことができる．もちろん，これは市場が育成されるために辿る紆余曲折した道である．このような道を通じて市場化と近代化を実現するために支払う対価は，権限が集中した指導部の下で直接的に全国統一市場を構築するよりもはるかに大きい．

9) 「経済」の出典は『晋書・殷浩伝』であり，「経世済民」・「経国済民」を意味する．

訳注1 この一文の日本語定訳は，次のようになる．「労働は，まず第一に人間と自然とのあいだの一過程である．この過程で人間は自分と自然との物質代謝を自分自身の行為によって媒介し，規制し，制御するのである．」『マルクス・エンゲルス全集』第23巻（大内兵衛，細川嘉六監訳，234頁，大月書店，1965年）．

訳注2 この一文の日本語定訳は，次のようになる．「生産のさいに，人間は，自然にたいして関係するだけではない．彼らは，一定の仕方で共同して活動し，

その活動を相互に交換しなければ，生産できない．生産するために，彼らはたがいに一定の関係やつながりを結ぶが，こうした社会的な関係やつながりの内部ではじめて，彼らと自然との関係がおこなわれ，生産がおこなわれるのである.」『マルクス・エンゲルス全集』第6巻，（大内兵衛，細川嘉六監訳，403頁，大月書店，1961年）．

第3部

中国の経済改革を設計する

編者による解説：改革の政策アドバイザーとしての経済学者

バリー・ノートン

　第3部では，1980年から1998年にかけての論文を収録した[訳注1]．この時期，呉敬璉は政策決定過程の中枢に近い立場で，実践的な政策アドバイザーとして働いた．したがって，第3部では，それらが執筆された時期と文脈〔前後関係や背景〕が極めて重要になる．ここに収録した論文は，特定の目的をもって執筆されたものであり，それらの意義を十分に理解するためには，各論文が書かれた時期の具体的な文脈を知る必要がある．呉が関わった全ての出来事の中で，とくに次の3つが際立って重要である．(1) 1980年代半ば，呉は統合的な（integrated）経済改革プログラム（「改革方案」）[訳注2]の策定で指導的な働きをした[訳注3]．最高指導者は，当初はその方案を受け入れたが，後に放棄した．(2) 天安門事件の勃発による抑圧的な政治的揺り戻しの中で，呉は経済改革を放棄すべきでないとの主張を堅持した．(3) 1992〜94年の時期に，呉は仲間の経済学者とともに，1993〜94年以降の経済改革の突破口に繋がる提案を政策決定者に対して行った．その提案は採用された訳であるが，これは，以前に策定した統合的な改革アプローチが正しかったことを立証するものであると言える．第3部に収録した論文の殆どは，これら3つの出来事のいずれかに関わるものである．

　これらの論文の一つ一つをそれが執筆された当時の状況と関連付けることによって，政策過程の全体像が浮かび上がる．そこには，政策決定に知

識人が参加しうるチャネルがあったこと，また，最高指導者によってそうしたチャネルがいかに利用されたかということが含まれる．これらの論文は，中華人民共和国の歴史において最も画期的な決断がどのようにして導かれたかを理解する上で，貴重な情報源である．論文自体は経済学に関するものであるが，それらがどのように作成され，どのように受容されたかを通して，中国の政治と政策決定の全体的な構造もまた解明することができるのである．

各論文の背景

　これらの論文について語るべきことは膨大である．そこで，ここでは，各論文の基本的な文脈について簡潔に説明することにする（詳細な議論は，次節以降に譲る）．文献12*および13*は，それぞれ1980年，82年に執筆されたものであるが，これらは学術的な視点から，改革の必要性を一般論として論証したものである．文献12*においては，中国経済に損害を与えているのは不均衡であると一般に考えられており，不均衡の根本的な原因は制度的な欠陥である，と呉は論じている．不均衡を根幹から治すためには，〔制度〕改革を実行するべきである．構造的な不均衡が初歩的に是正されたという成果と農村部における改革の開始は，〔改革の実行にとって〕またとない格好の機会を生み出した，と呉は1982年に論じ始めている．すなわち「全面的な改革（all around reform）」（中国語で「全面改革」）を採用する時期が来た，と．しかし，実際には，その機会は失われた．1982年に起きた揺り戻しにより，改革アジェンダは後退した．呉は，この機会を自分自身の教育に向けることにして，イェール大学へと旅立った．1984年半ばに帰国したとき，政治的状況は一変していた．鄧小平は1984年初めに改革アジェンダを復活させていた．より根本的な変化は，具体的な政策策定と政府の日常業務を担当する趙紫陽首相が，徹底的な経済改革に向けた実行可能なアプローチを積極的に模索していたことである．こうした文脈の中で，呉は政策策定におけるアドバイザー的な役割へと組み込まれていった．

　鄧小平，趙紫陽，そして党総書記の胡耀邦の改革へのコミットメントは，

1984年後半から1988年後半までの間続いた政治的状況を規定した．その状況のもとでは，本格的な経済改革が政策策定の最重要課題となった．趙紫陽は，どのような道筋で進むべきかについては定かではなかったものの，経済改革に深く関与していた．呉敬璉がある特定の改革アプローチを主張し他の改革戦略に反対するという文献14*，第11章，文献16*の背景は，趙紫陽が作り出したものである（この時期のことについては，本書に収録した第2章の第2節で呉自身が述べている）．1984年と85年の共産党の重要会議において，改革が実行された後の経済システムの大枠が最高指導者によって受け入れられた．その結果，呉はより特別な政策アドバイザーの役割を担うことになり，実現可能な統合的な経済改革プログラムの策定と，それを採用するように指導者を説得する仕事に取り組んだ．それゆえに，文献14*，第11章，文献16*を通じて，呉には2つの主要関心事がある．一つは，間違ったアプローチであると彼が考えるものに対し反論することである．とくに，企業自主権の拡大と同時に，双軌制（dual-track system）を通じた増量改革（incremental reform）を強調する議論に対する反論である[訳注4]．二つ目は，統合的な改革プログラムの各要素を，経済状況および政治的リーダーシップの当面の必要性に適合するよう，明確かつ説得的な方法で提示することである．文献14*は，この2つのアプローチのうちの一つ目の好例である．呉は，1985年に企業自主権の拡大を過度に強調することに反対を唱え，彼が「相互調整的な改革（coordinated reform）」（中国語では「配套改革」）と呼ぶアプローチを主張した．

　事実，その後しばらくして，呉は，趙紫陽首相のために改革案を準備する中心的なチームに招かれた．1986年，このチームは呉が「統合的な改革」（中国語では「整体改革」）と呼んだ改革案の主要な内容を提示した．最高指導者は，当初この案の主要な内容を受け入れたが，1986年10月に趙紫陽が急に態度を硬化させ，同案の実行を中止することが決定され，呉はひどく失望することになった．いかなる理由があったかは定かでないが，呉のチームが趙紫陽に提出した公式文書の実物をみることはできない．もっとも，第11章は，同じチームが1988年に提出した改革案の抜粋であり，改革の方向性について広範な課題が議論されている．この抜粋からは，議

論の中でマクロ経済的な判断がいかに重要であったかがわかる．呉とその仲間たちは，その時点では，大胆な改革手段はマクロ経済の安定が再度確立されるまで1年間延期すべきであり，それでこそ全面的な改革（across-the-board reforms）が安全に採用されうると信じていた．1988年のもう一つの論説（文献16*）は，学術会議において他の経済学者を前に行った講演であるが，呉が志向する改革を幅広い視点から正当化するものである．これは，呉の立場を最も広い領域から最も鮮烈に主張するものとなっている．

　改革への深い関与は，結局は天安門事件の勃発により頓挫することになった．インフレーションおよびその他のマクロ経済的不均衡が，天安門におけるデモを招いた主要な要因であった．これは，ある意味では，マクロ経済的問題に対する呉の警告が正しかったことを示すものであるが，同時に，政治的かつ経済的なカオスの原因は改革派にあるとする党内の保守派の認識を補強するものにもなった．その結果，政治的にも経済的にも最高指導部における強力な揺り戻しが起きた．このため，文献17*，18*，19*は，文献14*，第11章，文献16*とは全く異なる聞き手に対して論ぜられたものとなる．それらの論文のタイトルやテーマは学術的なものであるが，実際には闘争的な文書である．とくに文献17において，呉は改革に全面的に反対する人々と直接的に対峙している．彼は，現存する問題は，過剰な改革によって生じたものではなく，改革があまりに不十分であったために生じたのであると論じ，中間的（中立的）な立場を勝ち取ろうと試みている．これら3編の論文を読み進めると，議論が少しずつ呉の目指す方向へと振れていることに気付くであろう．1990年の論争に基づく文献17*では，呉は，経済改革に対して圧倒的に敵対的な聞き手に対し，後退りできない状況の中で比喩的に語っている．文献18*は，党総書記に新たに就任した江沢民が招集した1991年末の座談会での講演録であるが，江沢民はすでに呉の目指す方向へとなびき始めている．文献19*では，1990年に始めた論争で呉はすでに基本的な勝利を収めており，自らの主張をさらに推し進めている．鄧小平は1992年初めの「南方視察（南巡）」において，市場メカニズムは社会主義経済に適合する，経済メカニズムに対してイデオ

ロギー的な無謬性を押し付けるべきではない（これは呉が一貫して主張してきたことと一致する），とすでに断言していた．（文献19*が発表された）1992年4月までに，呉は共産党に対し次のステップに進むこと，目標を明確にすること，中国は「社会主義市場経済」であると宣言すること，を進言していた．そして，それらは6ヵ月後に開かれた第14回党大会で現実のものとなった．

1992年10月に「社会主義市場経済」という目標の設定が承認されたことは，1984～88年の状況への回帰とみられた．それは，最高レベルの政策決定者による改革の全般的な原則に対する固いコミットメントを伴うものであった．しかし，改革をいかに実践していくかについては明確なヴィジョンを欠いていた．事実，政治的にも経済的にも，環境は劇的に変化していた．経済的には，市場の働きが広まり，計画は衰退し，双軌制アプローチの基礎は崩れていた．呉敬璉のチームは共同で作業を続け，次になすべきことに関して極めて熟考された唯一のアプローチを得るに至った．1993年半ばに発表された第12章は，実に画期的な文書である．呉は，周小川とともに，経済改革への包括的なアプローチ（comprehensive approach）を再度提示した．しかし，今回は，そのアプローチはより具体的，現実的なものであり，個々の運用上の分野ごとに戦略が細分化されている．1990年代に実行された殆どの主要な改革措置は，この短い文書の中に盛り込まれている．中国の経済改革はそれまで青写真なしで進んできたが，この文書がおそらく青写真に最も近いものであると言える．改革の成果が極めて大きかった1990年代へと中国を駆り立てた主要なプログラムは，全てこの文書の中に提示されている．この文書の中の全ての提案が完全に実行された訳ではない．しかし，殆ど全ての分野で，ここに提示された方向へと改革が進んだことは間違いない．

第3部の最後の論文である文献21*は，数年後の1998年に発表されたものである．この時期には，殆どの主要な改革はすでに実行過程にあった．この文献では，呉敬璉がアジア金融危機（1997～98年）の勃発後に中国南部で行った視察旅行の結果を，やや非公式な形で朱鎔基首相（当時）に報告していることが見て取れる．その文章は具体的かつ簡潔であり，（お

そらく）ただ一人の聞き手に対して語られている．根本的な原則について論じる必要はもはやない．文章の目的は，目の前にある挑戦に対応し，かつ効率的な市場経済へのシフトへ長期的に順応しうるような，具体的な政策を練り上げることである．中国経済は新しい時代へと招き入れられ，政治的リーダーとテクノクラートの新しい関係が始まったように思われる．

　これらの文献を通じて，呉敬璉の観点は一貫している．彼の理論的立場と政治的立場の双方が，個々の論文を貫いている．これらの論文の何編かを読む際には，それらが非常に異なる聞き手や状況を意識して作られたということに気付かないかもしれない．これらの論文は，個人としての一貫性（整合性）を犠牲にすることなしに，その状況における目的を果たしている．この組み合わせこそが，改革期の最初から現在に至るまで，呉敬璉をほぼ間違いなく中国で最も影響力のある経済学者とならしめたのである．この時期の呉の力強い一貫した主張によって，彼は「呉市場」もしくは「ミスター・マーケット」というニックネームを得た．そもそもは，彼が単純に市場改革に執着する様を仄めかす意図で生み出されたやや嘲笑的な呼び方であったが，政策的なコンセンサスの決定要素となるに至り，呉敬璉は好んでその呼称を受け入れ，自らへの勲章としている[1]．それは，今日に至っても，親しみを込めたニックネームとして生きている．

議論と説得

　これらの論文は全て人を説得するという目的を伴っているので，それらがいかなる論法を用いているかは検討に値する．もちろん呉は，いずれの場合も経済理論に立脚した議論を展開しており，経済とその機能についての知的な議論を行っている[2]．しかし，呉は，理論を超えて，本質的に最も抽象的なレベルから最も非抽象的なレベルまでの3つのレベル，すなわちスローガン・レベル，プログラム・レベル，政策レベルで議論している．スローガンとは，一般的な原則を表現するものである．プログラムは，全体的な方向性と関連する政策をまとめて提示することによって原則を運用可能な形にする．そして，実際に変化をもたらすために，具体的な政策が必要とされる．

最も抽象的なレベルにおいては，一般的な原則をいかなるスローガンで表現するかをめぐり主導権争いが起こる．中国のシステムでは，共産党が殆どのメディアを全面的にコントロールしている．とくに重要なことは，共産党のコントロールは，共産党と親和的でない考えを監視するだけでなく，我々が「情報操作（スピン・コントロール）」とも呼ぶ「世論の誘導」（中国語で「輿論導向」）を通じて公の議論における特定の用語を積極的に造っていくことも含まれる点である．世論は，ある一定のスローガンの承認や，より正確には「公式表現」(authorized expressions，または approved expression，中国語で「提法」)を通じて形成される．こうして公認された表現が，ある課題を議論する際の公式の――そして唯一認可された――方法となる．中国の指導者および政策アドバイザーは，自分たちの政策的立場を支持するスローガンが公式表現として承認されることがどれほど重要であるかを理解している．さらに，「公式表現」は自由に議論や論争のできる領域の境界線を明確にし，認可された政策的立場に沿って（人為的に）押し付けられたコンセンサスを造り出す．学者や知識人は，たとえ「独立系の」学者であっても，公式表現に対して直接的に挑戦したり真っ向から否定することは許されない．共産党員は，いったん共産党の公式な政策として宣言されたものであれば，それを党の戒律として受け入れることが求められる．こうして「公式表現」は反対意見を抑え込み，異なる観点をマスメディアから排除するために利用することができる．

　したがって，権威ある表現をめぐる主導権争いは必然的に激化する．指導者は単にスローガンをめぐって議論しているようにも見えるが，現実はより複雑であり，より深刻なものである．第3部の何本かの論文では，特定の「提法」または公式表現を呉敬璉が強く主張する中で，ある種の「仕掛け（action）」が展開されている．1989〜90年の議論の中で，呉は「計画的な商品経済」(commodity economy with planning，中国語で「有計画商品経済」)というスローガンに何度も言及している．このスローガンは呉にとってなぜそれほど重要なのか？　殆どの英語の話者にとって，「商品経済 (commodity economy)」はたいした意味のある用語ではなく，意義深い言葉でないことは確かである．しかしながら，この用語が1984年に公式

表現として採択されたことは重要である．なぜならば，この用語は，商品が自由に交換されるような経済，すなわち市場経済に限りなく近い体制への転換を図る中国の意思を暗に示すものであったからである．この表現に計画が付け加えられているのは，やや不細工で非文法的であるが，それは将来の中国が基本的に計画経済ではなくなることを確かに示唆している．換言すれば，これは，中国が市場経済に移行すると宣言するまでの長い道のりに向かう際の妥協的な表現である．しかし，その表現は，市場経済という目標を明快に宣言することができなかったという指導部の譲歩を反映しているものである．この公式表現は，強力に市場改革的なスローガンであることの他に，もう一つ圧倒的な利点を有していた．それは，このスローガンが当時の政治局常務委員会の3人の長老——鄧小平，陳雲，李先念に承認されていたことである．このため，5年後に改革派が攻撃に晒され，趙紫陽首相が党内の保守派からの信用を完全に失った際においても，保守的な長老（陳雲と李先念）からの承認を得ていたという事実が，この表現に威信を与え，それを擁護することが可能になった[3]．呉敬璉は（当初は）この公式表現を守るために戦い，後に機が熟すと，より一層はっきりした表現である「社会主義市場経済」を是認すべき時期に入ったと主張した．

　プログラム・レベルでは，政治家は様々な目標と具体的な政策イニシアチブを結合させようとする．〔一般に〕政治家は，時として短期的な利害の上に立って柔軟性のある連携を実現することができる．しかし，中国においては特別に，政治家はイデオロギー的な整合性および過去の正統派的慣行との調和性を見積もることによって，彼ら自身の身を守らなければならない．中国には，こうした整合性のある政策プログラムを最高指導者に提供する，巨大な機構がある．党大会に先立って，会議を主宰する指導者が鍵と考えるアイデアやスローガンを盛り込んだ，会議の主要文書を起草するために，起草グループが招集される．これもまた，公式表現（「提法」）が生み出されたり変更されたりする，最も重要なプロセスである．重要な政策イニシアチブが検討される際に，似たような起草グループが，およそ5年ごとに開催される党大会とは違って不定期に招集されることもある．こうしたプロセスは，第3部の何本かの論文の背景となっているが，

呉敬璉自身がこうした起草グループに参加したことはない．もっとも，それらのグループが重大な局面で作業をしており，重要ないくつかの事例において，彼の教え子や同僚が起草グループに関与していたことを，彼は十分に知っている（もちろん，他の事例において，彼の対立者が似たような作業グループを牛耳っていたこともある）．中国の経済改革の過程に最も貢献した2人の首相——趙紫陽と朱鎔基——は，このような形で自らの政治基盤を固め，自らが志向する政策オプションを進めるために，首尾一貫した政策プログラムを発展させる試みに深く関与した．ある意味では，呉敬璉と対立する保守派も，1989年末から92年初めの期間，全く反対の立場から同じことをしていた．当初は中立的だったが究極的に経済改革の方向に立場を移した人物として，江沢民を挙げることができることも見逃せない．江沢民が改革へとシフトしたのは，おそらく鄧小平が経済改革の再起動を熱望していると判断した——あるいは気付かされた——ためであろう．動機がいかなるものであるにせよ，彼は，首尾一貫したプログラムを採択し提案するための道を模索しなければならなかった．そして，多くの人々が驚いたことには，結果的に，江はそれだけは成し遂げた．これは，文献18*で見ることができる．趙紫陽，江沢民，朱鎔基といった指導者は，こうした過程で，呉敬璉のような知識人による政策インプットを必要とした．第3部に収録されている論文のうち何本かの背景として，こうしたプロセスが動いていたことを認識すべきである．

　最後のレベルとして，最高指導者と政策に関与する知識人は，実際に稼働する政策を提案しなければならない．計画経済を改革するということは，成功するよりも失敗することの方が多かった壮大な事業である．中国の改革は，比較的短期間に経済的な成功をみた数少ない事例である．呉敬璉および彼とともに働いた志を共有する経済学者は，その成功過程で決定的な役割を果たした．もちろん，彼らが中国の改革を設計した（designed）という訳ではない．ましてや，彼らは改革の立案者ではない．誰も「立案者（architect）」ではないのである．しかし，呉敬璉と彼の仲間は，改革の方向性を打ち立てるに当たって決定的に重要な政策インプットを提供し，特定の問題に対応するための解決策を提供した．呉にとっては，1984年に

イェール大学から中国に戻った直後，直接的に助言する立場に招かれたのが始まりである．このアドバイザーとしての役割は，1986年に趙紫陽首相に対して提出された統合的な経済改革プログラムを執筆した国務院経済体制改革方案研討小組弁公室（中国語の略称は「方案弁」，以下「方案弁公室」と略）へと進化した．このプログラムは最終的には採用されず，別の選択肢——依然として改革志向であるが——の政策を実行することが決定された．これらの政策は，いくつかの重要な点で成功をみたが，インフレ期を招くことにもなった．このインフレは，1989年の天安門事件，趙紫陽の失脚，それに続く改革への反動期の原因となった．後年，類似する統合的な改革パッケージは作成されなかったものの，オリジナルの統合的な改革パッケージ〔1986年〕に盛り込まれた多くの要素——国情に一層適合的なものとして作られた（第12章）——は，1994年以降，朱鎔基首相のもとで，中国が採用した改革を構成するものとなった．こうした形で，呉らのアイデアは，中国の市場志向型経済改革の究極的な成功に貢献したのである．

経済改革の設計へのアプローチ

1980年に発表された第3部の最初の論文（文献12*）では，呉は政策アドバイザーとしてではなく主に学者として執筆しているが，それを第3部に含めたのは，この論文が呉敬璉の経歴の中で，知識水準についても影響力の行使という役割においても，重要な段階を代表しているからである．この論文を詳細に読むと，呉が新たな識見を表現するために新たな用語を模索していることがわかる．この論文そのものが，マルクス主義に由来する旧い用語とマルクス主義の枠組みに収まらない一連の新たな識見との間の，ねじれた関係を反映している．彼の意見がとりたてて難しいという訳ではない．しかし，彼の使う用語には今日馴染みの薄いものや古臭いものが見受けられる．このため，現代の読者には難しいと思われる箇所もある．事実，そもそも東欧諸国の経済学者がマルクス主義の，とりわけソ連的な語法から受け継いだ経済学の同じような言語を話したので，東欧的な語法の方に非常に影響されやすかったのである．

東欧諸国の経済学者は，経済改革に関する彼ら自身の経験も提供することができた．こうした経験からは多くのことを学ぶことができたが，一つの重要な教訓は，東欧諸国における改革戦略の究極的な失敗をいかにして「回避するか」という点である．東欧諸国の経済学者の一般的な見解では，彼らの1960年代の経済改革は失敗であった．それゆえ，彼らの経験から学ぶべきことは，なぜ改革が失敗したかについての彼らの見解を理解することであり，そうした失敗を回避しうる新たなアプローチを開発することである．この論文〔文献12*〕では，経済構造（または発展方式）と経済システムのリンクという呉敬璉の特徴がすでに表れていることが見て取れる．端的に言えば，経済的不均衡は長期的には経済システム改革を通してのみ是正することができる，と彼は論じている．今日，このような見解に対し反論の余地はない．しかし，1980年の時点では，一般的に受け入れられた訳ではなかった．逆に，経済学者と政策決定者の双方とも中国には経済の「再調整」，すなわち消費を増大させ投資を抑制する努力が必要であるというコンセンサスがあったにもかかわらず，システム改革へのコミットメントが広く受け入れられてはいなかった．呉は経済構造に関する研究チームの一員であったが，経済構造の改革をさらに前へ進める議論に大胆に加わった（研究チームはベテランの経済学者である馬洪が率いていた．彼は後に最高レベルのアドバイザーの役割を担い，呉をその役割に引き入れた）．呉はここで，公式に受け入れられた論理的な見解は経済改革に向けての前進が必要であることを示唆している，と論じているが，そうした議論のスタイルが，政策の唱道者としての呉の経歴の中で繰り返し現れている．

　1980年の論文はまた，経済改革の問題点をシステム論的な視点で分析するという呉の性向を生き生きと描いている．このような視点から，呉は広範な経済改革，経済体制（システム）というレベルの経済改革を唱道するようになった．こうした論壇における立場は1980年代を通じて徐々に進化を遂げ，企業改革，価格改革，金融改革，財政改革のレベルでの同時並行的な実行を含む統合的な改革プログラム（integrated reform program）を強調する政策的な立場を主張するに至った．その進化はゆっくりとしたものであるが，1982年と83年に発表された論文の中にすでに見て取れる．

呉は最初に「全面的な改革」(across-the-board reform，中国語で「全面改革」)を論じ，それから「相互調整的な改革」(coordinated reform，同「配套改革」)と論じていることがわかる．1986年までに，呉は「統合的な改革」(同「整体改革」)という，より具体的なプログラムを提唱している．当初は，これらの用語は，広範な分野での改革を推し進める考え方の正当性を立証するために，一般的な意味で使われた．この考え方は，機能不全の中心部を摘出するために，多くの分野における体系的な（システマティックな）行動が必要である，というものである．そのためには，政治システムの中で，最高指導者による改革への明確なコミットメントが必要とされる．したがって，これらは詳細で具体的な政策提言ではなく，より壮大なアイデアという性格のものである．

統合的な改革プログラムを発展させる

呉敬璉は，1984年に帰国すると，すぐさま馬洪によって政策アドバイザーとしての仕事に引き込まれた．馬洪は，その頃中国社会科学院院長に昇格したベテランの経済学者であり，また，国務院の副秘書長として趙紫陽首相に対し大きな影響力をもつ立場にあった．馬洪は呉のことをよく知っていた．それで，国務院直属の経済シンクタンクの指導部に加わるよう呉を招いた．このシンクタンクは，他の2つの組織と融合し，国務院発展研究センターとなった．ここが，その後30年間，呉が主に所属する組織となった．呉がこのポストを受け入れたとき，彼にとって極めて明らかだったことは，このポストはそれまで経済研究所で享受していた相対的に高い学術的な独立性から離れ，具体的な政策決定における助言者になるという含意があったことである[4]．呉が馬洪から最初に与えられた仕事は，親友の張卓元や周叔蓮とともに，中国の改革の目標として「計画的な商品経済」という公式表現を提唱することであった．前述したように，この公式表現は，実際に採択され，その後，呉の政策提言の立脚点（ベンチマーク）となった．この用語は，1984年11月に開かれた第12期中央委員会第3回全体会議（三中全会）が採択した「決議」の中に書き込まれた．この会議は，改革措置を中国の都市部で始動することを明確にした．鄧小平は，

1984年を通じ，この会議に向けて経済改革を改めて強調した．そして，趙紫陽は，鄧の後ろ盾を得て，新たな改革プログラムに対する他の有力な長老から合意を引き出すことができるようになった．11月の三中全会は改革の刷新と加速を公に担保するものとなった．数ヵ月後の1985年9月，特別に招集された党の会議は，前年の会議で決定した原則に，皮肉にも「第7次5ヵ年計画に関する提案」というより具体的な形を付与した．これら2つの会議は，広範な経済改革に対する中国指導部の基盤を形作った[5]．

しばらくして，重要な政策的な課題が呉敬璉に与えられることになった．趙紫陽首相は，改革に対し追い風となっている潮流を捉えて，制度変革の具体的なプログラムを推進する必要があった．趙紫陽首相は，巨大なプレッシャーの下にあった．彼は，〔従来の東欧諸国などの〕社会主義経済改革において参考とすべき成功例を見出すことができなかった．彼の権威は，鄧小平と陳雲という2人の長老の絶対的な権力に制約されていた．長老は日々の業務を進める権威を趙紫陽に委譲していたが，自らが同意したくない政策に横やりを入れることは常に可能であった[6]．趙紫陽は，長老によって実行が阻まれないような，実現可能な政策を見つけ出さなければならなかった．趙紫陽は広く助言を求めた．そして，多くのグループが経済政策に関する助言を行ったが，それらの多くは互いに衝突するものであった[7]．概して，経済学者は2つの競合する陣営に分かれた．片方の陣営は「企業改革」を強調し，インセンティブを強化し，企業経営者や地方政府が利用可能な資源を増やすべきであると主張した．もう一つの陣営——呉はこちらに属した——は「価格改革」を強調し，価格システムこそが経済情報をより良く反映すると主張した．両陣営ともに多くの考えを共有していたが，改革全体の最初の重要なステップとして，鍵となる価格を調整すべきか，マクロ経済安定策をまずは適用すべきか，をめぐり鋭く対立していた．呉の支持したアプローチは，「企業改革」陣営の経済学者からの反対に遭った．

1986年4月，趙紫陽は，改革の見取り図を作成するため国務院経済体制改革方案研討小組弁公室（「方案弁」）と呼ばれる組織を設置した．技術

的には，同グループは田紀雲副首相が率いる経済体制改革プログラムに関する国務院の部門横断的な「弁公室」であった．方案弁公室の主任は高尚全と安子文という高名なベテラン経済学者であり，呉敬璉は6人の副主任の中の一人であった．もっとも，事実上，呉敬璉の役割ははるかに重要であった．呉敬璉は1985年7月に，経済改革の設計に「相互調整的な（coordinated）アプローチ」が必要であるという見解をすでに発表していた（文献14*）．そして，趙紫陽もまた，3月に改革を多角的に進展させることを求めていた．趙紫陽は同グループの作業の監督を田紀雲副首相に任せた．方案弁公室は，価格，税制，金融，外国貿易，企業改革などの密接に関係するいくつかの作業グループに分かれた．これらの作業グループはしばしば，呉敬璉と近く，中国の経済改革過程における重要な段階で影響力のあった若手経済学者が率いていた．その中には，楼継偉（財政・金融），石小敏（価格），周小川（外国貿易），王小強（企業改革）などがいた[訳注5]．

　作業は猛烈なスピードで進み，多数のグループによって取りまとめられた全体的な報告書は，1986年6月11〜12日に北京郊外の玉泉山で開催された2日間の会議で国務院に提出された．方案弁公室の2人の主任は海外出張や他の事情で不在であったため，呉敬璉が報告書に署名を行った．1日目の討論では，政策提言は好意的に受け取られた．呉敬璉は，全体的な状況と大胆に動くべき機会に関して，彼らしくないほど楽観的なスピーチを行った．ところが，2日目になると，報告書はそれに反対する凄まじい嵐に襲われた．中央政府の部長（閣僚），官僚，地方政府，そしていくつかの大型企業の経営陣は，ときには相矛盾する様々な理由をつけて，報告書に反対した．提言がカバーする範囲の広さと野心的な改革案が，あらゆる利益集団からの反対を呼び起こしたのである．北京大学の厲以寧のようなアプローチ全般への反対者は，根底に横たわる哲学を攻撃した．方案弁公室は，反対意見に譲歩しようとする努力の中で，再検討のため大胆にスケール・ダウンした提案を作成するように命じられた．彼らは，初期の価格調整の範囲を大幅に縮小し，手始めに鉄鋼価格のみの調整を第一段階として求めることにした．スケール・ダウンした提言は，8月に財経指導小組と国務院常務委員会で承認され，鄧小平はその決定を賞賛した（国務院

に提出した文書の現物は手元にない．第11章はその数ヵ月後に書かれたものである）．しかし，そのプログラムは10月に再度保留となる．趙紫陽は，重要物資の価格調整とマクロ経済政策の引き締めという政策提言は政治的にリスクが高すぎると判断したのである．ある文書によれば，趙紫陽は「もし私がこれを実行したら，誰が私を支持するだろうか？」と言った．それと引き換えに，趙紫陽は運命的な決断を下した．それは，拡張的で成長優先であるがインフレ的な政策と同時に企業改革に大きな力点を置く代替的なアプローチを遂行する，という決断であった[8]．

天安門事件と改革の一時的な終焉

趙紫陽の決断の後，インフレは間断なく加速した．そして，経済を理解している指導者としての趙紫陽の名声は，決定的に失墜した．実際に，趙紫陽の地位はすでに不安定なものになっていた．趙紫陽が統合的な改革プログラムを断念してからちょうど2ヵ月後に，最高指導部の中にあって際立った改革派であった胡耀邦総書記が，保守的な長老の逆鱗に触れ，辞職に追い込まれた．胡耀邦の失脚は，改革派陣営の立場を著しく弱めた．そして，趙紫陽は，その事件が起こる前においてすでに，改革派の脆弱性に気が付いていた．事実，胡耀邦失脚の後，改革派への打撃を限定するため，趙紫陽が総書記に任命された．翌年にかけて趙紫陽が舞台の主人公になったかに見えた．1987年10月の第13回中国共産党全国大会では，広範な改革に向けて満足できる承認が得られた．しかし，舞台裏では，状況は着実に悪化していた．政治的にも経済的にも，趙紫陽と改革派が状況を操作しうる余地はますます小さくなっていた．インフレ圧力は増大し，政策決定者たちは価格改革をいかなる形でいかなるスピードで導入するかをめぐり二の足を踏んだ．呉敬璉は，引き締め的なマクロ経済政策を導入し，経済的なバランスが回復した後に，速やかに改革を行うことを主張した．趙紫陽は，その提案は政治的にあまりに代価が大きいと判断した．しかし，不透明な状況の中で，ある種の価格改革を推進することが基本的に決定された．1988年に趙紫陽のマクロ経済運営が管理不能に陥ると，保守派は引き締め的なマクロ経済政策を導入し，トップダウンの経済立て直しを始め

た．このような環境下，経済的・政治的な緊張がピークに近づいたところで，胡耀邦が他界した．胡耀邦を追悼するため，そして政治的・社会的自由化を要求するため，学生デモが街頭を，さらには天安門広場を埋め尽くした．

　天安門広場および全国のいたるところで起きた学生デモに対する暴力的な鎮圧は，中国にとって一大惨事であった．罪のない市民の中に何百人もの死者が出ただけでなく，中国指導部の政治的な勢力バランスも根本的に変わってしまった．趙紫陽は軟禁状態に置かれ，彼の主要な側近たちは職を解かれるか，逮捕されるか，もしくは国外に逃避した．保守的指導者の派閥が強大となり，数十年間で初めて真の権力を握った．そして，彼らは，改革への敵意を，それを主導した指導者への深い憎しみと結びつけた．中国における経済改革の後の成功を見ると，部外者にとっては，1989年の後の揺り戻しの深さを理解することは難しい．中国の公式メディアは，それを忘れても構わないような一時の些細な出来事として描く傾向にある．しかし，実際に，この時期，中国の改革プロジェクトが全て終了してしまってもおかしくなかった，と想像するのは容易である．鄧小平によって指名された胡耀邦と趙紫陽は，鄧小平が構想した以上の政治的・社会的自由化の壮大なヴィジョンを採用したが，鄧小平の共感を得ることはできなかった．長老の面々——鄧小平自身，そして鄧よりもさらに保守的な長老，ライバルの陳雲，そして他の5〜6人の同志——は天安門事件の後で激怒し態度を硬化させた．鄧小平は彼が選んだ後継者に裏切られたと感じた．そして，管理を強化し，政治的に抑圧し，独裁的になることすら必要と感じた．長老たちは，政治的弾圧，イデオロギー的取り締まり，党規律の再確認，独立的な社会集団への警察組織による弾圧強化の必要に関して今や結束したのである．

　政治的な引き締めに歩調を合わせて，経済改革も巻き戻された．しかし，経済の分野における改革の巻き戻しの理由は政治分野に比べて多様であり，一貫性がなく，整合的でもなく，ほぼ間違いなく持続性も乏しかった．経済改革の揺り戻しのために出された種々雑多な理由は以下のようなものである．①経済改革の全ての具体策は粛清された趙紫陽に関係するものであ

り，したがって自動的に嫌疑の対象となる．②反動的な指導者は民営企業家に対して極めて懐疑的であり，公然とデモを支持した四通集団〔ストーン・グループ〕の万潤南総経理〔社長〕のような夥しい数の起業家に心底から敵対していた．③分権化や自主権拡大といった政策は，マクロ経済上の不均衡から，当然ながら縮小を余儀なくされた．これらに加え，指導部内で最も目障りだった政敵が市場経済への急速な移行を志向していた，という理由もあった．これらの全ての理由により，少なくとも一時的には，経済改革は水没した．しかし，経済改革がどの程度まで去勢されたかは不透明であった．鄧小平が民主的な政治改革のいかなる芽も断ち切ることを望んでいたのは確かであるが，彼は，自身の最も重要な遺産となるはずの経済改革を維持することも同じくらい望んでいた．

　こうした極端に白熱した政治環境の中で，長老の陳雲に近い保守派イデオローグの鄧力群が登場した．鄧力群はかつて，（1980年代初頭に）宣伝部長や秘書長などの党内の重要ポストを歴任していた．党の宣伝部長であった王忍之の支持を得て，鄧力群は迷いもなくイデオロギーと自身の野心に突き動かされていった．鄧力群は1970年代には鄧小平に近かったが，1970年代末から1980年代初頭にかけて保守的な立場にシフトし，陳雲の最も近い支持者になった．リベラルな総書記であった胡耀邦との決定的な衝突において，鄧力群は自身が胡耀邦失脚に貢献したことで満足感を得ていたが，それは彼自身を不人気にすることになり，権力の喪失という代償を払うことにもなった[9]．しかし，今や鄧力群は決定的な権限と影響力をもって復活し，状況を彼にとって永久に有利な方向に転換する機会を得たのである．1989年11月7日，鄧力群はある会議を招集した．それは，彼が「無秩序の70日間」と名付けた天安門でのデモから学ぶべき教訓を議論するための座談会であった．

　鄧力群はなぜそのような座談会をわざわざ招集したのであろうか？　一瞥すると，鄧力群はすでに彼が望んでいた保守的で圧制的なイデオロギー環境を実現していたように見える．それなのに敢えて座談会を催したのはなぜか？　第一に，鄧力群には自分の考えを中心として実質的なコンセンサスを形成し，それらを当時の中国共産党のプログラムの中に組み込む必

要があった．主だったリベラルな改革派が粛清されたとは言え，（コンセンサスの形成が）それほど簡単なことではなかったことは，容易に想像できる．共産党の多くの人々は，政治改革にせよ経済改革にせよ，依然としてリベラルな改革を支持していた．これらの人々は，ある程度の恐怖を感じおとなしくせざるを得なかったが，それは程度の問題であった．鄧力群は，実行可能な一定の合意を作る必要があった．第二に，鄧力群は一貫性のある政策プログラムを作成しなければならなかった．改革プログラムに替わる一貫性のある政策プログラムは，彼の権力基盤を強固にすると同時に，敵対者に対する強力な武器となるものであった．適切な政策プログラムが採用されれば，敵対者の議論が党の政策プログラムに適合しないことを示し，彼らを追い詰め，そうした〔敵対者の〕議論を排除することができた．鄧力群は，〔社会の〕秩序が損なわれた責任は改革派自身にあると主張した．改革派は，正しい「社会主義への志向」ではなく「資本主義への志向」を採用するという間違いを犯したからである．1989年末の重要な演説において，王忍之は資本主義を志向した改革を，計画の替りに市場を，公有制に替り私有制を追求するもの，と定義した．王の演説は，その後，実際に全ての官制新聞で取り上げられ，再録された[10]．

鄧力群は，趙紫陽の改革を攻撃するため，計画経済の唱道者である許毅を招いて経済分野の議論を開始した．呉敬璉は許の議論に受けて立ち，結果として，呉と許の間で3時間以上におよぶ激論が戦わされた．呉は，もとより経済的な失策が天安門広場におけるデモをもたらしたことを認めていた．しかし，彼は2つの主要な経済的問題を強く主張した．一つはインフレを招いた過度に拡張的なマクロ経済政策であり，もう一つは腐敗とレント・シーキングを生み出した経済改革の実行上の失敗である．呉の分析と救済策は，あらゆる点において鄧力群のそれと真っ向から対立していた．圧倒的に敵対的な雰囲気の中で，呉は敵対者に対して優位に論争し，改革に対する真正面からの非難の出鼻を挫くことに成功した[11]．次に開かれた1990年7月5日の会議は，保守派・改革派のいずれかに一方的に偏るものではなかったが，双方ともに大きな利害がかかっていた．党総書記の江沢民は，経済問題に関する大規模な討論会を開いた．この時点において，

江沢民はまだ新参者で，自身のとるべき立場を模索していた．江沢民は，総書記ポストの候補者として鄧小平のファースト・チョイスではなかった．鄧小平は李瑞環を押していた．しかし，鄧小平と保守派の陳雲の双方が受け入れられる妥協の産物として，江沢民がこのポストに就いた．天安門の惨劇の直後に権力の座に就いた当初は，江沢民は，鄧力群や王忍之といった保守派と見分けがつかないほど強硬な立場をとった．ところが，江沢民は今や，彼自身と強硬な保守派との間に歴然とした違いを作ることに関心をもっていた．これは，おそらく鄧小平の支持を失うことを懸念したためであろう．江沢民自身に加え，首相の李鵬と中央規律検査委員会主任の喬石も出席していた．このように，この会議には，（長老を除けば）国家のトップ3人の指導者が出席していたことになる．

またしても，最初の発言者は，先の11月の会議で呉敬璉に切り込んだ計画経済の唱道者である許毅であった．彼は，うんざりするほど多くの経済問題を列挙し，その全ての原因は市場志向型改革にあると責めた．その後に呉敬璉が反論に立った．それに引き続く論戦で，呉敬璉は，当時86歳の薛暮橋や劉国光とともに，市場改革を志向する立場を貫いた．3人の意見に対抗したのは，約10人の計画志向の経済学者であった．彼らは，経済は再度計画を通じて管理されるべきであると主張し，市場メカニズムは補完的となりうるが，計画による資源配分を代替すべきものではないと論じた．それに対し，呉は，市場改革の深化を求め，中央指導者に「市場経済」という用語を復活させることを要求した．これは注目すべき出来事であり，中国の改革過程における決定的な瞬間であった．中国の最高指導者の目の前で，呉と彼の仲間の小さなグループが，少数派である改革志向の見解を決然と擁護したのである．文献17[*]は，この会議における呉の議論を，後に編集し発表したものである．

呉の議論は，少しずつ支持を得ていった．呉の議論のみが支持を集めたと言えば聞こえは良いが，実際には，他の2つの要因が呉の議論に有利に働いた．一つ目は，計画志向の保守派が鼓舞した計画による管理の再導入が，結果として経済的に破綻したことである．計画主義者はさかんに指令を発していたが，それらは実行される以前の段階で時代遅れとなっていた．

経済が回復するにつれて，市場志向の民営企業，郷鎮企業，輸出志向型企業がまず息を吹き返したのに対し，国有企業は後れをとってしまった．保守派の政策プログラムは，現実に向かい合う中で崩壊していった（経済環境のいくつかの変化については，文献18*の最後で論じられている）．二つ目の要因は，鄧小平である．鄧小平が，自身の歴史的遺産として市場志向の改革を維持したいと常に願っていたことについては，殆ど疑いの余地はない．天安門事件の直後の時期に，鄧小平は後退した．しかし，経済的潮流およびイデオロギー的潮流は次第に変わっていった．1991年初めに鄧小平はいくつかの「市場寄り」の談話を発し，〔政治過程に〕より強力に介入する準備をしていた．

　江沢民は，鄧小平の改革派的思考に沿った方向へと少しずつ振れていった．1991年8月のクーデター失敗に端を発するソ連の崩壊は，江沢民を含む中国の指導者に重くのしかかった．すなわち，経済改革の再開へのコミットメントが，ソ連共産党と中国共産党の運命を分け隔てる要因となるかどうかを判断しなければならないという重圧である．1991年10月から12月にかけて，江沢民は11回の座談会を主宰した．江沢民は，座談会に招いた経済学者に対して相互に連関する3つの質問を投げかけた．なぜ資本主義システムは崩壊するどころか活況を続けているのか？　ソ連と東欧で経済システムが崩壊した理由は何であるのか？　前述の問いの答えを踏まえ，我々はいかに経済改革を前進させるべきか？[12]　これらの座談会の雰囲気は，1～2年前とはがらりと変わっていた．まず，江沢民によって，呉敬璉以外にも，張卓元，周小川，林毅夫，郭樹清といった改革志向の経済学者がずらりと招かれていた．議論は自由で広い範囲におよび，江沢民はしばしば議論を遮ったり口を挟んだりしていた．これらの会話の結果，予想通り，満場一致で市場志向型改革の正当性が立証され，ソ連で起きた出来事は経済改革の遅れと不十分によるものであることが証明された．江沢民の3つの問い全てに対する呉の見解は，文献18*に収められている．

　1992年初めの「南巡」の間，鄧小平は改革復活の必要について力強い発言を繰り返した．鄧小平は，きらびやかな言葉をもって，呉敬璉が1990～91年に行った議論の根本的なポイントを（鄧小平なりに）支持した．

すなわち, 資源配分メカニズムとしての市場は, 社会主義の, 均衡のとれた, 持続可能な経済体制と完全に適合的である, と. 1992年は時間の経過とともに政治的状況の振り子は完全に〔改革派の側に〕戻り, 第14回党大会が開かれる10月までに, 中国は社会主義市場経済を建設する, と宣言する用意が整った.

改革プログラムの再構築

　市場化改革が改めて是認されたことで, 改革を実行するための現実的な政策を作成する必要が再度生じたが, その環境は全く刷新されていた. 方案弁公室の作成した政策パッケージを採用することができなかった1986年に比べ, 経済状況全体が劇的に変わっていた. 最も重要なことは, 「双軌制」がその歴史的役割を終えていたことである. 経済はすでに「計画から脱皮（grown out of the plan）」（市場という「レール」が発展する一方, 計画による配分が縮小し, 依存度も低下）しており, したがって, 双軌制の有用性は薄れていた. 実のところ, 1992年末に物資の計画配分が廃止されたとき, 中国でも世界でもそれが気付かれることは殆どなかった. しかし, それは, 1986～87年に政争の種となって対立を先鋭化させることになった, 当時の喫緊の課題であった価格と価格自由化をめぐる激しい論争が, もはや過去のものとなったことを意味するのであった. このような環境下で, 次なる重要なステップは, 方案弁公室のアジェンダの中の他の部分への対応, すなわちコーポレート・ガバナンス, 金融制度, 租税制度であった. 方案弁公室のメンバーたちは, これら全ての領域において, 解決策を提供する準備ができていた.

　同時に, 政策コミュニティーという点について言えば, 「双軌制」アプローチ, 企業の請負制, 不均衡発展などを主張していた若手経済学者たちは, 天安門事件の直後の環境のもとで, ばらばらになっていた. これらの経済学者の何人かは, 民主活動家と近い関係にあった. また, 自身の策定した政策の末路を見てしまった経済学者の中には, 自身が提示した処方箋に対する自信を失う者もいた. それとは逆に, 呉敬璉は同じグループの経済学者と一致団結していた. さらに, 1986年以降に起きた出来事が彼ら

の意見の正当性を証明したと感じていた．当時の研究活動や経済学者が置かれた環境を振り返り，呉敬璉は次のように述懐している．

> 我々の政策設計グループは1988年に解散したが，天安門事件の後，研究資金の申請は実に容易になった．研究をする者がいなくなったからである！ 研究者たちは，中国の改革は終焉したと感じていた．そのとき，我々はフォード財団や中国社会科学基金に対して研究資金を申請し，いくつかの新しい研究プロジェクトを立ち上げた．大方の人々は研究を止めた．それまで研究をしていた人々はビジネス界に身を投じるか，国外へ去った．（2012年1月21日）

しかし，良いアイデアを得るだけでは不十分である．そのアイデアを政策決定者の前に提示する必要もある．幸いなことに，政策決定者もまた有益な政策を探し求めていた．

1992年，江沢民は共産党の最高レベルの政策調整集団である財経指導小組組長に就任した[13]．江は，彼に近い経済指南役の曾培炎を指導小組の秘書長に任命した．曾は，指導小組の上司たちに提出する報告書の選別を仕切った．同じ時期，1993年10月に開催されることになる共産党の第14期中央委員会第3回全体会議（三中全会）の準備が進んでいた．慣習として「三中全会」は経済問題を取り上げるのが常であり，改革の計画を披露する場であった．経済改革がすでにトップ・アジェンダとなっていたことに鑑みれば，今回の「三中全会」もまた「経済全会」になるであろうことは明らかであった．果たして，三中全会は包括的な改革に関する文書――「50条決定」と呼ばれることもある――を採択した．この文書は，1990年代を通じて採用された経済改革の全体の筋道を示す綱領となった[14]．

曾培炎は三中全会の決議を準備する起草グループの責任者にも就いた．そして，呉敬璉のグループの多くの仲間が，この起草グループに推挙された．その中には，呉と非常に近しい関係にある（若手世代の）周小川，楼継偉，李剣閣がいた．さらに，うまの合う改革派の一人である国家経済貿

易委員会の陳清泰が，起草グループの国有企業改革チームのリーダーとなった．このようにして，呉敬璉のグループの経済学者からの意見や提案が，曾培炎を通じて途切れることなく財経指導小組に提出された．この位置から，彼らは継続的に政策過程に入り込んだ．最終的には，当時副首相（のちに首相）であった朱鎔基が，これらの政策を具体的に実行する責任者であったが，（自らもメンバーである）財経指導小組から続々と送られてくる政策提言を受け入れることが有益であることを彼自身が示した．その際立った実例が，楼継偉が朱鎔基を補佐して，同小組を通じて財政改革プランの詳細を作成し実行したときに見ることができる．楼継偉は，1986年に呉の「方案弁公室」が設立されたときのメンバーであった．今や，楼は国家体制改革委員会のマクロ経済部門の長として朱鎔基とともに国内を巡り，地方政府の指導者と駆け引きをしたり煽てたりしながら，再集権化を図る財政改革プログラムに彼らを黙従させるべく奮闘した．

呉敬璉と周小川が共同執筆した第12章は，当時の呉のグループの経済学者が作り上げ，曾培炎と財経指導小組に対して大量に提出された様々な改革プランの要約版である．上述したように，この文献は縮小版であるが，1990年代のうちに実行された改革措置の全てを殆ど網羅している．そして，これは呉の改革グループのほぼ全ての経済学者によって執筆された，個々の部門毎の改革プランが各章に配置されている書物の第1章に過ぎない．この書物の中の全ての改革が採用された訳ではない．また，採用された改革が完全に，速やかに，また成功のうちに実行された訳ではない．しかし，どんなに大掛かりな改革も，これらの改革を前提とせずには実現しなかった．大局的に見れば，このように言うのが公正だろう．1980年代半ばに呉が主張した政策は，そのときには採用されなかったが，1990年代を通じて継続した改革，中国経済を根本的に転換させた改革の第二波が始まった1993年を起点に，大々的に採用された，と．改革の原動力となったのは呉のグループである．1980年代に呉とともに働いた多くの若手経済学者が政策決定の立場に就き，彼らから政治的な最高指導者に伝達されたのである．この新しい「テクノクラート」集団が，呉が何年も前に提唱していた税制，価格，制度改革を推し進めたのである．

もちろん，1990年代と1980年代とでは多くの違いがある．呉と周が提出した具体的な改革案は，1980年代のそれに比べ格段に洗練されており，また，より現実的なものとなっている．改革派の経済学者は，国際的な経験を吸収し，最新期の中国経済の状況を観察し，5年間にわたる集中的な研究から多くを学んでいた．彼らは，企業および金融システムが以前に比べてかなり整備されていることを認識した．したがって，改革案は旧来のものと大差ないようにも見えるが，その内容はより詳細で現実的なものとなった．さらに，改革案が多くの制度的な分野における改革の相互関係の重要性をこれまで同様に強調する一方で，改革者たちは，以前のように全ての改革を一度に実行する必要性を主張するほどドグマ的ではなくなっていた．新たなアプローチは「統合的に推進し，重要分野で突破する」（中国語で「整体推進，重点突破」）であった．改革へのコミットメントの全体的な整合性を保ちつつ，特定の分野やセクターに焦点を当て，より効果的で大胆な改革措置の適用を認めるというものである．アプローチは1980年代と同様に統合的であるが，実行段階での統合性は薄れていた．事実，1990年代の改革は，約18ヵ月毎に新たな改革が開始され，政策決定者はある一つの分野で集中的に取り組み，それが完成すると次の課題に集中するという形で政策を実行する機会を得た．自分たちが作成した改革案を開始する前に，マクロ経済の安定性を実現しなければならないと主張する改革者はいなかった．それとは逆に，1994年末に中国のインフレ率が過去最高に並ぶ28％に達したとき，政策決定者たちは銀行セクターと企業セクターの改革をむしろ加速させた．当然ながら，1980年代との重要な違いとして，殆どの価格がすでに自由化されていた点が指摘されよう．しかし，それでも全体的に見れば，呉の統合的な改革プログラムは1990年代の指導者によって以前よりも効果的に大胆に取り入れられた．1990年代の呉の改革プログラムは，より具体的，より広範囲であり，マクロ経済上の懸念に囚われず，端境期において成長する市場の勢いを十分に生かすことができた．

　このように経済改革プロセスにおける呉の影響力を認識することはたやすいが，どの部分における影響であるかを特定するのは難しい．改革の節

目の時期のいずれにおいても，呉敬璉は政策の設計および選択に影響をおよぼし，また，改革を前進させることの必要性を政治的にも経済的にも強力に弁護してきた．しかし，同時に，これらの貢献は必然的に，中国の改革アジェンダに関する複雑な思考過程に埋め込まれて（embedded）いる．中国の改革のように広範で複雑なプロセスは，いかに能力の高い人間であっても，わずか数人のテクノクラートによって設計されるということなどあり得ない．そのプロセスの全体像は，利益集団相互の複雑な駆け引き，指導者の政治的な計算，そして，緊急を要する経済的な挑戦や危機などで構成されるものである．もっとも，重大な岐路においては，ごく少数の重要人物が出す優れた意見や助言によって答えが導かれる．呉敬璉は，20年以上にわたり，そのような重要人物の一人であった．

　1990年代を通じて，改革の課題は拡大し，より複雑になった．最も劇的な改革のいくつかは，インフレが終息した1990年代末に現れた．朱鎔基は，予期せぬ外的な衝撃となったアジア金融危機（1997～98年）によって景気が一層減速した時期に，マクロ経済の「ソフト・ランディング」を成功させた．このとき初めて，極めて不景気なマクロ経済環境が現出した．市場は典型的な供給過剰（需要過剰ではない）となり，銀行は融資に慎重になり，収益性と不良債権のリスクに敏感となった．国有セクターの縮小が真に大規模に起きたのは，まさにこの時期であった．非効率な国有企業の殆どは，銀行融資（ライフライン）を断たれて潰れることになった．この時期は，ある意味で，呉敬璉の第2の凱旋期であったと言える．彼は長い間，このように主張してきた．市場制約がソフトで予算制約がハードである，収縮的な厳しい経済環境のもとで，改革は，経済主体のより迅速な行動の変化，徹底的な構造転換，そして生産性の急速な改善を生み出す，と．そして，彼の主張は，現実としてその通りになったのである．1998年の困難を乗り越えた後，中国は経済成長の3度目の加速期に入った．そして，GDP成長率は過去最高を記録し，中国を世界第2位のGDP大国に押し上げた．呉敬璉が満たされた気持になったのは，もっともなことである．

注

1) 呉暁波『呉敬璉伝：一個中国経済学家的肖像』，北京，中信出版社，2010年，150頁．中国語では，「市場」という用語を呉の姓につなげると，あたかも彼の名が「市場」であるかのように聞こえ，やや滑稽であるが全く違和感はない．そうしたニュアンスは"Market Wu"という文字通りの英語の翻訳では失われてしまうが，彼を"Mr. Market"と呼ぶことは真面目な意味と軽い滑稽さを含むので，中国語の原語の表現に近くなる．
2) 事実，1990年の改革反対派との白熱した論争の中から生まれた「資源配分方式（メカニズム）としての計画と市場を論じる」というタイトルの論文は，呉の最初の論文集となる『呉敬璉自選集』の「市場化改革の基本理論」と題した部分の中に収録されている．
3) これに加え，後述するように，呉敬璉は1984年の「公式表現」の創出に関与していた．
4) 呉暁波，前掲書，103-104頁，109-111頁，を参照．
5) Barry Naughton, *Growing Out of the Plan: Chinese Economic Reform, 1978-1993*, New York: Cambridge University Press, 1995, pp. 173-86; 202-205, を参照．
6) Zhao Ziyang, *Prisoner of the State: The Secret Journal of Zhao Ziyang*, New York: Simon and Schuster, 2010.（『趙紫陽極秘回想録：天安門事件「大弾圧」の舞台裏』，光文社，2010年）．趙紫陽の回想は，この時期を正面から扱っており説得的であるが，極端に簡潔である（趙が軟禁状態の中で秘密裏に記録され，国外に流失したものであることを勘案すれば，驚くことではないが）．Barry Naughton, "A Political Economy of China's Economic Transition," in Loren Brandt and Thomas Rawski, eds., *China's Great Economic Transformation*, New York: Cambridge University Press, 2008, pp. 91-135.
7) Joseph Fewsmith, *Dilemmas of Reform in China: Political Conflict and Economic Debate*, Armonck, NY: M.E. Sharpe, 1994, が最も詳しい．Naughton, *Growing Out of the Plan*, pp. 187-99, も参照されたい．
8) 呉暁波，前掲書，126-133頁，はその経過に関する秀逸な報告となっている．
9) Richard Baum, "Deng Liqun and the Struggle against 'Bourgeois Liberalization,' 1979-1993," *China Information* March 1995, vol. 9, no. 4, pp. 1-35, を参照．
10) 王忍之「関於反対資産階級自由化（ブルジョア自由化に反対することについて）」，『人民日報』1990年2月22日．この演説は1989年12月25日に行われ，その後修正された上で『求是』誌（1990年，第4号）に掲載され，さらに主要な全国紙で発表された．
11) この経緯は，新望「呉敬璉在一九九〇」『経済観察報』（2010年1月20日），に手際よくまとめられている（http://style.sina.com.cn/news/2010-01-20/101655273.shtml）．また，呉敬璉『改革：我們正在過大関』，北京，三聯書

店，2001 年，300-321 頁，335-338 頁，に収録されたインタビュー録（謝春濤「関於計画経済與市場経済的論争：呉敬璉訪談録」『百年潮』，1998 年第 2 期，1 頁，および楊林林「著名経済学家呉敬璉談改革」『大公報』［香港］，1998 年 12 月 2 日）も参照されたい．
12) 陳君，洪南『江沢民與社会主義市場経済体制的提出：社会主義市場経済 20 年回顧』，北京，中央文献出版社，2012 年．最近出版された同書は，明らかに江沢民の名声と歴史的評価を高めることを意図しているが，1991 年に開催された 11 回の会議について多くの新しい有益な情報が盛り込まれている．
13) 鄧小平は朱鎔基が同小組の組長に就くべきと考えていたが，朱鎔基は自分が組長になった場合，江沢民の感情を害することを恐れた．
14) この時期を詳細に回顧した最近の著作としては，胡舒立・霍侃・楊哲宇「改革是怎様重啓的：社会主義市場経済体制的由来」，財新『中国改革』2012 年 12 月号特集，を参照されたい．

訳注 1 一般の読者を想定した本書の性格上，また紙幅の制約上，日本語版の第 3 部においては，文献 15（第 11 章）および文献 20（第 12 章）のみを収録するにとどめた．
訳注 2 本章では，1980 年代半ば以降の呉敬璉の唱道した改革プログラムおよび改革へのアプローチに対して「統合的（integrated）」または「包括的（comprehensive）」（いずれも中国語で「整体」）という修飾語が頻出する．これらは，特定分野の個別の改革を独立したものとして単発的に実行するのではなく，経済システム全体の整合性を考慮し，個々の改革措置を相互に関連付けて"一体化された"（または"ワンセットの"）ものとする改革プログラムおよびその実行に向けたアプローチのことを指す．なお，本章で後述されるように，このような改革プログラムおよびアプローチが確立される以前の 1980 年代前半（呉が米国に留学する前後の時期）においては，「全面的な改革」（all around reform, across-the-board reform，中国語で「全面改革」），そして「相互調整的な改革」（coordinated reform，同「配套改革」）といった用語が用いられている．
訳注 3 呉敬璉の『当代中国経済改革教程』，上海遠東出版社，2010 年，の「2.3 "整体推進"（1994 年至今）」では，青木昌彦等編著『経済システムの比較制度分析』，東京大学出版会，1996 年（中国語版は『経済体制的比較制度分析』，中国発展出版社，1999 年）に言及しつつ，統合的（包括的）アプローチが必要なのは制度の間に戦略的補完性があるためである，と述べられている．
訳注 4 「双軌制（dual-track system）」の概念とその問題点については，本書の第 1 部第 2 章の「2．『石を探りながら河を渡る』と『双軌制』の形成（1978〜1983 年）」および第 5 章で詳しく説明されている．また，「双軌制」という二重体制のもとで進められた「増量改革（incremental reform）」は，計画経済の既

存の部分を大きく変えずに，新たに増えた部分を中心に改革する戦略のことを指す．この戦略の効果と弊害については，同じく第1部第2章の「4．経済発展を後押しする新経済体制（1994年〜）」において，また，レント・シーキングとの関連については，同第3章において論じられている．

訳注5　英文版では人物と担当分野に若干の齟齬があると認められるため，日本語訳では原典に基づいて英語版の記述の一部を修正した．

11

経済体制中期(1988–1995)改革計画綱要

(1988年5月)（抜粋）[1]

　改革開放の全面開始以来，我々の前にはマクロ経済政策について3つのありうべき選択があった．第一は，緩和的な貨幣政策の下で，行政的手段によって価格を統制してインフレーションを抑えること，二つ目は，拡張的な貨幣政策は変えることなく，積極的に価格改革を進めること，そして三つ目は，マネーサプライを適切にコントロールしながら，徐々に価格改革を進めていくこと，である．

　第一の「緩めの金融調節と価格統制」の組み合わせは，改革にも発展にも非常に好ましくないだけでなく，インフレも抑えられないことがはっきりした．物価水準が全体として上昇する中で，特定の「重要産品」の価格だけを統制すれば，財の相対価格関係を歪め，資源配分の効率性を低下させるだけだからである．矛盾があからさまになる前，人々は高成長に満足して，政策調整の時機を失してしまい，後の事態収拾がさらに困難になる．「価格改革は避けられないし先延ばしもできない」と悟ると，人々は第二の選択を選ぶ．すなわち，マネーサプライの伸びをコントロールしないまま，価格を自由化することである．しかし，この政策は成功する見通しがほとんどない．需要が膨張し潜在的な購買力が蓄積していく中で，価格を大きく調整し一部の産品の価格を自由化することは，深刻なインフレを招来しやすいからである．ユーゴスラビアは国際通貨基金（IMF）の要求に従って，これまで何度か価格の自由化措置を採った．しかし，需要の

膨張を招く体制的欠陥（市場の分割，競争の欠如，所有者の不明確な「社会所有制」が広範囲に導入されていたことなど）を改革することなく，また，インフレを抑制するマクロ政策を採用することもないまま価格を自由化した結果，毎回社会の受容限度を超えた物価の暴騰を招いて，改革を中止，改めて物価を凍結せざるを得ない結果となった．事実が証明するように，物価統制が維持できなくなって価格自由化を迫られ，物価上昇を招くと再び物価を凍結する——このように痙攣を起こしたかのような価格変動を招くことは，健全な経済の運行と資源の有効利用に最も有害なのである．

このような教訓は多くの国にあり，我々はそれを学ばなければならない．もともと市場経済が存在したドイツ連邦や日本のように，わが国が1～2年の間に統制経済から市場経済への転換を果たすことはありそうもない．しかし，彼らがかつて採用し効果を挙げた「通貨供給量をコントロールしながら価格を自由化する」手法は成功しうる唯一の政策選択であろう．

もっとも，わが国が何度か時機を失している間に，需要は既に膨張し，地方や部門の権限棲み分けにも独特の「型」割拠スタイルが定まり，蓄積された潜在的な購買力は巨大化している．よって，「貨幣をコントロールし，価格を自由化する」改革の前途は決して容易ではなく，大きな困難を克服し，大きなリスクを冒さざるを得ない状況にある．各国の経験から明らかなように，新体制の機能を発揮させる基本条件は，競争的市場を打ち立てることである．適切な時機を選んで価格改革を実行することは，リスキーであるとしても他に途はないし，先延ばしすればするほど困難とリスクはますます増大する．貨幣を過剰に供給して，水増し式で低効率な高成長を支えることが深刻な結果を招く下策であることは明らかである．インフレはいったん素地が芽生えると，加速するもので，遅かれ早かれ急ブレーキを踏まざるを得なくなる．インフレ圧力を「徐々に解消」することに望みをつないでも，成功例は国際的にも稀なのである．よって，この難関はいずれ乗り越えなければならない．機を失するよりは時期尚早の方がまだましであり，痛みは長く続くより短く終わった方がよいので，果断な措置が望まれる．(1)総需要と総供給のギャップを一定範囲内にコントロールし，(2)価格改革の方法，テンポ，範囲を周到にアレンジし，(3)その他の改

革との相互調整（cordinate）を適切に行うべく，指導者が大決断を下し，全党並びに改革の志を持つ人々の努力を結集すれば，我々はこの難関を越えて平坦な道に出ることができる．

第一段階（1年目）安定を図りつつスタートする

　本段階の任務の中心は，次の段階の改革で決定的な一歩を踏み出すための条件整備をすることである．このため，総需要をコントロールする確固たる措置を採り，同時に経済構造を適時に調整し，供給を改善する．

　改革の重点は市場経済の仕組みを強化し，不合理な利益関係を整理し，経済生活の突出した矛盾を緩和することである．この段階で採る措置のうち，例えば総需要の抑制などはすぐに効果を示すであろうが，多くの措置は短期的に効果がはっきり現れないとしても，体制転換のためには必須なものであり，できる限り早く実行に移さなければならない．改革の順序を考慮すれば，時間がかかるものは今すぐ着手しなければならないことに留意すべきである．

1. 総需要をコントロールし，経済構造を調整する．総需要の急激な伸びと2桁台のインフレは，改革に対する深刻な脅威になっているため，厳格な経済的，法的・行政的な手段を採って，総需要をコントロールし，貨幣流通を円滑にし，経済構造を調整しなければならない．
2. 政府管理体制を改革する．
3. 新たな国有企業改革計画を開始する．
4. 社会保障制度改革を開始する．
5. 一部産品の価格調整を開始するとともに，市場メカニズムの形成を図る．インフレをコントロールする措置を実施する一方，市場メカニズム改革も着手しなければならない．この種の改革は，価格の調整〔引き上げ〕が購買力の吸収を助けるように進めることを原則とすべきである．
6. 利益関係を調整する．いまの収入分配は，権力を利用して利益を得る者や「倒爺」〔統制物資の不法な横流しで鞘を稼ぐ者〕に大きく傾斜し，頭脳労働者と単純労働者の収入の逆転，固定収入生活者の生活水準の低下等の問題を引き起こして社会階層間の緊張を高めている．体制転換のための

準備条件を整備する段階においては，適時に利益関係を調整し，収入分配の深刻な不平等を克服し，各種の利益矛盾を緩和する必要がある．
7. 改革の設計・立案，宣伝および幹部の研修を強化する．

第二段階（2～4年目）根本的な体制転換

　この段階では体制転換を基本的に実現する，すなわち基本的な価格体系を適正化し，所有権の所在を法的に明確化し，市場組織体系をさらに発展させ，政府の経済管理を新たな軌道に乗せることを目的とする．いわば改革の天王山の段階である．もちろんこの段階でも改革のあらゆる課題を達成することはできないし，新たな経済体制の完成には，なお時間を要する．

　この段階では，改革措置は全面的かつ相互に調整されたものである必要があるが，最も重要な改革は次の二方面である．第一に，価格体系に存在する歪曲を解消し，統一的で有効な市場メカニズムを形成するための地ならしをすること．これは価格，税収，財政，貿易，計画，金融等の相互関係の調整とメカニズム転換に関係してくる．第二に，わが国の商品経済の発展の要求に合致する制度や組織の体系を構築する．ここには企業制度の改革，公有財産所有権の明確化，および各種の中間経済組織（intermediate economic organizations）を発展させ，政府が新たな役割を演ずる新型経済体系を形成することが含まれる．

　第二の方面の改革は，日々続けていくべき性格のもので，各種の措置が時間的・空間的に必ず一斉に実行されなければならないというわけではない．これに対して第一の方面の改革は元来一気呵成に行うべき性格のもので，直接的に相互に関係し合うため，全国統一実施が必要であるし，各措置は時間的によく調整されていなければならない．いまも強力な利益集団が存在する環境にあることを考慮すると，基本的な経済関係をパッケージで改革する際の具体的手順については，少なくとも2つの選択がありうる．第一は，価格改革と同時に税制改革も実行し（流転税〔売上税〕をすべて増値税〔付加価値税〕に転換，各種所得税率は統一，資源税を拡大等），分税制と新財政体系を実施，計画・物資・投資・外国貿易体制を併せて改革してしまう案である．第二は，価格改革を打ち出す際，税制は変えずに税

率のみ適宜調整，計画・物資・外国貿易等の直接コントロールは緩和するが，財政と投資体制は現状を維持し，価格改革が実行されるのを待って改めて財政・税収・投資を重点とした第二段階の改革を始めるものである．2つの改革案の内容と目的は同じであるが，技術的にはそれぞれの利点があり，今後さらに研究を続けるべきである．

この段階の改革の具体的措置は，(1)物資分配体系の改革，(2)価格改革，(3)税制改革，(4)財政改革，(5)投資体制改革，(6)銀行・金融改革，(7)外国貿易改革，(8)給与・雇用・社会保障の一体改革，(9)企業制度改革である．

第三段階（5～8年目）完成と統合

新しい経済システムを完成し，統合するとともに，健全な市場経済を発展させ続けるのがこの段階である．重点は資金市場と労働市場の開放を加速すること，同時に土地市場と商品市場をさらに成熟させ，政府の管理体制をさらに市場経済に適合させ，企業が利益損失に自己責任を負い，自由な競争の下で自ずと淘汰メカニズムが働くような企業の自主経営を実現することである．

この段階における改革は，主に(1)資金市場，(2)労働市場，(3)土地市場，(4)商品市場，(5)政府の経済管理体制，において行われる．

第三段階の改革が終われば新しい経済メカニズムを建設するシステムの建設任務は基本的に完成するが，それは改革が最終的に完成したことを意味しない．新しい歴史的時間の中で，次は政治改革が中心的な任務となり，経済改革のさらなる深化の方向は，経済体制の現代化，規範化，そしてさらなる開放になるであろう．

注

1) この論文は，1987年，国家体制改革委員会が複数の経済改革研究グループに具体的な改革提案を提出するように求めたことに応じて，1988年5月，同委に提出された研究報告の中から抜粋したものである．我々は訳出された部分によって，改革方案の全容を（ある程度）掴むことができる．そのうち，ここで翻訳したのは，序言の幾つかの部分，三段階に区切られた改革に関するそれぞれの節の冒頭部分，そして，それぞれの節の中味を示す見出しである．詳細は

第3部に対する編者の解説を参照のこと．出典は，「経済体制中期（1988-1995）改革企劃綱要」（執筆に当たった研究チームのリーダー：呉敬璉，周小川）．この論文は，呉敬璉・劉吉瑞『論競争性市場体制』（北京，中国財政経済社，1991年）の付録（303-52頁）としても収録された．

12

短・中期経済体制改革の包括的設計

(1993年6月)[1]

呉敬璉,周小川

「中国経済体制改革総体設計」課題グループは,包括的な改革という考え方にしたがって,3年の作業を経て,財政・税制体制,金融体制,外為体制,社会保障体制などについて課題別改革案を設計し,国有大中型企業体制改革プランについても総括取りまとめの段階にある.1993年5月から6月にかけて,課題グループはこれらの課題別改革プラン設計の基礎の上に,近・中期の改革パッケージ案について総合討論を行った.以下はこの討論の紀要である.

1 経済情勢と存在する問題の原因分析
〔英語版では省略〕

2 問題解決のための考え方と利益の調整方法
　第一,入念に設計された中期改革計画〔中国語では「企劃」〕の指導の下,大胆に改革を進め,短期の措置を中期改革の全体設計と合致させながら,経済のアップ・アンド・ダウンの繰り返しを防がねばならない.
　第二,市場経済の仕組みを構築する過程では,多くの権力と利益の再調整が起きる.時を失せずに,総需要などマクロのコントロール権能の集権化とミクロの管理権の分権化を結びつけて進め,また,政府機構の簡素・精鋭化と実業・事業機会の創造を結びつけて進めなければならない.時機

を失すると，権力のトレードオフや利益の補償などの調整を行う余地を失ってしまう．

　第三，トップダウン改革をボトムアップ改革と結びつけて進め，中央の改革指導が弱体な局面を転換しなければならない．目下のボトムアップ中心の改革スタイルが続くと，政治，マクロ経済管理，法制などあらゆる面で問題を抱えることになる．

　第四，地方の党政幹部の選抜のあり方は，いま地方幹部の目標や行動に大きな影響を及ぼしつつある．得失を吟味しつつ，地方のノルマと密接に関連する行政権限（改革推進の権限を含む）を大幅に地方に移譲すべきである．（地方財政，交通，都市建設，住宅改革，社会保障，環境，教育，赤字企業のリストラなど），同時に地方政府になじまないある種の権限の整理も進めるべきである．この調整を行った後は，地方人民代表大会と政府で徐々に直接選挙制を広めてもよい．

　第五，市場経済にも様々な方式がある．わが国は，基本的な市場制度を導入した後はどのようなモデルを選ぶかを選択し，中国の特色ある市場経済モデルを設計するべきである．

- 米英型の市場経済（個人主義的な市場経済）：個人主義哲学を元にし，「企業は株主のもの」という考え方を重視し，法に基づく争議の解決を図り，労働力は活発に移動し，企業は短期的な利益追求を旨とし，資金の供給は企業の内部留保と直接投資が中心であり，銀行は利潤追求が建前で顧客企業とリスクを分担することはない．株式制度の役割が大きく，個人の収入格差が大きい．
- 日本（アジア）型市場経済（コーポラティズム型市場経済）：日本式「儒教」哲学を基礎とし，大企業は株式の持ち合いを行い，「企業は株主のもの」という考え方は少数派であり，良好な人間関係により紛争を解決することを重んじ，経済や企業経営において「メインバンク」が重要な役割を果たし，銀行は顧客企業と苦楽をともにし，社員は企業への帰属感を持ち，概ね終身雇用制であり，株式市場の役割は小さく，個人の収入格差は小さい．
- ドイツ型市場経済（社会市場経済）：社会「秩序」を重んじ，大銀行が大

きな役割を果たし，社員が経営に参画し，収入分配の公正と社会化された福祉を強調する．

日本型市場経済は，実績面において欧米型を上回っており，戦後のアジア新興工業国（NIEs）は日本の経験を利用して驚異的な成果を上げている．一方，わが国で流行している改革思想は英米型市場経済の影響を大きく受けている．

わが国の文化伝統や経済発展は少なからぬ面においてアジア諸国・地区に近いため，これを踏み込んで研究し，冷静に取捨選択すべきである．その必要は会社と株主の関係，銀行及び資本市場のあり方，雇用・労使関係等においてとくに大きい．

第六，改革の設計を強化する．

3 重点領域の改革プラン

1. 金融体系

- 中央銀行の役割は，金融政策と銀行及びノンバンク金融機関の監督だけを管掌するものとする；人員規模は縮小し，大きなブロック地区の中心都市にのみ支店を置くものとする；中央銀行及び支店の経費は財政予算で賄い，収益はすべて上納する；本来の中央銀行に求められる改組の後，余剰となった人員，財産及び物的資産は商業銀行，長期貯蓄銀行または国税徴収監督部局（真の国税局）に移管するものとする．
- 中央銀行は，マクロ管理面では，利率（による乗数効果）及び利率を基礎とする間接コントロール手段の運用を強化するものとする．
- 中央銀行は，ベースマネー，利率及び為替レートの調節を強化するものとする．このため，金融政策委員会（中央銀行代表，政府部門代表及び専門家の三者で構成）を設け，これが金融市場の情勢判断及び重大な政策建議を担当するものとする．
- 中央銀行は，国庫券（政府短期証券）の売買を通じて，徐々に公開市場操作による短期の通貨供給量調節メカニズムを構築するものとする．
- 中央銀行は，専業銀行[訳注1]に対して（資金）調節，指導，監督及び検査を行わなければならない．そのうち与信規模及び再貸付に対する調節は，

本店限りで行う．専業銀行は自ら支払能力を保証し，中央銀行は専業銀行の流動性及びプルーデンス（金融安定性）を継続的に監督・指導するものとする．
- 専業銀行は可能な限り速やかに商業銀行に転換し，別に開発投資銀行，輸出入信用銀行等の政策融資銀行を設立することにより，（商業銀行の）政策性融資は規模を縮小するものとする．以上の各種の銀行はブロック地区ごとに省を跨ぐ地域本部を設けることにより，地方政府の行政管轄区域との横並びを薄くしていくものとする．
- 専業銀行の責任を強化する．専業銀行の支払能力に対する国内企業と個人の信認を守るため，中央銀行は金融政策の目標としてM0ではなく，M1及びM2の調節をより重視するものとする．ここで，上級行から下級行に対する垂直的管理を強化して初めて，専業銀行の業務規定と財務規律の強化が保証されることに留意する．

2．財政・税制

- 税収改革の目標：総税収がGDPの25%を占めること（現在は17%）と定める．
- 増値税（VAT）〔付加価値税〕の全面的な普及を進める．増値税の複数税率は，統合・簡素化により3種までとする（現在は12種）．真の企業コストを把握する改革を進めつつ，増値税の課税ベースを拡大する．
- 個人収入に対する課税は，源泉徴収（payroll tax）を普及させる．
- 分税制と税の徴収・管理の棲み分けを進めるために，国税局を設立して中央税の徴収・管理を強化すると共に地方税の立法と徴収管理を地方に権限委譲する．
- 中央税収入額の増大と合わせて，公式に則った中央・地方間の移転支出を行い，地方予算支出権能を拡大する．
- 国務院は段階に応じて税収改革領導小組を設立する．

3．公有制を護り改革していく前提の下，「会社」化（corporatizationまたは「法人化」）の実施と財産権関係の明確化

- 国有制の大中型企業は，徐々に公有機関による株式保有に転換する．
- 公有制企業の過剰債務問題を解決するため，債権の持分転換（DES: Debt Equity Swap）を行う．
- 企業が会社化を行うのに合わせて，従業員の社会保障機能を会社から分離し，積立・社会保障基金を設立する．
- 従業員の持分権は総資本の20％以内で認めることができる
- 会社化転換は順序が大切である——大中型国有企業の株式制実行（DES及び社会保障の外出し改革を含む）→（現存の株式交換ネットワークを通じて）法人株の譲渡交換を実行（但し増資は行わない），市場に基づいた初歩的な持分の値付けを行う→従業員による増資引き受け→株式市場に法人株を上場し，株の公開売却を実行（但し増資は行わない）→会社に資金調達のための増資を認める．

ここで次の2つの概念を混同しないように注意すべきである．
会社化 ≠ 持分の高度な分散
株式上場 ≠ 資金調達

4. 国情に合致した資本市場と不動産市場の創設

- 株式取引や株式資金調達は，企業の経営状況に対する市場の評価（値付け）に基づいて行われるべきである．よって，（株式市場の）創設初期には，企業価値の評価メカニズムを打ち立てることを優先し，その後徐々に株式資金調達を拡大させていくべきである．
- 上海・深圳の両株式市場とSTAQ，NETS[訳注2]の両株式取引ネットワークを統合，全国展開し，上場企業を増やすことにより株価の鎮静化を図り，バブルを消滅させる．
- 会社化と株式の上場・譲渡（増資による資金調達は当面行わない）の拡大は，法人株の取引を中心として，株式取引システム（STAQ，NETS）上で行うものとする．
- ネットワーク市場で非連続式の取引を創設し，投機的な連続売買を防止する．
- 初歩的な都市計画を作った上で，競売方式を採用して土地利用権のリー

5. 住宅の商品化と従業員の社会保障体系の建設の大胆な加速

- 以下の点を認識しなければならない．(1) 社会保障制度について，新従業員には新制度，現従業員には現制度を適用するという「双軌制」を採用すると，移行完了に何世代かの時間を要し，市場経済のニーズに追いつかない，(2) 政府と国有企業の従業員には，総量からみれば住宅があてがわれているが，従業員の住宅に関する権利については不確かである，(3) 国家が既に承諾した社会保障を撤回することはできないし，現存利益を過度に調整することは政治的に難しい，(4) 国家は，普遍的・均等な形で社会保障体系を施行するだけの経済力がないし，福祉国家モデルを採用することも不適当なため，既成の制度の上に制度改革を進めていくしかない，(5) 住宅と社会保障制度の改革は，給与制度の改革（真の企業労働コストを把握する改革）と一体で行わなければならない．
- 〔従業員のランクと年齢に応じて面積や価格を分類しながら〕住宅私有化をさらに推進する．
- 養老年金と医療保険については，個人口座の採用を主とし，国家が運営する保険制度は小規模に運営する．
- 従業員に既に分配した住宅や約束した社会保障待遇は，「逆算式」を用いて個人口座に記録し，これを新制度に引き継ぐ．
- 会社化を行う際に社会保障機能を企業から剥離し，一種の公有制持分権たる保障基金（現存しない場合は新設）に転換する．
- 失業保険の原資は給与に対する源泉徴収税で賄う．
- 持株会社が養老及び医療保障基金を設けて，いわゆる賦課（pay as you go）方式から積立方式へ転換していくものとする．

シンガポールは，東洋人の特性と経済発展段階の初期に適合したCPF (Central Provident Fund) 方式の創設に成功し，最近チリも示唆に富んだ新しい社会保障制度を設立した．

6. 価格改革と商品市場

商品市場では価格改革が長足の進展をみたが，価格体系によって効率的な資源配分が行われるには未だ遠い．このため，以下の点についてさらなる改革を行わなければならない．
・未だ達成すべき自由化を実行できていない価格について，調整または自由化を行う．
・市場に対する行政の干渉，制限及び（市場）分割を減少させる．
・独占を緩和し，競争を強化する．
・原価計算制度を改革し，課税ベースの計算と一体化させる．
・外部不経済にまつわる費用徴収制度を統一する．

価格改革は，インフレがあるからと言って遅らせてはいけない．インフレは人為的な干渉で価格を抑えつけるやり方で緩和させようとしてはいけない．そういうやり方は，長期的にみれば，財政困難を深刻化させ，通貨供給量をいっそうコントロールしにくくし，地域格差をますます拡大する等の矛盾を激化させるだけだからである．

4　中期改革のすり合わせの要点

1．税制改革と財政強化は財政体制改革と政府・企業の行為の規範化を図るための重要な前提条件である

税収を強化することで，初めて政府に以下のことが可能になる；
・政府が負担すべき政策的な支出を，人に押しつけずに政府が負担すること．
・政府機構の経費と公務員に対する正当なインセンティブを満足させ，「誰もが副業に手を出す」弊害を是正すること．
・政府が余剰人員を放出するために必要な財源を十分用意すること．
・相応の俸給を支払うことにより（公務員の）腐敗を相当程度防ぐこと．
・総需要の調節に当たって，財政がより有効な役割を果たすこと．

このようにして，初めて政府と企業の分離，貧困防止，腐敗防止や金融改革（商業銀行の発展）を順調に進めることができる．

2．企業，銀行，国有企業の3つの改革のすり合わせ——企業改革には3

つの難題あり
- 企業所有権制度や所有権による経営制約のあり方には大きな欠陥がある．
- 国有企業が総じて資本不足，債務依存過多なことが，ソフトな予算制約[訳注3]問題の主たる原因となっている．
- 企業が社会保障制度を抱え込んで「現収現付」〔現金主義の賦課方式〕のその日暮らしになっている．

改革のすり合わせの方法：
- 国有企業の所有権改革は，会社化，公的機関による株式保有，公的企業の株式持ち合い，混合所有制，（部分）従業員持株方式，中小国有企業の売却など，各種の方式に拠ってよい．中期的には公的機関による株式保有が重要な役割を果たしうる．

どのような機構が持株主体になることが適当か：
- 国有企業の過剰債務の状況や，かつて日本が間接金融主体の時代にメインバンク・システムを生んだことを考慮すると，一つの解決策は国有企業の過剰な借り入れを銀行の企業に対する持分に転換するDES（Debt Equity Swap）を実行，同時に，国は企業に対する国有持分権の一部を国有銀行の株式に転換，国有銀行内部のリストラも実行することによって，日本モデルに近似した「銀行―企業」関係を作り出すことであろう．
- 社会保障機能を企業から剝離すると，その後の社会保障支払いに宛てるための基金も重要な役割を果たすようになる．積立式の基金（従業員積立部分であろうと政府の加算部分であろうと）は金融市場で直接運用される投資基金に発展するであろう．

3. 会社化（公司化）改革と株式市場

　株主と経営者が相互に制約し合うコーポレート・ガバナンス制度は，大中型企業を組織するための一つの有力な方式である．ただ，株式市場は本来，会社の現在業績と将来の収益能力を直接・間接に評価して市場価値を決定する機能を持ち，同時にこの評価に基づいた直接融資機能も兼ね合わせることに利点がある．しかしいまのわが国の株式市場では，投資と投機が本末転倒して，投機の機会ばかりが追求され，会社の業績とは無関係に

株価が決まっているところに難点がある．

　この点では，西側諸国の株式市場も成功しているとばかり言えない．短期目的の投機が多く，バブルになりやすい，企業所有権者が頻繁に変わるため株主と会社の長期的視点に立った経営が阻害される等である．よって西側でも長期的視点に立った企業，株主と株式市場の運営に注力している．

　わが国の株式市場の発展も，以上のような趨勢を十分考慮する必要がある．

- 投資と投機の本末転倒を再転倒すべく，市場による企業評価システムを形成することを株式市場育成の第一段階とする．
- 国有企業の段階的上場の計画を立てて，評価機能と関係者の長期的視点に立った行動を育む．
- 投機的な連続売買を防止する非連続式の取引市場をテストし，大部分の短期取引や短期的行為を廃絶する．

4. 対外開放と為替自由化

　社会主義市場も開放的な市場であるべきであり，以下の行程をたどる必要がある：(1)為替自由化，(2)対外貿易の全面開放，(3)国内企業への外国貿易全面解禁，(4)外国企業に対する内国民待遇，(5)関税引き下げ・貿易自由化．

　近年のマクロ変動によって，わが国経済の脆弱さが暴露されてしまったため，人々は為替自由化に対して不安を抱き，極めて慎重になっている．しかし，わが国の外為システムの問題点は，経常勘定における外貨取引自由化を加速する改革によって初めて是正されるものである．外為管理における目下の問題は；(1)外為改革の順序を誤り，貿易取引に先んじて資本取引に伴う外貨取引を認めたことが資本の大量流失を招いた過去がある，(2)長期にわたる二重為替レート制により，人民元の信認が低下している，(3)外為市場に顕著な欠陥があり，「灰色」の第二市場が存在する，(4)マクロ経済が不安定であるなどである．

　為替自由化は，今後のわが国経済に重要な役割を果たす．第三世代の国家指導者にとっても重大な政治的意義を持つ．適切な調整によって経常勘

定の為替自由化を加速することは，今日において，決して不可能なことではない．
- 合理的な外為改革の先後順序を定める（単一為替レート＋企業の外貨売り払い義務）→経常勘定（居住者の貿易外取引を除く）の為替取引自由化→資本勘定及び居住者の貿易外取引の為替取引自由化．
- 外為市場を改革し，専業銀行（本店に限る）の市場参加を認め，中央銀行は各専業銀行ごとに毎日の取引額の上限及び外為持ち高の上限額を定める．
- 通貨供給総量のマクロコントロールを改善し，総需要をコントロールし，現実に見合った金利を定める．

注
1) 「短・中期経済体制改革の包括的設計」（「近中期経済体制改革的一個整体性設計」）は，「中国体制改革総体設計」課題グループがグループ討論を行って，呉敬璉及び周小川が執筆し，1993年7月10日に中共第14期三中全会起草グループに提出したもので，後に呉敬璉・周小川・栄敬本編著『建設市場経済的総体構想與方案設計』（1996年），3-13頁に所収された．

訳注1　1970年代末以降に設立された4つの銀行（中国工商銀行，中国農業銀行，中国建設銀行，中国銀行）．1993年を境とする金融改革により政策性業務が切り離され，これらの銀行は（四大）国有商業銀行となった．

訳注2　店頭株式市場において，第三者割当で発行された法人株の流通のための気配の自動通知システム．STAQ（Securities Trading Automated Quotation System）は，全国に存在した証券取引センターにおける取引・価格情報を提供するため，当初は国債を対象として1990年に導入された．NETS（National Electronic Trading System）は，有価証券の取引を目的に，STAQと同様の機能をもつシステムとして1993年に導入された．

訳注3　ハンガリーの経済学者コルナイ・ヤーノシュ（Kornai Janos）による概念（soft budget constraints）．非効率な事業体を寛容に救済すること，すなわち，そうした事業体に対する予算制約を事後的に緩和することを指す．

第 4 部

改革アジェンダを拡大する

編者による解説：言論人となる

バリー・ノートン

　第4部に収録している文献は1995年から2003年の間に執筆されたものである．これらは，第1部〜第3部に収録した文献とは3つの点で大きく異なる．第一に，これらは，呉が政策アドバイザーとしての直接的な関与から離れ，主として学術志向へと戻った後に執筆されたものである．もちろん，呉は政府の指導者へのアドバイスを止めた訳ではなく，中国の政策過程において専門家がインプットするための制度が再構築されると，しばしば諮問会議や委員会のメンバーとして働いた．もっとも，それらに加え，呉は国家的な案件について長期的かつ多角的な観点から，柔軟に，大局的に論じる自由を得た．第二に，これらの論説によって新たな聴衆を得た．この時期，呉は世に広く知られ尊敬を受ける言論人としての新たな役割を担うことになり，より多数の多様な聴衆に対して発言することになった．第三に，ここに収録した文献は，改革アジェンダを拡大させるという呉の関心を示すものである．21世紀を迎えた時点で，初期の経済改革アジェンダはすでに実現に向かっていた．これまでと同じ改革の方向で高速の発展が続けば，中国は，法的な保護，客観的な法規，様々な社会集団の独立，そして究極的には民主的なガバナンスといった新しい課題に直面することになろう．

　本書の最後になる第4部では，編者〔ノートン〕は，呉の見解の多様性と広がりが示される論文を選んだ．その殆どは，多くの解説を要するもの

ではない．しかし，呉による中国の株式市場の分析と，その分析が彼の思考において，また，それを受け止めた聴衆の側において果たした役割については，若干言及すべきであろう．概して言えば，中国の株式市場に対する呉の批判は，彼の市場および市場の歪みに関する分析全般と極めて整合的である．中国の株式市場には，その創設時点から，不透明で一貫性に欠けるガバナンス，抜け穴だらけの法規，しばしば奇妙な変動をする株価といった特徴があった．これらの側面に対して呉が批判的なのは自然なことである．呉は，情報開示の改善と法規の整備を提唱する中で，市場の歪みと監督者によるレント・シーキング行為を必然的に助長する原因となっている，行政による認可プロセスの削減が極めて重要であると訴えている．統合的な改革をできるだけ速く実行することが，市場の障壁と歪みを軽減する最短の方法である，という学術的な観点に立てば，呉が株式市場に対する懸念から統合的な経済改革の必要性を提唱することは容易に理解できる．それゆえに，改革が全般的に進展するのに従い，呉が改革過程で出現した多くの制度（例えば株式市場）を批判的に見るようになり，また，正常に機能する市場制度という基準に照らしてそれらを評価するようになったのは非常に自然なことである．呉の判断では，これまでのところ中国の株式市場がこのテストに合格していないことに疑念の余地はない．

　同時に，株式市場は，言論人としての呉の登場に際しても決定的な役割を果たした．彼を庶民の中に引っ張り出したのは，他ならぬ彼の株式市場に対する批判だったのである．その株式市場に対する批判こそが，2000年，2001年と2年連続で中国中央電視台（CCTV）が選ぶ「今年の経済人」の座に彼を導いたのである．呉敬璉の名は，中国の株式市場を「ルールなきカジノ」と称する人物として，中国で今日に至っても知れ渡っている．カジノが悪いという訳ではない，しかし，カジノであろうともルールはあるべきだ，と呉は明言した[1]．さらに，CCTVでは，呉が小口預金者や小口投資家の利益を常に考え続けていること，および庶民の利益を訴えていることが特別に認識された．これらの賞賛を得ることは素晴らしいことであるが，わずかな短いコメントによって有名人になることには危うい面もある．これ以来，経済問題に対する呉のコメントは常に関心を集めているが，

それらを歓迎する者もいれば，歓迎しない者もいる．中国のウェブサイトの空間では，ありとあらゆる呉の批評に対して経常的な反響がある．それには否定的なもの（「我々の代弁者を気取っている奴が何か言っているのか？」）もあれば，肯定的なもの（「そら，彼は人民のために立ち上がっている！」）もある．呉が徹底的かつ体系的な経済改革の唱道者としてよく知られているために，これらの個人的なコメントが大きな論争へと飛び火することもある．保守派や新左派は，呉が良心をもった経済学者であると知られるのを嫌い，歯に衣を着せぬ発言をする者・問題を誠実に扱う者という呉のイメージに口から出まかせの非難を浴びせる．

　呉の公共空間への登場の経緯は，第4部に収められた株式市場に関する論文を解説する手助けとなる．第13章は1995年に発表されたものであるが，それは本論が単に短期的に関心を集めようとして執筆されたのではなく，呉の株式市場に対する見解が長期的な展望に立って熟慮されたものであることを示しているがゆえに，呉の自選集にもしっかりと収録されている．この時点において，呉の見通しは十分に的確だったと言える．この論文は中国の株式市場の発展の極めて早い時期に執筆されたものであるが，その後，中国は株価高騰とその崩壊の局面を経験した．2001年に発表された論文（第14章）は，言わば上記の主張を裏返したものである．株式市場に関する発言で名を馳せた直後に，呉は自身が，株式市場に欠陥があるにせよ経済の中で貴重な役割を担うと信じて疑わない市場志向の経済学者のグループから継続的に批判を受けていることに気付いた．彼らの批判に反論するため，呉は賢明でかつ面白い方法を選んだ．彼は，明らかに株式市場擁護派である5人の経済学者が参加したシンポジウムを引き合いに出し，彼らのコメントの一つ一つに対して反論するという方法を採った．したがって，この論文は，呉の論敵が繰り出す批判を再録し，それに対する呉の回答を展開するという形になっている．そのため，読者は，株式市場に対する双方の議論を感じ取ることができる．本書の読者は，呉の主張の方が優位であると思われるだろうが，いずれかの主張に100％与（くみ）しているものではない．反対者の意見を認めている点もあり，双方の議論が公平に扱われている．論争を続けながら議論をより高次元のものへと引き上げる

のは，素晴らしい方法である．

　この論争が，呉が関わったそれ以前の論争を彷彿とさせる点も興味深い．1980年代において（文献16*を参照），呉は，彼と同じように市場改革に献身していると見ていた経済学者たちと論争した．1980年代，呉は，不適切な（見かけ倒しの）制度を矯正するために断固たる措置を実施すべきであると主張した．それは，最善とは言えない制度を漸進的に採用し一定期間続けることが，中国の発展水準と当面の状況に照らしてみれば適切な戦略である，と主張する論敵に真っ向から対立するものであった．今回の論争がピークに達した時期から数年の間に，中国の株式市場の運営という点についていくらかの改善はみられたが，とても十分と言えるものではない．実のところ，21世紀の最初の10年間における目覚ましい経済成長にもかかわらず，上海株式市場の株価は奇妙な動きを続けている．呉が株式市場の運営状況について公開論争をしていた2001年から2005年までの間，上海の株価指数は2000ポイント強からほぼ1000ポイントの水準まで継続的に下落した．それが今度は上昇に転じ，2007年末に6000ポイントに近づいたかと思えば，2008年末には2000ポイント以下にまで急落した．それ以降，市場はいったん3000ポイント超を回復したが，2012年末に向けて2000ポイントまでゆっくりと下落した．このような不安定かつ概して低迷した株価動向の背景には，一連のガバナンスに対する疑問がすっかり蔓延しているという事情がある．呉敬璉の主張したことが，いまだ実行に移されていないのは明らかである．

　次の3つの論文（文献24*，第15，16章）はいずれも，中国のシステム内にある組織の問題を取り上げている．それは，中国のシステムの中で重要な経済的役割を担っているが，まだ十分に市場経済の必要に適応できていない．各論文の中で，呉敬璉は，共産党の権力構造の中で進化してきた組織内においては適合的な機能を考察している．これらの機能は，経済改革の次の段階において再定義する必要がある．ここで取り上げられている3つの組織は，西洋の読者には驚くべきものと映るかもしれないが，中国的文脈の中では極めて重要なものである．文献24*は，商工会議所（「商会」）あるいは業界団体について論じている．中国的文脈の中に存在する

編者による解説：言論人となる　　263

これらの組織は，ほぼ一様に上級政府機関の出先機関なのである．事実，改革前に政府の商工管理部門であった組織が単に「自発的組合」に改編されただけで，（消滅したにもかかわらず）依然として重要な〔業界内の〕調整活動を行っている事例がいくつかある．呉の論点はシンプルである．これらの組織は純粋に自発的な，自己統制的な機関に改編されなければ（しなければ）ならない．もう一つの組織は，生産企業内にある共産党委員会である（第15章）．この論文で，呉は，企業内の共産党組織は，企業の正統な経営者に介入することなく有益な機能をもつために，いかに改編されるべきか，という長期的な課題に対する見解を述べている．その上で，第16章の論文において，政府の役割の再構築の必要が検討されている．政府を開かれた，サービス志向の政府へと転換させることが，経済改革の最終段階において，ある意味で決定的であり，それは明らかである，と呉は考えている．

　政府の改革が経済改革の最終段階であるとすれば，おそらくそれは広義の政治改革にとって重要な最初のステップとなろう．政治改革となると呉敬璉は確かに漸進主義者であるが，第17章の論文では，憲政改革において早急に行動をとることが望まれるし，それは十分に実現可能であるという彼の信念が披露されている．中国のさらなる経済的，政治的，社会的な進化の土台を強化するのに必要とされる法律，規則，権利の枠組みをより良いものとするために，憲法を修正し強化することは，今なし得るのである．強大で，繁栄した，民主的な明日の中国への道を示すために，一歩を踏み出すことは今日できるのである．

　1990年代，中国の知識人の生活はがらりと変わった．1980年代，殆どの知識人は，漠然と理解された改革，自由化，開放という進路について共通の枠組みと相互認識を共有していた．1990年代，その共通認識は粉砕され，競合する様々な見解が形成された．知識人の世界における多極化の最も際立った産物はおそらく，多様な趣向をもつ「新左派」的見解の出現であろう．しかし，同じく重大な変化は，知識人の共同体の分化が特化された多くの専門領域という多様性をもたらしたことである．西側諸国と同じように，経済学者が歴史家と話をすることや，文学思考の学者が自然科

学思考の学者と話をすることは，ますます難しくなっている．学術界に身を置く経済学者として，呉敬璉は何よりもまず経済学者と経済問題に関心をもつ聴衆に対して発言する．しかし，専門領域の境界を越えようとする意思をもつがゆえに，呉は法制度の改革や政治改革をも強調する．中国における市場経済の着実な発展に伴い，フルセット型の憲法，法律，民主的制度の必要性がますます差し迫ったものとなっている．この点において，呉敬璉の著作の進化は，持続可能な成長の鍵となる条件としての適切な制度的枠組みに一層の焦点を当てる西側の主流派経済学のトレンドと軌を一にするものである．中国経済がより高い水準に移行するのに従い，より高い「質」の経済発展を生み出す，より質の高い制度の必要性が高まっている．この制度的枠組みが中国人民のより高いレベルの生活の質を実現するために必要であることは言うまでもない．

注

1) 李策「呉敬璉：被誤読的経済預言」,『南方週末』2007 年 8 月 6 日（http://www.infzm.com/content/5354）．

13
わが国の証券市場構築の大計

1995年8月[1]

　1993年以来，私はいくつかの論文でわが国の証券市場の発展における問題について意見を発表してきたが，その言論は一部の経済学者に批難された．彼らは，私の観点が，わが国証券市場の繁栄と資本市場の形成を妨げる保守的な思潮を代表するものであり，批判すべきものであるとみている．彼らの批評意見は，認識からあるいは利益動機から生まれた偏見を含んでいると思うので，私は自分の主張を全面的に説明したい．

1　証券市場の企業制度インフラ構築

　証券市場の各インフラ構築の中では，企業制度インフラの構築を強調したい．株式市場は，現代経済学のいわゆる「会社経済」（corporate economy）に必要とされる構成要素である．その理由は，株式市場が以下の基本的機能を持っているからである．即ち，株式の譲渡と株価変動を通じて，会社の資産構成の最適化を実現することと，また，会社経営を評価して経営者を監督することである．株式市場がこの重要な機能を実現できるか否かは，株式の市場価格がその株式のファンダメンタルな価値（fundamental value），即ち会社の予想される利益状況により決定される価値を反映しているか否かによる．それゆえ，真にわが国の株式市場を発展させようと思うならば，大企業を会社化する制度改革を積極的に推進しなければならない．先物市場の状況もこれに類似している．先物市場，即ち

先物の標準コントラクトを売買する市場は，現物を取り扱う経営者が経営リスクを回避する必要から生まれた．先物市場がなければ，ある種の大規模経営は，リスクが大きすぎて行えない．それゆえ先物市場は経済の重要な構成要素である．しかしながら，先物市場の発展は，現物市場の存在を前提とする．もしも，ある商品の流通と価格が依然として政府のコントロール下にあり，自由競争や市場による価格決定のメカニズムがないとすると，無理に先物市場を構築しようとしても根本的にできない．名目上，こうした市場を作ったとしても，それは，特権とインサイダー情報を持つ者が相手の持ち札を盗み見ることができるカジノのようなものとなり，正常に機能する先物市場とは何の関係もないものとなる．中国経済の市場化改革を積極的に主張する海外の経済学者が，株式取引所など高度な形態の市場に対して決して積極的でない理由もここにあると思う．サミュエルソン教授は，1992年に中国経済改革を展望した際，「最も重要なことは，急いで株式・債券市場を構築することではない」と，一部の人々からは非常に「保守的」とみなされる主張を述べた．彼は，この論説についての『経済社会体制比較』編集部の質問に以下のように回答した．「なぜ現在，中国本土で株式市場を作ることがさほど重要でないと思うのか？　市場における価格決定を発展させる方がさらに重要だからである．株式市場といったメカニズムは，将来，市場における価格決定が一定程度発展した後に発展してくるものである．」

「要は，歴史上，組織的な株式取引は往々にして，より多くの情報を含む市場——都市農村取引会，行商人，小売・卸売による販路拡大等——の発展の後に発展してきた．19世紀の米国の商業・生産について言えば，農村の銀行と質屋の方が，ニューヨーク証券取引所やシカゴ商品取引所より重要であった．今日でも，ベンチャー投資業界はまず新たなメーカーへの投資を探り，その後これらのメーカーを上場させている（たとえ，それが場外取引市場の取引銘柄にすることであっても）[2]．

　間接金融を発展させるにしても直接金融を発展させるにしても，現行体制の改革が前提となる．この前提がないならば，間接金融市場が構築できないのみならず，直接金融市場も同様に構築できない．例えば，証券市場

構築の前提には，市場経済の一般的な規範に照らして設立され，公認された規則に基づいて証券を発行する会社の存在がある．そして，こうした会社の設立には現行の企業制度を根本的に変えることが必要である．逆に言えば，もし証券市場が拠って立つ制度的インフラを変えずに証券市場を構築したならば，どのような証券市場になってしまうかは，完全に予測できるのではないか．

ここ数年間，株式制改革が実践される中で，急いで株式制改革を行い，先を争って上場する企業があったことはよく知られている．甚だしいものでは，上場のためにコネや裏口を使い，手段を選ばずに目的を達成する企業もあり，企業経営メカニズムの転換は顧みられなかった．こうした「株式化熱」は実質的には，株式制改造と株式市場に頼った「資金囲い込み」運動であり，株式市場を政府が財源を拡大し，個人が利益を得る場所にしてしまい，一定程度わが国の証券市場のイメージを歪めまた損なった．また，1993年の「中共中央の社会主義市場経済体制確立の若干の問題に関する決定」の中の「会社制の実行は簡単な名称の入れ替えではなく，また単純な資金調達でもなく，メカニズムの転換に重点を置く」との基本精神にも反している．

会社制という企業制度は，何百年にもわたる市場経済発展の中，試練を経て現れてきたものである．現代の会社の財産権制度（即ち，法人の財産権制度）と統治構造（即ち，企業統治構造）は，現代の大規模な工業・商業に最も適した企業制度であることが実践で証明されている．中国においては，現代的な会社の設立や株式発行の試みは1980年代に既に始まり，1986年末までには，中央の主導機関の指導の下で全国的に試行された．但し，1986年から1992年の株式制試行の過程で設立された株式会社は，実践上の問題や環境条件の制限により，未だに会社法人の財産の明確な区分と規範化された企業統治構造の構築を真に実現していない．市場経済の規範に合った会社の欠如により，急いで設立された株式取引所はその基礎を失い，先天的に弱くなってしまった．さらに，当時は相当数の商品価格が計画経済下の方法によって行政的コントロールを受けており，企業の利益水準はその経営状況を反映できていなかった．こうして株式の譲渡価格

は（証券取引所での譲渡であれ，場外取引での譲渡であれ）完全にそのファンダメンタルな価値から乖離した．株式もまた一種の賭博の道具にすぎなくなり，多くの投機家の間で売買された．特にわが国では，会社設立が行政による審査批准制の下にあり，会社設立・株式発行・株式購入は一種の特権となり，一部の人々にとってはこの特権によるレント・シーキングが可能になった．こうした条件の下で，多くの企業制度改革の目的は，企業制度の革新の実現や経営の業績・効率の引き上げではなくなり，名称の入れ替えと，株式の分割・募集・投機で何某かの利益を得ることになった．これが，ミスリーデイングな宣伝の下，もっともらしい言説が広く流行した理由である．つまり，多くの人々が，株式制実行イコール上場であり，株式制改革を行う目的は原始株〔上場前に発行された株式〕を譲渡することで利益をむさぼり，株式発行を通して「資金を囲い込み」，株式市場で投機的売買によって儲けることであると間違って認識している．

　深刻な問題は，企業制度の革新という基礎的な部分を捨ててしまったことで，1986年から92年の株式制試行が一定程度，改革の初志に反するものとなってしまったことである．この状況によって，株式発行と株式市場運営は歪められた．一定の期間，わが国の証券市場がその機能を十分に発揮できないのみならず，かえって過度に投機的な雰囲気が広がってしまった基本的な理由はここにある．

2　「過度の投機」と「バブル」現象をどう見るか

　1980年代初頭に，中国において投機活動の発展を大いに促すことを鼓吹する経済学者たちがいた．ある経済学者は，「中国では投機が少なすぎるので，大いに投機を発展させるべきである」と言った．現在，人々は投機に対していろいろ巧妙な定義を与えているが，それはこうした観点を論証しようとしているに他ならない．実のところ経済学における「投機」とは，『ニュー・パラグレイヴ経済学大辞典（*The New Palgrave Dictionary of Economics*）』によれば，商品を使用するためでなく後で売り出す（あるいは再び買い入れる）ために，一時的に買い入れ（あるいは売り出し），価格変化から利益を得ることを期待する経済行為である．経済活動における投

機をどう見るべきかについては，これまでもずっと論争があった．中国社会では長期にわたり，「君子不言利（君子利を言はず）」の道徳訓がある．伝統的な社会主義経済学と道徳観念は早期の社会主義的な価値観を踏襲し，「君子不言利」と考え，いかなる商業活動による利益獲得行為をも卑下した．当然ながら，懸命に労働せず単に売買を通じて利益を得る投機のような活動は，さらに不道徳的である．問題は，我々は経済行為の善悪や優劣を評価しているのであり，何某かの道徳訓を見るべきではなく，これらの行為が社会に対して生み出す作用を見るべきである．それゆえ，私は，1993年に『半月談』誌に書いた短文の中で，こうした見方を「冬烘氏〔愚昧で浅はかな知識人〕あるいは教条主義者の時代遅れの考え」と称した．

　投機活動は，市場経済において，なくてはならない機能をもっている．つまり，市場均衡を実現する価格を見つけて，資源の最適配分を達成する役に立つ．投機家がいなければ，全体の市場は流動性に欠け，価格も形成しようがない．投機活動のこのような機能は，投機活動を行う条件が最もよく揃った２つの市場，即ち証券市場と先物市場で非常にはっきりと現れる．例えば，株式市場では，投資家と投機家の相互作用によって，株価がすばやく会社の経営状況を反映し，資本構成の最適化と企業統治構造の有効な働きを促進する．先物市場では，ヘッジ取引をする者と投機家の相互作用により，価格発見とリスク回避という２つの重要な機能が実現される．こうした意義から，投機家の市場制度の有効な運営への貢献は無視できない．問題は，投機活動も世界中の他の多くの事物と同様に，その好ましい結果は，一定の条件の下でなければ生まれず，これらの条件から離れると，弊害の方が利益よりも大きくなるか，ひいては絶対的に有害になりうるということである．つまり，投機活動と投資等の活動が結合し一緒になり，良好な相互作用が実現した時のみ，経済に対して積極的な作用がある．単純な投機だけではこのような作用は起きない．その実質は賭博と同じものにすぎず，紙幣の引っ越し，あるいは貨幣や富の異なる主体の間での再分配という一種のゼロサムゲームである．全体からみると，投機では社会の福利を増やせない．つまり，勝者の所得は，敗者の損失よりも（各種のロスにより）小さくなるだけで，決して大きくなることはない．したがって，

投機に依存して国家あるいは全体の参加者を豊かにしようとする考えは純粋に幻想である．

　上述の点に基づくと，一部の経済学者が言うところの「市場経済は投機経済である」，「投機活動は盛んなほどよい」との見方には同意し難い．特に，証券市場は不確定性に満ちたいわゆる「不完全市場」であり，価格の高低は買い手と売り手の将来の価格の予想に大きく依存する．また，この種の予想には，一種の「自己維持」的あるいは「自己実現」的な性質がある．つまり，ある商品（実物商品であれ金融商品であれ）の価格変動が発生した時に，価格が上昇すればするほど，人々は価格上昇を予想してますます市場に参入し争ってその商品を購入し，買い急ぎがさらに価格を上昇させ，価格上昇の予想を強化する．こうしたポジティブフィードバック過程が，十分なマネーサプライによって支えられる時，貨幣経済が完全に実物経済から遊離する中で，富が増加し膨張する現象が出現する．経済全体に物質的富を反映しない空気が満ちる時，こうした経済は「バブル経済」と呼ばれる．バブルが膨張している時，富は慈雨が広く降り勢いよく流れるようで，市場に参加した人は皆大きく儲ける．しかし，そうした億万の富は紙の上のものにすぎず，バブルは結局バブルであり，最後には消え失せる．バブルが膨らんだ頂点で，さらなる購買力のある需要がなくなり価格が下落する時，下方に向かうポジティブフィードバックが出現し，相場は暴落する．「バブル経済」は，価格上昇—熱狂的投機—ペテン・詐欺—価格暴落という軌跡に沿って大きな変動を引き起こし，バブルが急激に膨張するにしろ迅速に消失するにしろ，社会経済生活に深刻な損害を与える．

　上述した「熱狂的投機」・「バブル経済」・「マネーゲーム」・「株価暴落」は歴史上絶えず生じてきた．市場経済形成の早期においては，1719年から1720年の英国の南海会社の株式投機を通した金融詐欺事件（「南海事件」）から名づけられた「南海泡沫事件（the South Sea Bubble）」やフランスではジョン・ローのミシシッピ会社の株式投機から名づけられた「ミシシッピ泡沫事件（the Mississippi Bubble）」があった．

　1920年代の米国は，株式市場が空前の繁栄を見て，「狂騒の20年代」と呼ばれた．サミュエルソンの教科書『経済学』に描写されるように，当

時は主婦・授業のない大学生・汽車の乗務員等が皆株式投機をしていた．株式が毎日10％上昇する可能性がある中で，人々は年利何十％かの高利率で銀行から融資を得て株式投機をした．このようにバブルは膨らんだが，好況は長続きしなかった．1929年10月，株式相場は突然暴落し，株価は年末までに3分の1下落し，1932年には最高値の6分の1にすぎなくなった．有名な米国の鉄鋼会社の株価は1929年の最高値261から1932年には21に下落し，評判の良くない会社の株式は一文の価値もなくなった．株式市場の暴落は，1929年における資本主義の世界的危機の始まりの宣告であった．ルーズベルト大統領のニューディール政策の影響の下で株価は1933年に回復し始めたが，ダウジョーンズ工業株指数（ダウ工業株30種平均）は1955年までずっと1929年の水準に戻らなかった．

最近では，日本や台湾の経済が過度に熱狂的な投機から大きな衝撃を受け，香港等もたびたび「株価暴落」に遭い，大きな損失を受けている．

足元のわが国の証券市場の問題を討論する際，株式市場の好不況と改革をつなげて，株価上昇を支持する人を「改革派」，市場の規則の厳格化とバブル経済の形成およびその不可避的な消失の防止を主張する人を「保守派」とみなす人々もいる．

経済問題の討論において，「改革派」「保守派」といった類の政治的なレッテルをむやみに貼ることには賛成しない．また，それを自分の観点の正確性を論証する手段とすることにも賛成しない．さらに同意し難いのは，株式市場の熱狂的投機や先物市場での賭けを支持するか否かを，「改革派」「保守派」を区分する標準にすることである．

どのような観点が真に改革にプラスになるかを見分けるために，まずはっきりさせておかなければならないことは，市場経済がどのような証券市場を必要としているかである．証券市場を資本主義の大災厄とみなし，わが国に証券市場を設立する必要性を根本的に否定する人々はもとより「保守」の評論から抜け出すことが難しい．しかし，「株式市場の投機は熱いほどよい」との格言を信奉し，あるいは株式市場が薄商いだと「改革を救うためには，株式市場を救わねばならない」と提唱する人々が疑いの無い「改革派」であるということではない．上述したように，証券市場は，全

体の市場制度の有効な運営を促進できることから，市場経済に必要な構成要素なのである．しかし，健全な証券市場において投資家と投機家の間やリスクヘッジする者と投機家の間で良好な相互作用があってはじめて証券市場の上述した機能は実現し，市場参加者は彼が引き受けたリスクに応じた収益を得ることができて，国民経済の繁栄も保障されるのである．私は一人の改革者として，努力を尽くして証券市場の発展をこうした方向へ促さねばならないと思う．そうでなくて，「改革の成果の保護」の旗印の下，わが国証券市場の足元での混乱状態を保とうとするならば，ごく少数の人々がどさくさにまぎれて儲けてしまう．それでは，どのような人々にとって有利なのだろうか．明らかに，こうした混乱状態を保つことは，国民経済全体の発展のためにならず，また株式市場における投資家拡大のためにもならない．たとえ株価が暴騰している際に財をなした人々も，遅かれ早かれバブルは消失するので，株価急落時に「保有株式の塩漬け」や破産の不運から逃れられるとは限らない．現在，金融センターを創設している為政者にとっても不利である．投資家は遅かれ早かれ，混乱して無秩序でスキャンダルばかり出てくる市場を避けるようになり，金融センター構築の計画は水泡に帰す．混乱無秩序な市場で唯一利益を得る者は，『子夜』〔近代小説家茅盾の長編小説．趙伯韜はその中の登場人物で資本家〕の趙伯韜のような権勢あるいは財力で市場を操作する者か，法的懲罰を受けることを心配しないその他の「巨頭」である．このようなごく少数の人を利する一方，大多数の人に損害を与える行為を「改革」と呼べるだろうか？

　過度な投機は，消極的な結果をもたらすものの，バブル形成の初期においては，相当な部分の人々が財をなすことから，工業化の「原始的蓄積」を促進する作用があると考える人もいる．この種の見方は全く適切でない．わが国の改革の早期段階においては，局地的な「狂った君子蘭」のような「バブル」が相次いで発生した．これらの騒動の波及範囲は広くなかったが，投機活動の中で，少数の人が爆発的な富を築く一方，多数の人が騙されたので，経済社会問題となった．1990年代初頭以降，中央銀行は拡張的なマクロ経済政策を実施し，国民経済に大量のマネーを注入した．このため，千億元単位の巨額の遊休資金が形成された．加えて，金融改革は足

踏みし，実質経済への投資チャネルは非常に少なく，またスムーズでもなかった．国民経済の主導部門としての国有企業の経済効率・利益は低く，一方，投機活動による短期的な利潤は非常に大きかった．そこで，巨額の遊休資金は出口を求めて投機活動に向かった．実体経済部門や基礎的金融部門の改革よりも前に迅速に発展してきた証券市場・不動産市場・先物市場においては，投機活動が絶対支配的な地位を占め，投資やヘッジ活動の存在する余地はほとんどなかった．米国の株式市場では，近年，平均売買回転率が以前の15％前後（6～7年に1回売買される）から50％前後（2年に1回）に上昇したことが，米国の株式市場の投機性が増大し，投資家の行為が短期化した証しとみなされている．わが国の証券市場では，1993年に流通株は平均して数日に1回取引されており，個別の株式ではなんと1日に何度も取引された．これにより株価の大幅変動や経済バブル化等の好ましくない結果が生じた．世界の多くの株式市場の株価収益率（P/Eレシオ）は20倍を超えておらず，通常10数倍以内であるが，上海株式市場はなんと100～200倍で，深圳の株式市場は長期間60倍前後を維持しており，株式は完全に投資価値を失った．株価はようやく1994年年初から，やや下落したにすぎない．バブル経済においては，投機活動で年率50％，100％，ひいてはより高いリターンを得ることができる．こうした状態では，巨額の社会資本は投機活動に向かう．投機活動と比較して商工業に従事する機会費用が高すぎるため，実体経済のコストは不断に上昇し，企業の資金不足は深刻となり，物質生産部門の発展は妨げられる．投機で利益を得ることに各業種の各種人員が皆引き込まれ，社会の風潮は堕落し，腐敗行為がはびこる．

　また，わが国証券市場は草創期にあり，「無いよりはまし」なのであり，新たな事物に欠点は免れえず，完全無欠を求めて責めるべきではない，とか，株式市場にバブルがないように求めることで，あるいは過度の投機を禁止することで証券市場が委縮する，と言う論者もいる．私は，多くの証券市場参加者に対して，合法的な投機家が新興市場に身を投じリスクを負って利益を得るという企業家精神をも含めて，真摯な敬意を抱いている．但し，アスリートが旺盛な進取の精神を備えているか否かと競技場が厳格

な規則と良好な秩序を持っているか否かは別のことである．私が批判しているのは，現在わが国証券市場で見られる，違反行為が何回禁止されても止まず，また投機活動が圧倒的優勢を占めている異常な状態であり，個別の市場参加者の行為（投機行為を含む）に対する評価には触れてはいない．さらに「投機禁止」問題を云々するわけでもない（一つの取引活動について，「過度の投機」か否かは根本的に判断できず，「禁止」するか否かはさらに論じられない）．指摘したい点は，投機活動が市場で支配的な地位を占めている時には，必然的にバブルが生成される，ないし経済全体が「バブル化」するということである．「バブル経済」は社会に大きな損失を与えるだけでなく，証券市場の発展自体にも深刻な害を与える．経済全体への衝撃の他に，主要な害は以下のように現れる．

1．「バブル経済」は起業家業精神を飲み込む．台湾の株式市場は1986～87年に突然熱くなり，口座開設者数は1986年の47万から1990年の460万へと激増し，ほとんどの家庭が口座を開設してもっぱら株式投機をした．この期間中，相場は2度崩れたものの，台湾社会と投資家の目は覚めなかった．1990年2月，株価指数は12600を付けた後大暴落し，極めて大きな損失，特に精神面での損失を生じさせ，ほとんど回復し難いほどであった．1993年に中国本土の経済学者が訪台した際，長期にわたり台湾経済を主管していた孫遠璇氏は痛恨の極みとして我々に次のように指摘した．台湾経済の繁栄は，無数の経営者が骨を折り苦労して作り上げたものである．しかし，1980年代後期のマネーゲームは人々の刻苦の創業精神を破壊し，台湾を「貧乏人をあざ笑い，娼婦をあざ笑わない」，向上精神のない社会に変えてしまった．バブルの富の誘惑の下で，皆が一夜にして巨富を得ることを夢見て，誰も9時から5時まで懸命に努力することをしたがらなくなった．彼は，このような社会は非常に危険であると言った．台湾同胞のこうした苦しい経験から，我々は戒めを引き出すべきである．近年，一部地方の相当多数の幹部や従業員は株式投機・土地投機・先物投機・外為投機にふけり，腰にはポケベルを着け，目は相場表を見つめ，心は常に売るべきか買うべきかを考えている．どこに生産や仕事を考慮する頭があるだろうか．一部の国有企業は，土地や株式の投機で工商業の損失を補填して

いる．権力商売と同様に，投機で大金を稼げ，あぶく銭を得られるならば誰が苦労して創業しようか？

2.「バブル経済」は，改革を妨害する社会の力を育んでしまう．「バブル経済」では，熱狂的投機で利益を得た人々は「バブル」消失をできるだけ阻止しようとする．また，バブル経済で未だに利益を得ていない人々は自らの高い期待，つまり，財をなす希望をバブル膨張に託す．うまくいかないと，これら2つのグループの人々は，市場の混乱状態を保つことを主張し，規範的な市場経済の構築に反対する力となる．張宇燕氏は1994年に『経済社会体制比較』誌の論文で，利益集団は形成された後，政策決定者に影響を与え，また，政策決定者本人が利益集団の中にいるかあるいは圧力集団の影響を受けている時，政策決定が間違いを逃れるのは難しい，と述べた．足元で，投機活動により高収入を維持している人は少なくない．彼らのうち，国家民族の利益（彼ら自身の長期利益も）の点から物事を考えられない人も，自身の既得利益を守ることに尽力する．株式・先物・不動産市場に関連する産業に従事し，株主へのリターンの望みを経営の質を努力して改善することではなく，流通市場での運用に託している上場会社の社員，ひいては一部の官僚が，もしも自己の利益と「バブル」をリンクするならば，彼らは何某かの圧力集団を形成しよう．過熱した証券市場を正常な状態に向かわせる過渡的な苦しい過程において，彼らは，「株式投資家の利益保護」の旗を揚げて，政府に圧力を加え，冷めつつある「バブル経済」を支える措置を採ることを要求する．例えば，インフレ圧力が高い状況で，金融緩和やマネーサプライ増加を要求する．たとえ最終的に，マネーがじゃぶじゃぶになり悪性インフレを招くことになるとしても遺憾に思わない．

3.「バブル経済」は，投資家の証券市場に対する信頼を失わせ，証券市場の発展を妨げる．投機的な証券市場には一定のマイナス影響があるが，ともかく会社経済と資本市場を始めることでそれらをさらに発展させることもできる，と考える人もいる．しかし，「バブル」は一時沸き立つものの，遅かれ早かれ消失する．バブルの消失により投資家は自信を失い，それゆえ証券市場は長期にわたって立ち直らない．英国では1719〜20年の金融

投機の狂った風潮における利益争奪を受けて，英国議会が 1720 年に「投機行為と詐欺団体取締法」(Bubble Act,「バブル法」) を通した．「バブル経済」崩壊後，出現したばかりの共同出資会社 (Joint-stock Company, 通常「株式会社」と言われる) は社会で金融詐欺を行う団体と見られて苦しい立場に置かれた．商工業者の多方面における努力と抗争にもかかわらず，英国議会が正式に「バブル法」を廃止するまで 100 年かかり，その後，1844 年に最初の「会社法」が通過して会社制度が確立した．フランスの状況も同様で，1720 年のジョン・ローのミシシッピ会社バブル消失後，1 世紀の間，人々は株式購入に手を出そうとはせず，会社制度と証券市場の発展過程は大きく遅れた．

1980 年代中期の日本は，中央銀行 (日銀) が「プラザ合意」と円高を受けて，景気を支えるために拡張的な金融政策を採ったことにより大量の遊休資金が生じ，それが証券市場や不動産市場に流れ込んで株価や不動産への激しい投機を促し，「バブル経済」を形成した．1980 年代末，土地価格と株価の上昇により，これらの資産総額は 485 兆円に上り，当時の年間 GDP を上回った．しかし，好況は長続きせず，1990 年に株式相場は下落し始め，日経平均株価指数は，2 万円と 1.5 万円の大台を連続して突き破り，1992 年 8 月 18 日には 1.4 万円まで下落した．これは 1929 年の株価急落の記録を上回る．株式時価総額は 600 兆円から 270 兆円に急減した．そして不動産市場も続いて崩壊した．「バブル経済」の消失は，日本に戦後最も深刻な景気後退をもたらした．バブル崩壊後 5 年経った今日，日本経済は，その金融市場を含めて依然困難な状況にある．最近の中国の記者の東京発報道は，以下のように報じている．「バブルの消失により，銀行とノンバンクが投機活動で放出した大量の融資が不良債権あるいは貸し倒れとなった．統計によれば，足元で日本の銀行と他の融資機関の不良債権は 100 兆円を超え，そのうち回収が絶望的なものは 40 兆円に達する．当地の世論は，不良債権は既に日本の金融業をおびやかす癌であると指摘している」．わが国の新聞はこの報道を掲載する際，「山積する不良債権，回らない資金．日本の金融界は第二次大戦後最も深刻な危機に直面」というタイトルをつけた[3]．戦後初期において，韓国の証券市場の発展も似たよう

な曲折を経た．我々は，歴史を鑑にして他人の経験から有益な教訓をくみ取るべきであろう．

3　政府が尽くすべき責任は何か

　1993年末以降の株式市場低迷は，株式投資家の利益を損ねているので，政府は相場を支えて救援すべきである，という論点を提起する経済学者や経済界の人々がいる．足元では，株価は最高値から大きく下落し，高値で買った人の元金が戻らないばかりか，株価が発行価格や一株当り純資産価値を割れている株式もある．こうした状況で，政府が「市場救済」や「相場下支え」の政策措置を採らないならば，多くの株式投資家の利益保護の責任を果たしていないことになる．これもまたもっともらしいが正しくない説である．

　私は，多くの株式市場参加者の利益を適切に保護することは，株式市場に対する監督管理の基本原則であり，政府の重要な責任でもあると考える．問題は，どのように彼らの利益を保護するかである．市場取引とは，市場主体が自己の主権の範囲内で採った自主的な行動であり，政府はその結果に責任を負えない．政府の職責は，規則を設定し，秩序を維持し，あらゆる公民の合法権益を保護し，マクロ経済の安定を保持することのみである．証券市場で分散している中小投資家（いわゆる「散戸」）は往々にして比較的弱いグループであり，彼らの合法権利は特に保護されなくてはならない．「バブル」が維持できず株価が急落する時，政府は「市場救済」すべきであり，そうしなければ「株式投資家の利益を保護した」ことにならない，との世論が足元でみられる．したがって，1994年年前半に株価が下落し，P/Eレシオが70〜80倍から30〜40倍になった際，何人かの経済学者は大声で「株式市場は改革の産物であり，改革を救済するならば株式市場を救済しなければならない」として，新株上場の認可停止，国家株・法人株・個人株の統合やA・B株の統合の停止を強烈に要求し，また，政府が「市場救済」や「相場下支え」の措置を採って株式市場を再び輝かせることを要求した．そして，他の経済学者が提出した「徐々にバブルの空気を抜く」，「業績の良い会社の株式の上場を増やす」，「非流通株と流通株を統

合する」訳注1,「基金等の金融組織を発展させる」〔証券投資信託等,機関投資家育成のこと〕,「株式市場を規範化する」,「監督管理を強化する」等の対策を,「株式投資家の利益を顧みていない」策として非難した.株式投資家にも,前者のような主張をする人が彼らの利益を守るもので,後者はわざと彼らに敵対するもののようだと考えている人がいる.実際のところ,こうした見方は,人を惑わすような言辞に導かれた誤った結論である.なぜならば,上述の主張は,実質的に,異常な「バブル市場」の高株価が維持不可能な時に,株式市場を徐々に規範化するという一般投資家の根本利益を犠牲にし,国家の掌握する財政力を用いて「バブル」の空気を充たして,高値で株式を購入した人々や株価下落時に塩漬けになった人々の損失を補填するものだからである.この公共財政を用いて一部の人の営業損失を補填する方法が合理的か否かは言うまでもなく,それで本当に株式投資家の利益を保護できるか否かという論点からも採用に値する方法には見えない.根本的な問題は,長期間,バブルを破裂させないで維持することは世界中で不可能であり,どの政府にも,株価を上げるだけで下げさせず,バブルを膨らませるだけで縮ませない能力はないということである.わが国の株式市場では1993年以降,監督当局が「市場救済」「相場下支え」措置を何度も採ってきた.それらの効果がどうであったかは,はっきりしている.我々は,なおも試しては間違いを犯すことを際限なく繰り返すのであろうか.

　市場経済においては,貨幣システムと実質経済が離脱する現象は常に発生する.このため,「バブル」の出現は不可避である.問題は,「バブル」現象が出現した時に,社会公正を維持し,多くの株式投資家を保護する責任を負う関連当局が,わずかな兆しから先を読み未然に災いを防ぐ態度を取って事態がさらに進むのを防止するのか,あるいは,既に過熱している証券市場に油を注ぎ,「バブル経済」に変化させてしまい,最終的に株式市場の暴落と大幅な変動を引き起こし,マネーゲームを維持するという重すぎる責任を負い,行き詰ってから途方に暮れるのか.賢明な選択はおそらく前者のみであり,後者のはずはないと思う.

　株式市場の変動の中における当局の責任については,台湾金融市場が大

変動する中での当局の態度に関する台湾の人々の議論から示唆を得られそうである．1990年代初に台湾の「バブル経済」は消失し，証券市場は崩壊した．崩壊当初，株式投資家のデモが当局に市場救済を要求した．この時，台湾の学術機関とマスメディアは，「マネーゲーム」破産の原因と結果について突っ込んだ研究と討論をする場を組織した．彼らの多数は，90年代初の「バブル経済」消失は，80年代の異常な金融市場の動向の必然的結果であると考えた．したがって，事実の表面のみを論じ，ただ暴落のもたらした痛みを見ているだけでは駄目で，根源までさかのぼり問題の実態を探らなければならない．台湾が低所得経済から中等所得経済になって以降，人々の収入は徐々に増え，1970年代と80年代の社会貯蓄率は30〜40％に上り，資金が大量に蓄積された．しかし，投資チャネルがスムーズではなく，金融の能力も不足し，「金はあるが患う」問題が生じた．銀行は，遊ばせておく超過貯蓄が多くなりすぎ，預金を受け入れたくないため，金利を低くすることで預金にハードルを置いた．1985年11月，銀行の預金金利は，史上最低水準まで低下した．多くの住民は，インフレを心配する一方，将来の生活の保障を心配し，銀行貯蓄よりも有利な資金運用のルートを探したものの，途方に暮れることとなった．当時の台湾では，銀行以外の投資場所として，一つは普通の人が敢えてかかわらない密輸・薬物販売・密入国等の超暴利産業があった．二つ目は「合法に見せかけた実質上違法」な株式市場・投資会社・先物会社および賭博場・「六合彩」〔宝くじ．任意の数字を6つ選ぶ〕等の古い形態の賭博業界であった．二者の間で，普通の人は，後者を選ぶしかなかった．さらに，当時の人々の投資観念では，短期間に富を得る投機業界が着目され，また，多年にわたる社会発展が経済を偏重し，文化教育・道徳をおろそかにしていたので功利主義が盛んになり，「マネーゲーム」が熱狂的に発展した．同時に，証券市場では，台湾同胞の言う「違法で常軌を逸した現象〔「違法脱序現象」〕」が存在した．例えば株価操縦・インサイダー取引・違法取引の頻繁な発生や，市場の深刻な自律不足等である．このように混乱した市場で「バブル」が膨らむ過程は，実際，少数の権勢を持つ者が億万の巨富を築き，多くの利を追った者が「新貧階級」に没落することで，富の再分配が進む過

程であった．「バブル」が崩壊した時，「バブル」膨張時に少し儲けた人でさえ，この紙上の富は実体のない幻想にすぎないことがわかり，大多数の市場参加者は元手を失い，中には破産し，身を売って償う悲惨な状況に陥った人もあった．深い分析を通して，台湾の知識人とマスメディアは次のような結論を出した．この事件における当局の責任と誤りは，「バブル」消失後に資金を注入しなかったり規則を曖昧にしたり監督管理を緩めたりしなかったことや，また，様々な「地下先物会社」「地下投資会社」や証券市場の違反取引を取締り処罰したことではない．普通の人々の投資チャネルがない中で「マネーゲーム」が起きた時に動かず，「巨頭」の何某の詐欺行為や違反取引について見て見ぬふりをし，また，中国の伝統的な道徳に背く堕落した観念が社会に蔓延しても成り行きに任せ，「大物たち」が「出金（資金引き出し）」した後になって，ようやく違法な金融組織に対して比較的断固とした措置を採り処理を進めたことである．彼らは，問題は全体の過程における「公共権力が目立たないこと（公権不彰）」に集中しているとした．つまり，金融ゲームの局面が形成される過程で，公共権力を持つ当局に深刻な怠慢があった．偏見を持たない人々は，上の2つの分析のうち筋道が通っているのはどちらかを冷静に考えてほしい．

ここで私は，一般の株式投資家に一言申し上げたい．証券市場は確かに，胆力と知識があり，リスクを引き受ける勇気がある投資家が大いに才能を発揮する場所である．但し，陰謀や罠をしかけて人をひっかけ，あるいは混乱を作りどさくさにまぎれて利益を得る人がいることも免れない．したがって，株式市場参加者は自己を守ることを覚えておかねばならない．但し，自己を守るためには，まず，何が自己の真の利益の在りかなのかをはっきりと知らねばならない．このため，市場経済と金融関連の基本知識を学習する必要がある．これらの知識によって大胆かつ慎重に事を進められる．さもなければ，人心を惑わす宣伝によって容易に誤った方に導かれ，わなに陥り，「他人が包丁とまな板となり，自分は魚肉となる」．どのような結果であれ，十中八九理想的でないであろう．したがって，私は，わが国における健全な証券市場構築の主張を，「普通の株式投資家を顧みていない」と非難し，人々をやみくもに市場に参加させ，大胆に投機させるよ

うに駆り立てている文書を読む時，いつも思わずフチークの言ったことをまねてしまう．「人々よ，私はあなたがたを愛する，あなたがたは警戒しろ！」．訳注2

4 採用すべき具体的措置

　以上の論述から，中国証券市場の健全な発展の促進のためには，一連の抜本的な措置を採らなければならないことは明らかである．足元で，株式市場は，熱狂的投機で過熱した異常な状態から正常な状態へ向かう痛みを伴う調整過程にある．我々がしなければならないことは，政府の「市場下支え」・「市場救済」行動により再度「バブル」を膨らませ，見せかけの繁栄ともう一つの暴落の悲劇を作ることでは決してない．我々は，適切な措置を採り，妥当で代価を最小にする方法で良好な市場へ向かい，健全な証券市場を構築して，投資家にスムーズで安全な投資チャネルを開き，企業家に広くまた便利な資金調達の場を創造し，わが国の市場経済のために希少資源の有効配分を促進できる証券市場を創設しなければならない．

　わが国証券市場に現れた正常でない現象と投機的雰囲気の蔓延の原因は概ね以下の通りである．

1. 企業改革が未だに不十分であり，「株式制試行」過程を経て設立された多くの上場会社を含む相当部分の会社の業績が良くない．発行市場と流通市場における株価が高すぎ，長期投資に従事する機会費用も高すぎるため，利益を求める性格の資本は短期的投機に流れ，投機の中で利益を得るほかない．

2. 相当部分の「大口顧客」は，財産権のはっきりしない国有「企業」である．この種の国有単位は所有者がおらず統治構造が健全でない．市場での資金運用を授権した者に対する管理が緩く，国有資金を使って大きな博打を打つ内部人員がいる．リスク制約（つまるところ財産権制約）がない条件の下で，博打に勝てば自分のもの（あるいは「小金庫」〔帳簿外の資金，裏金〕のもの）であるし，負けは国家が面倒を見てくれるので，博打はますます大きくなり市場の投機性が大きく増す．

3. 証券取引機関は，公平な競争とリスクの衝撃の軽減を目的として多く

の証券会社や投資家の利益を保護することから出発しておらず，往々にして，自己の利益のために取引量の拡大を追求する．そこで規則をなおざりにし，ひいては悪性の投機を放任する．

4．法治が健全でなく，規範も確立しておらず，監督管理も厳格でない．これは，情報開示等の投資家保護の制度の執行が十分でないことや，インサイダー取引・相場操縦等の違法不正行為に対する処置が厳しくないことに表われている．こうした状況で，一部の人々はますますやりたい放題となる．

5．証券会社，証券従業員とその他の関係者（例えばマスメディア）に，必要とされる職業的素養と自律精神が不足している．

　これらの問題に対して，まず市場制度のインフラ構築に注力すべきである．なるべく速く市場経済の基本的な組織制度・基本的な法律規則・基礎サポートシステムを構築し，投機活動を一定範囲内に抑え，健全で基本的な市場活動の基礎の上に置く．同時に，市民に対しては市場経済のイロハを教育する．特に，多くの株式投資家に，株式市場の「非完全市場」の特性を十分に認識させ，証券市場・不動産市場・先物市場等の市場取引にはリスクがあり，大きなリスクを避けるよう慎重に決定して事を進めなければならないことを理解させる．

　足元の証券市場の混乱した状況を克服するために選択できる方法は二つある．一つは，市場からある問題が現れてきたら，それを消していくもので，これは計画経済の方法に戻ることに他ならない．この方法は，当然ながら採用できない．私はもう一つの方法の採用に賛成する．即ち積極的な態度で足元の問題に対応することである．例えば，先物市場について言えば，現在少なからぬ問題が存在するものの，多くの種類の先物市場が既に開放された状況下では，能動的・積極的な措置を採ってスムーズにさせるのがよく，消極的な取締りはよくないと考える．現在，多くのコモディティーの先物市場は既に閉鎖されており，緑豆のような小さな品種で試行しているだけである．こうした方法についてはよく考えた方がよい．これらの小口商品については，先物市場を通じたヘッジ取引の意義が大きくないからである．反対に，これらの市場は規模が小さく，少ない投機資本で市場

を動かせるため，かえって投機抑制が難しくなってしまう．中国の市場経済が一定程度発展した今日，食糧や砂糖等のコモディティーの生産者と経営者に一定のリスク回避のメカニズムを提供するために，先物市場を開放することが必要である．もちろん，食糧等のコモディティーの先物市場の開放は，取引を開放すればそれでよいというものではない．比較的規範のある先物市場を設立するには，正常な運行を保証する基礎的条件を全力で作らなければならない．例えば，足元でわが国の食糧の相当部分の購入・販売は依然として厳格な行政コントロールを受けており，この部分の食糧商品の価格は政府が規定している．つまり，先物市場の正常な運行の基本条件を備えていない．もし改革を加速し食糧の購入・販売体制を変え，現物価格を自由化し，糧食部門を改造して食糧等商品の商業企業にしなければ，また，こうした条件を備えずに食糧先物市場を開放すれば，独占的権力を持ち内部情報を得られる人が，正当でない手段で小規模商人から利益を力ずくで奪う大きなチャンスを得るだけになろう．

　私は，市場の方法を用いて，わが国証券市場の足元の問題を解決すべきであると思う．マクロ経済の方面では，慎重で安定した金融政策とその他のマクロ経済政策を採り，マクロ環境の安定を維持して，市場の大きな変動を避けるのがよい．この方面では，海外の経験も参考になる．例えば，米国経済では 1993 年末に過熱の兆候（P/E レシオが 20 倍前後に上る等）が現れた時，金融当局である FRB は，この問題に気づいた後の 12 ヵ月間に多数の意見を押しのけて，7 回の利上げを通して金利を適切な水準まで引き上げ，「軟着陸」を実現した．

　マクロ経済環境を改善するほか，なお多方面から手を下さなければならない．

　第一に，経済体制の各方面の改革を加速し，証券市場の発展に基礎的な体制上の前提条件を提供する．そのうち，国有企業改革が最も重要である．国有企業改革を加速し，財産権の境界を明確にし，企業経営を改善して企業の効率を引き上げなければ，上場会社の株式は投資価値を持たない．同時に，会社の財産権を明確にし，企業統治構造を確立すれば，企業の関係者が会社の資本を使って投機市場で投機・賭博を行うという足元で広く見

られる方法を制止することにも役立つ．

　第二に，金融改革を促進する．資本市場は，マネーマーケットを基礎としまたそれに依存すべきである．銀行改革を加速し，専業銀行[訳注3]の商業化・商業銀行の多様化・金利自由化を実現しなければ，金融秩序は改善せず，資本市場の発展の基礎を定めることもできない．この他，多様な銀行とノンバンクを発展させ，市民の投資活動の信託・代理を行い，足元で大量に存在する遊休資金を実質経済投資に引き入れなければならない．このようにして投資チャネルを広げ，投機資本の某大物が国家銀行から流出した巨額の低コスト資金を使って証券市場で波乱を起こす抜け穴を塞ぐ．

　第三に，証券取引立法を加速し，証券取引所と証券会社に対する規制と管理を厳格化する．証券取引所は，会員が組織する証券取引仲介機関である．証券取引所は，証券監督管理委員会（証監会）と会員全体の監督の下で，「公平，公開，公正」の原則を守らなければならず，また「自己」の利益動機があってはならず，さらに，すべての証券会社に対して公平でなければならない．株式上場は行政的な規模のコントロールと審査批准という方法を変えねばならない．つまり，株式有限会社の資産と組織状況・直近数年間の業績に基づき，証券取引所が上場を認可する．同時に，上場会社の社会公衆への情報開示の状況を厳格に監督し，証券取引における各種の違反活動を阻止する．証券会社自体も経営を改善し，自律を強化しなければならない．

　第四に，各級政府と関連機関は方針を明確にし，行為を正す必要がある．方針の明確化とは，つまり，我々が証券市場を構築する目的は，市場制度の有効な運行に一つの重要な構成要素を提供するだけであるということである．証券市場の発展はこの目的にのみ従う．行為を正すとは，市場経済における政府行為の準則に照らして仕事をするということである．計画経済の方法で証券市場に対応し，何かと言うと行政的に干渉することを防ぎ，その一方で，証券機関と取引活動に対する監督管理を緩めてはならない．過度な投機を助長したり規則違反を犯している人員を庇護したりするのはなおさら駄目である．足元では，政府機関「関連」の金融機関が少なからず存在しており，元の所属上級機関から財務・人事上，完全に離れておら

ず，独立した法人実体になっていない．こうした方法は市場経済の基本原則とわが国政府の関連規定に反しているので，是正する必要がある．

　この他，マスコミや経済金融評論家を含む社会各界が，力を合わせてわが国資本市場の健全な発展を促進しなければならない．人々に確かな知識，正確な思想，適切な投資指導を提供し，もっともらしい「理論」を流行させ群衆を誤らせてはならない．

注
1) 本章は，筆者が深圳『証券市場導報』の特約記者張玲の質問について発表した談話である．インタビュー録は『証券市場導報』，1995年(8)に掲載．
2) 『経済社会体制比較』，1992年(5)．2-3頁．
3) 『解放日報』，1995年8月18日．

訳注1　非流通株は証券取引所での取引が認められていない株式．株式制導入時，国有資産流出を避けるため国有株主等が保有する株式に対して採られた措置である．2005年に非流通株式を流通株にする改革が始まり，現在は減少した．
訳注2　ユリウス・フチーク（Julius Fučík，1903年-1943年）は，ナチス・ドイツ占領下のチェコスロバキアのジャーナリスト．
訳注3　商工業・農業・外国為替・インフラ建設の分野の専門銀行．1993年以降，政策的な業務と商業的な業務が分離され政策性銀行3行と商業銀行4行になった．

14

株式市場の何が問題なのか[訳注1]

2001年3月[1)]

　2000年10月，雑誌『財経』が「基金黒幕」の記事を発表後，公衆は大きな関心と義憤を示した〔この記事における基金は，証券投資信託のことである〕．黒幕が明らかになるか，隠されてしまうかが対峙する中，人々は経済学者の声を期待した．こうした状況で，私は10月29日に中央電視台〔中国中央テレビ，CCTV〕の『経済30分』のインタビューを受け，『基金黒幕』をめぐって発生した論争についての見方を発表した[2)]．また，12月30日，中央電視台の番組『対話』のゲストとして，司会と現場スタジオの聴衆の質問に答えた際，多年にわたる株式市場に対する見方を繰り返し述べた[3)]．この番組は2001年1月13日に放送された．同時に，1月12日にある会議に参加するため上海に赴いた際，ホテルで追いかけてきた中央電視台『経済30分』の記者のインタビューを受け，記者の仕手筋〔原文「庄家」．投機筋，仕手筋の意．ここでは，以下の内容から仕手筋と訳した〕の株式市場操縦に関する問題について答えた．この収録は1月14日に放送された[4)]．

　この頃，証券監察機関が2000年初から始めた監督管理の強化が，一段と厳しくなった．証券監察機関はまず基金に審査チームを派遣し，2001年1月9日と10日に億安科技と中科創業の株価操縦が疑われる案件を取り締まると発表した．1月14〜15日の中央金融工作会議の開幕前には，法律を犯した者は法に照らして制裁を加えるとの政府指導者講話の情報も

首都で伝わっていた．そこで，仕手筋たちが，形勢不利と見て逃げ出したため，株価は1月15日から4日連続で大幅に下落した[5]．この時，「呉敬璉の一言が市場を破壊する」との流言も株式市場で出回り[6]，一時，無数の評論と批難を招いた．続いて，影響力のある『証券市場週刊』が私の見方を以下の3点に概括した．(1)「中国の株式市場は大きなカジノである」，(2)「全人民株式投機〔原文は「全民炒股」〕は正常な現象ではない」，(3)「P/Eレシオは高すぎる」[7]．そしてこれら3つの問題に対して「呉敬璉への9つの質問」と称する大綱を発表した[8]．2月11日に論争はさらに拡大し，厲以寧・董輔礽・蕭灼基・呉暁求・韓志国の5氏が記者との「懇談会」を行った．会議の組織者によれば，「現在の株式市場は，既に危機的な時期にある[9]」，「もしもこの論戦の勝者が最終的に呉敬璉ということになれば，それは中国資本市場の災難になるだろう」とのことで，それゆえ彼らは記者と会見し，「呉敬璉の資本市場に関する種々の言論に全面的に反撃[10]」しなければならなかった．その後，各種メディアが続々とやってきて，インタビュー・原稿執筆・会談等を求められたが，日程上，多くの授業や国有企業改革・民営企業発展・ハイテク産業成長の調査研究があり，忙しくて一つ一つに答える術がなく残念に思っていた．株式市場に関する多くの問題と非難について，二言三言でははっきりを述べられないが，その大部分については既に何年も話してきたので，友人の提案を受け入れ，ここ10年余りの株式市場に関する論説を編集して一つにして，読者と私の批判者に対する答えの代わりとする．

　この文章の編集出版を機会に，私は最近の重要な批難に対して概括的に説明したい．

1 「全人民株式投機」に関して

『証券市場週刊』　先進国，特に米国では，家計資産における証券の割合は57％に達する．また，近年，個人投資家化の趨勢も明らかである．米国と比べると，中国人の「株式投機」は始まったばかりである[11]．

韓志国　2000年12月31日時点で，わが国の上海・深圳両市場の投資家（機関投資家と個人投資家）を5801万人として〔両市場の重複を無視して〕計

算しても，わが国総人口の 4.6％ を占めるにすぎない．米国の投資家数の総人口に占める割合，25％ 前後とは相当の距離がある．次に，「全人民株式投機」は，社会化した〔政府以外の参加者を含む〕投資体系の一つの有機的構成部分を形成する．わが国の足元での投資体系において，社会投資は依然として小さい．投資家の人数は多いのではなく，全く不十分なのである．第三に，「全人民株式投機」は人々の金融意識を養う有効なルートである．人民の金融意識——投資・投機・金利・リスク・信用に対する意識——の育成は，改革の深化と進歩を特によく表すものである．第四に，「全人民株式投機」は社会資源を最適な配分に導く重要条件である．第五に，「全人民株式投機」は中国が経済グローバル化を迎えることでもある．また，「全人民株式投機」は改革深化と社会進歩を表わしてもいる[12]．もしも全人民の参加がなければ国有企業の困難を解決する資金がどこから来るのかを考えてみるとよい[13]．

董輔礽 「全人民株式投機」を皆さんがどう見ているかは知らないが，私は良いことであると考えている．中国の証券市場は発展しなければならないが，誰が投資するのか？ 機関投資家が多くない状況で，多くの庶民が株式投資に参加することが必要である．現在でも十分でないと思う．口座開設は重複を考慮に入れなくてもやっと 5,800 万余りで，しかも真の投資家は大都市に限られており，中小都市では少ない．農民はさらに「株式投機」しない．将来，中小都市の人々が豊かになり「株式投機」が容易になれば，さらに多くの人々が証券市場に参加し，わが国の証券市場はきっと大きく発展するであろう[14]．

蕭灼基 資本市場の役割を肯定するならば，法律や政策規定により株式市場活動に参加できない人は除くとして，「株式投機」をする人が多ければ多いほどよいと言える[15]．

呉暁求 「全人民株式投機」は，正常な行為である．但し，私は投機〔「炒」〕という字は使わない．売買と呼ぶべきである[16]．全人民株式投機は容易に政策決定者らの反感を買う．もし証券市場が富を創造していないのならば，全人民は一体株式市場で何をしているのか，ということになり，政策決定者らは，株式市場を制限する措置を採る．つまり，投機とは扇動

的・妨害的な言葉使いである[17]．

呉敬璉　「全人民株式投機」問題は以下のようにして提起された．2000年12月30日，中央電視台の番組『対話』の収録現場で，現場観客の一人が，「我々の国家の現在の『全人民株式投機』という状況は，国民生活にどのような影響をもたらすのか？」と質問した．私は当時，彼の言う「全人民」が数の上で正確かどうかは考えなかった．というのも「全人民商売」，「全人民麻雀」「全人民株式投機」といった言い方は既に巷で，ひいては新聞雑誌で常用語であり，参加人数が多いことの形容に使われていたからである．私はただ，中国で株式売買をすべて「株式投機」と呼ぶ現象について自分の感想を述べた．私の回答は，「資本市場が拡大するには，直接投資をする人々をますます多く引き入れなければならないことから，良い現象と言うべきであろう．但し，全人民『株式投機』と言った場合，投資を言っているのではなくなるので，正常でないとみている．」

　知っての通り，株式市場参加者は，「長期投資」と「短期投資」に分かれる．いわゆる株式投機〔「炒股」〕は，短期間（一般的に6ヵ月以内）に株式売買を反復して行い，価格差で儲けることである．ここから，もう一つの言葉「炒作」〔投機的な株価吊り上げ売買〕も派生する．これは，頻繁な売買を通して，株価を引き上げることが目的である[18]．株式投資活動の一切をすべて「株式投機」とすることについて，私は一貫して異なる意見を持っている．例えば，私は2000年3月の全国政協会議の期間中，ある記者に「株式売買は一種の投資行為であり，漠然と『炒股』と呼ぶべきではない」と言ったことがある．中国ではおよそ株式を買うことをすべて「炒股」と言うが，外国ではこのような言い方はしない．何が「炒股」と言われるのか．「炒」とは「帽子をかっさらう」〔利食うの意〕こと，つまり価格の帽子をかっさらうことである．これでは，株式市場全体が，基本的に一種の投機の場になったという意味になってしまう[19]．当然，ある事情をどう呼ぶかは最も重要なことではない．一切の株式売買をすべて「炒作」としてしまうことに賛成しない理由は，もしも投資活動がこれと並行して行われないと，単純な「炒作」だけでは物資的富は増えないから

である．もしも皆がただ投機的な売買だけしかしないならば，たとえ株価が投機により吊り上げられても，市場参加者の得たものは，紙の上の財にすぎない．投機によりできた「バブル」が消滅した時，多数の人は素寒貧になり，株価暴落前に逃げることのできた少数の投機家が，他人を塩漬けにすることであぶく銭を得る．もちろん，投機家は，際限なく変化する「概念」に投機する．例えば「買い材料の政策」，「ハイテク株」，「インターネット株」，「リストラクチャリング」等の材料で投機し，株価を吊り上げ，大衆を市場に参加させ，「資金囲い込み」の目標を実現する．但し，これは投資家の興業や家産，民族の富強平穏の助けにはならない[20]．

　米国で株式投資する人々の数が多いことをもって中国の「株式投機」する人々の数が決して多くないと証明することは，株式購入と株式投機を一緒にして論じるという概念のすり替えである．誰もが，米国の株式保有者の総人口に占める割合が中国よりずっと大きいことを知っている．しかし，非常にはっきりとしていることは，米国では株式保有者の大多数はいわゆる長期投資家であり（ウォーレン・バフェットがこの投資理念の代表である），短期投資の「株式投機家」は少ない．ある株式市場における「株式投機家」の占める比率の大小は株式の回転率（turnover rate）からわかる．1990年代の米国ニューヨーク証券取引所の年平均回転率は50〜20％の間であり，つまり，株式は2〜5年で一回取引された[21]．大部分の人々が株式を2年以上保有する投資家ということである．グリーンスパンのいわゆる「根拠なき熱狂」が出現した1999年でも78％にすぎず，つまり1.28年に一回の取引であり，やはり1年以上の「長期」投資が多数を占めていた[22]．2000年にわが国の上海・深圳株式市場の流通株の年平均回転率はそれぞれ499.10％と503.85％であり，即ち，上場流通株は毎年平均5回以上取引され，一人の株式購入者の平均所有期間は2.5ヵ月に達しない．

　株式購入者の人数の多寡を用いた批判が，概念のすり替えであるとすると，別の人の「全人民株式投機」保護の意見には，かえって実質的な含意がある．1993〜1994年になされた，株式市場は『低迷』しているか否か，政府は相場を下支えすべきか否か，の論争中，賛成派の代表格である蕭灼基氏は間違いなく「短期的投機〔(炒作)〕」の保護者を自任し，また監督

当局の「短期的投機を長期投資に転化するように導く」努力に固く反対した[23]．これにより，蕭灼基氏がなぜ「より多くの人が『株式投機』するのは良いことである」と言うかが，さらにはっきりと理解できる．

2 「投機」,「ゼロサムゲーム」,「カジノ」について

董輔礽 正常に運行している証券市場では，投資と投機がなくてはならない．もとより証券投資がなければ証券市場はなく，また，投機がなければ証券市場はない．頻繁な投機がなければ合理的な株価は形成されず，証券市場において価格に導かれて資金が頻繁に流動することもないので，資源配分の最適化も実現できない[24]．投機と見ればすぐに証券市場に反対するというのであれば，中国の証券市場はどのように発展するのか？ 機能をどのように発揮するのか？ 株式市場を投機家の天国に喩えるならば，天国の何が良くないのか．多くの人々が投機して儲けるならば良いことである．当然，投機に問題はない．中国で投機が盛んな原因は歴史的観点から見なければならない．証券市場とカジノは異なる．ゼロサムゲームではないのである．カジノでは寺銭を考えなければ，あなたの儲けたカネは私がすったカネで，あなたがすったカネは私の儲けである．長期的発展から見れば，証券市場の株式指標は上昇していくので，長期投資をすれば，多数の人々は利益を得られる[25]．

韓志国 投機がなければ市場はなく，バブルがなければ市場はなく，仕手筋がいなければ市場はない．私は国内で最初に，投機は良いことであると言った．蕭灼基教授は私を支持するために立ちあがった．「投資は失敗した投機であり，投機は成功した投資である」という彼の言は非常にすばらしい．バフェットは皆が認める投資専門家である．但し，彼はナスダック市場で500％の利益を得るチャンスを逸した．大きな機会がめぐってきた時，それをつかまないとすれば，成功した投資家と言えるだろうか．ゼロサムゲームの観点を持つ者は，株式市場をわかっていないか，なにか別の下心があるかである[26]．

蕭灼基 株式市場はカジノではなく，ゼロサムゲームでもない．富を創造する重要なルートである．もしも普通の人々がそのようなことを言った

しても，まだ理解できる．しかし，厳粛な経済学者がそう言ったとすれば，あまり厳粛とは言えずイメージを損ねることになり，大変遺憾である．株式市場をカジノとみなすならば，カジノは富を創造するのか？　株式投資家にリターンを与えるのか？　もしも株式市場がカジノであるならば，5800万の株式投資家は博徒で，政府はカジノのボスで，1200余りの上場会社の発行する株式は点棒となるが，これはナンセンスである[27]．

呉敬璉　2001年1月14日の中央電視台「経済30分」は，証監会による仕手筋株価操縦の取締りをめぐり，「仕手筋を評す」とのタイトルの番組を放送した．私はインタビューで以下のように述べた．「中国の株式市場は始まったとたんから規範的でなかった．もしもこのまま発展していくと，投資家にとって良好な投資の場になることは不可能である．株価は，異様に高く，それゆえ，相当部分の株式には投資価値がない．深層から見ると，株式市場で横行している規定違反や違法活動により投資家はリターンが得られず，投機天国となっている．中国の株式市場はカジノのようで，規範化されていない，という外国人もいる．カジノにも規則がある．例えば，別の人のカードを見てはいけない．しかし，我々の株式市場では，一部の人々は別の人のカードを見ることができて，不正行為や詐欺が可能である．『座庄』〔(大口参加者による) 相場操縦〕，『炒作』といった活動は極値に達していると言える．株式市場はこうした特徴を持っており，もしも投機にだけ依存し，リターンに依存しないとすると，これは一種のゼロサムゲームである．紙幣が異なる人のポケットの間を動いているだけで，新たな富は創造されない」．

上述の言論は，株式市場が一般的に「カジノ」であるとか株式市場活動全体が「ゼロサムゲーム」であると言おうとしているのではなく，また，株式市場をなくしてしまおうということでもない．私の批判の重点は，中国の株式市場では規定違反・違法行為が横行しており，別の人のカードを見ることができる人がいるカジノに似ているということである．この点は，過去に発表した論文において，さらに系統立って説明した．

投機に関しては，私の見方と上で引用した董輔礽教授の投機の市場経済

における積極的役割に関する見方は驚くほど似ている．1993 年 7 月の「『投機』を語る」の文中で，私は，「投機活動は市場経済において欠くべからざる機能を持っている．すなわち，市場均衡の実現を助け，資源の最適配分を達成する機能である．このため，投機活動を一概には否定できない．投機活動の積極的な機能は，証券市場と先物市場の両市場で非常にはっきりと現れる」，と指摘した[28]．こうした状況下では，株式市場の活動は，当然プラスサムゲームであり，ゼロサムゲームでなくなる．しかし，董輔礽教授とやや異なるのは，私は，株式市場における「投機活動」（「短期投資」）と投資活動（「長期投資」）を区別していることであり，それゆえ，私は，わが国株式市場に蔓延する投機の雰囲気やそうした状況を利用して不正に儲けている人々に対して以下のように分析した．「問題は，投機活動による好ましい結果は，一定の条件の下でなければ生まれず，これらの条件から離れると，弊害の方が利益よりも大きくなるか，ひいては絶対的に有害になりうるということである．つまり，投機活動と投資等の活動が結合し一緒になり，良好な相互作用が実現した時のみ，経済に対して積極的な作用がある．単純な投機だけではこのような作用は起きない．その実質は賭博と同じものにすぎず，紙幣の引っ越し，あるいは貨幣や富の異なる主体の間での再分配という一種のゼロサムゲームである．全体から見ると，投機では社会の福利を増やせない．つまり，勝者の所得は，敗者の損失よりも（各種のロスにより）小さくなるだけで，決して大きくなることはない．したがって，投機に依存して国家あるいは全体の参加者を豊かにしようとする考えは純粋に幻想である[29]」．

私の株式市場の機能に対する考えは，確かに一部の証券専門家と原則的に異なるように見える．例えば，厲以寧教授は，「撃鼓伝花」〔ハンカチ落としに似た遊び〕に喩えて，彼の考える株式市場の性質を示した．「株式市場は『撃鼓伝花』のゲームに似ている．太鼓の音が止まった時，手中に『花』がある人が負けである．だたし，次の太鼓の音で，『花』を回す機会を得る[30]」．

最近のデータに基づいた研究成果は，中国株式市場は投機性が強いという特質を示している．（1）ニューヨーク証券取引所のシステマティックリ

スク（分散不可能なリスク）は4分の1前後で，非システマティックリスク（分散可能なリスク）は4分の3前後である．上海取引所の投資リスク構造はこれと逆で，システマティックリスクが3分の2前後，非システマティックリスクが3分の1前後である．これは，中国の証券市場が米国に比べて投機性が強く，投資性が比較的弱いことを示している[31]．(2) 1885～1993年のダウジョーンズ工業指数と1992～98年7月の上証総合指数で，一日の下落幅が7％を超えた回数の統計を比較すると，ダウジョーンズ工業指数では100年余りの間に15回のみであり，上証総合指数は6年の間に23回ある．分布を見ると，ダウジョーンズ工業指数の一日の下落幅が最も大きかった日付は，2度の米国史上最大の相場下落の期間に集中している．即ち，1929～31年の期間と1987年の期間である．一方，上証総合指数の一日の下落幅最大の日付は1992～98年の各年に分布している．また，中国の株式市場は米国の株式市場に比べて一日の変動はより激しい．株価の強烈な変動性という特徴から得られる結論は，中国の株式市場の市場リスクは米国の株式市場よりも明らかに高く，かえって投資家に米国株式市場よりも高い投資リターンを提供できないということである[32]．

　当然ながら，一市場において投機と投資のどちらに重点があるかというここでの評論は，市場全体の活動について言っているにすぎない．各個人を見れば，異なるリスク選好・投資選択・リスク負担能力を持っており，投機と投資は「蓼食う虫も好き好き」であり優劣はない．我々はジョージ・ソロスが投機好きなことを知っている．しかし，彼は，特権的な保護がない市場経済における個人の投機活動が負わねばならない巨大なリスクをかえってはっきりと認識している．そして，世界全体が無節制な投機におぼれるとどのような結果になるかをわかっており，人生の盛りに金の鉢で手を洗いながら，ベストセラー『グローバル資本主義の危機――開かれた社会を求めて』を著した[33]．したがって，私は，韓志国氏が短期の投機のみをあがめて，投機を拒絶したことで知られるバフェットを鼻であしらう態度を取っていることに疑問を表さざるを得ない．確かに，2000年初め，ハイテク株を多くの人が追いかけている時，バフェットはなお長期投資戦略を貫き，「インターネット時代の捨て子」と嘲笑された．しかし，

米国のインターネット株式バブルが消滅して以降，ナスダック指数は半分になり，バフェットのバークシャー・ハザウエイ社の株価はだんだんと上昇し，バフェットの老練な長期投資戦略は再び米国人の肯定するところとなったのである．

3 「P/Eレシオ」と「バブル」に関して

蕭灼基 P/Eレシオは客観的に見なければならない．P/Eレシオを見る時，わが国が資金不足の国家であることを考慮しなければならない．供給不足の商品の価格は自然と高くなる．また，関連する要素も考慮しなければならない．P/Eレシオのみ考慮して金利を考慮しないのは間違っている．したがって，P/Eレシオの国際比較は難しい[34]．

韓志国 わが国の株式市場は新興市場であり，高目のP/Eレシオはまさしく新興株式市場に共通の特徴である．わが国の経済はまさに高成長期にあり，P/Eレシオの高低の判断は，市場自体だけでなく国民経済全体の発展水準も見なければならない[35]．

呉暁求 50倍のP/Eレシオは高いとは絶対にみなされず，合理的な範囲にある．単純に国と国を比較してはならない[36]．

董輔礽 P/Eレシオを比べるならば，我々は日本と比較してずっと低い．日本のP/Eレシオは80から100倍である[37]．

呉敬璉 2000年7～8月に，上海総合指数は2000を越え，P/Eレシオは60倍前後に達した．多くの経済学者と業界の人々がP/Eレシオが高すぎることを心配した．例えば，新華社の週刊『上場会社研究』は，上証指数が2000を越えた後，P/Eレシオ高止まりの危険性の討論を連載した．これらの討論では，「60倍のP/Eレシオは国際的に見ても前例が少ない．空高く上昇したA株の株価は正常でない[38]」と指摘された．まさに同様の心配から，私は2001年初，多くの上場会社の成長性が芳しくない状況下で，このように高いP/Eレシオの維持は難しいと指摘した．株価は需給関係から決定されるが，1998年以降，株式市場に大量に流入した資金が株価を押し上げた．私のさらなる心配は，2001年はさらに資金を引き入れ，

株価を上昇させ続けるよう提起した人がいたことである．バブルを膨らませ続けて破裂させないことは不可能なので，一旦暴落すると，一般の投資家に与える結果は非常に深刻である[39]．

いわゆるP/Eレシオとは，株式の市場価格と一株当たり利益の比である．その経済的な含意は，会社の足元の経営状況に照らして，投資家が何年かかれば，利益で自己の投資を回収できるかを示している．P/Eレシオ50倍とは，リターンによる投資回収に50年かかることを意味する．このため，P/Eレシオは株価の上昇に中身があるかどうかを表すものとみなされる．しかし，P/Eレシオは過去の利益率によって株価が高すぎるかどうか判断しているので，会社のファンダメンタルズ，即ち将来の利益能力を反映しているかも見なければならない．したがって，P/Eレシオと会社の成長性つまり将来の営業の状況とが結合して初めて，株式の投資価値を反映し，また評価できるようになる．もしも上場会社の成長性が良好ならば，P/Eレシオが少し高くても心配には及ばない．しかし平均的に見ると，わが国の上場会社の成長性は芳しくなく，ひいてはリターンがますます悪くなっており，このように高いP/Eレシオを支えるのは難しい．

先進国の平均P/Eレシオは一般に20倍を上回らない水準を保っている．米国を例にとると，ネットバブル時代のP/Eレシオが異常に高い以外，伝統産業では20倍を超えたことはない．「70年代の韓国の経済成長率は14％以上であったが，P/Eレシオは一般に20倍であり，2度だけ30倍に達したものの，その期間1～2ヵ月と長くは続かなかった．東南アジア諸国は一般に10～20倍である．香港のここ10数年の平均P/Eレシオは20倍以内である[40]」．日本の高いP/Eレシオは特殊な例であるが，株価大暴落により長期間深刻に破壊された経済状況は，まさに高すぎるP/Eレシオが招く災難の明らかな証拠である．日本はバブル経済時代に60倍のP/Eレシオを保っていたが，それによって1990年に株価が大暴落した．それ以降立ち直ることができず，今日まで10年がすぎたが，未だに回復の兆しはない．董輔礽教授が日本を例にとってわが国のP/Eレシオがまだ高いとはいえないと論証するのを聞いて，私は，中国がそうした道をたどらないように天に祈るしかない！

1992 年から，私は，何度も「バブル経済」をわが国に出現させてはならないと呼びかけてきた．当時，わが国の株式市場と不動産市場には既に明らかなバブル化の兆しがあったからである[41]．1992 年 6 月，上海株式市場の P/E レシオは 200 倍で深圳は 60 倍であった．1993 年 2 月以降，株価は少し下落したが，「株式市場低迷，政府は市場救済すべし」との声が絶え間なく聞こえてきた[42]．香港科技大学金融学部の陸向謙博士はこれに同意しなかった．彼は，中国の株式市場は，「低」くも，「迷」ってもいないと考えた[43]．ある日，米国留学経済学会の人々が茅于軾教授の家に集まった時，陸向謙博士が杯を挙げて次のように述べたことを覚えている．「国民の株式市場に対するリスク意識は低すぎ，教育していかなければならない．足元で株式市場の規模がまだ小さい時に暴落すれば，損失も比較的小さく，人々も教訓を得られるのでかえって喜ばしい」．実際，国際経済界は一貫して証券市場のバブルに潜む危機と苦痛を非常に警戒している．1990 年代初頭の国際討論会でも，熱狂的な金融ブームとその必然的な崩壊に関する理論と政策問題がいつも討論されていた．外国の友人は，我々が先進国証券市場発展の歴史における関連する経験と教訓に注意し，また，熱狂的な投機によって富に至るという幻に陥って自ら抜け出せなくなり最後に社会的災難を招くことのないように希望するとの思いを述べる．1992 年に，ある韓国の教授は，私と各国証券市場発展の歴史を討論した時，この中国の同業者が，各国の経済・金融学会で知らぬ人はいない『常軌を逸した集団妄想と群集の狂気』[44]を意外にも聞いたことがないことをいぶかった．それ以降，私は，金融市場発展の研究に注意するようになり，金融市場自体の特性と早期の市場の未熟さにより，熱狂的投機が時に発生することを知った．1720 年には，英国の南海会社とフランスのミシシッピ会社という政府特許の会社が，証券市場のこの特性を利用して株価を吊り上げ，金融詐欺を行い，以後の株価大暴落を引き起こして 1100 万人を破産させた．その状況が，あぶくが膨らんで消失することに似ていたことから，歴史上「南海泡沫事件」と「ミシシッピ泡沫事件」と呼ばれるようになった．「経済バブル（economic bubbles）」と「バブル経済（bubble economy）」はここから名づけられた[45]．

経済学の分析からは，金融市場は不完全市場であり，「パレート最適な均衡点はどこにも存在せず，ある範囲のいかなる一点においても需給均衡が到達可能である．こうした市場では，価格の高低は，買い手と売り手の将来価格の予想に多く依存する．また，この予想は一種の『自己維持』的あるいは『自己実現』的な性質を持つ．ある商品（実物商品であれ金融商品であれ）の価格が変動した時，価格が上昇すれば上昇するほど，人々は価格上昇の予想から，ますます市場に参入し，争ってその商品を購入し，買い急ぎがさらに価格を上昇させ，価格上昇予想を強化する．これにより，市場参入して購入する人々が十分におり，絶え間ない貨幣流入がこれを支えていれば，すぐに市場価格が暴騰し『大相場』が出現する．但し，経済バブルがずっと膨張し続けることは不可能である．価格が高すぎる時，一旦，市場価格が上昇を止めて反落すると，すぐに，下落方向のポジティブフィードバックが起こり，株価暴落をもたらす[46]」．

　私はこれらの問題について比較的はっきり認識した後，1993年から編集主幹をしている雑誌『改革』で，人々に株価暴落への注意を促す文章を次々と発表した．その中には，陸向謙博士や朱紹文教授等の論説があり，また，米国経済学者ガルブレイスの著書『金融狂熱史』〔邦題『バブルの物語』〕の要約もあった．長年にわたり，私は，人々が歴史を鑑とすることができるよう希望し，歴史上の悲痛な教訓を絶えず取り上げている．

　私は，わが国は，足元で計画経済から市場経済へ軌道転換する歴史上の段階にあり，「特に過度の投機と『経済バブル』が出現しやすく，その重要な原因として国有企業における財産権の不明確さと『所有者不在』を指摘した．こうした状況により，企業のリーダーや証券業務を行う人々の行為が不適当なものとなる．証券業務の第一線の人々は往々にして，高リスクの投機活動に従事する傾向がある．この原因は彼らが所有者ではなく，利益がある時は，一定の割合で奨励を得られる一方，損失の賠償責任は負わないことにある．彼らにとって，リスクとリターンは対称的でない．この非対称性によって，彼らは政府あるいは企業の公金を使って大きな賭けに出る．手を組んで投機して『相場を作り』，投資家に大きな損害を与えることは，一部の人々の常套手段ともなっている[47]」．

我々は警戒心を高め，バブル発生を防止しなければならない．一旦バブルが発生した後は，私は，「穏やかにバブルの空気を抜き」[48]，「バブルの中の物質濃度を上げる」[49] ことを主張した．そして，継続的に株式市場に貨幣を注入するという一部の人々の提案には賛成しない．それはバブルをより大きく膨らませ，最終的に暴落に至るだけだからである．1994年と1999年の2回，上海と深圳両市場の平均P/Eレシオは適切な水準に低下し，相当部分の株式が投資価値を持っていたにもかかわらず[50]，残念なことに当局が相場下支え策を採ったので，それまでの努力が水の泡となってしまった[51]．

「バブル」が既に膨らんだ後の最良の方法は，P/Eレシオの分母から着手して取り組むことであり，即ち，上場会社の内部改革を強化し，その収益力を増強し，P/Eレシオを相対的に低い水準に戻すことである[52]．そうすることで，誤ってわなにはまった中小投資家が大きな損失を被ることは避けられるのである．しかし，これは非常に難しく，短期的に効果が現れにくい．いずれにしても，バブルを膨らませるという毒酒で渇きを癒してはならない．バブルがより大きくなり，爆発した時に投資家の損失がより大きくなるからである．

4 仕手筋について

『証券市場週刊』 確かに，長期間にわたって中国の証券市場は仕手筋の天下と言えるが，10年の辛苦を経て，規則すら不健全な大きなカジノを育てたということなのか[53]．

厲以寧 いくつかの仕手筋が出現したので，中国株式市場が真っ黒になったと言うのは，事実にあっていない．私は，全人代財経委員会の「投資基金法」の起草チーム長である．我々は，「基金黒幕」という記事及び社会における関連する討論に十分に注意を払った．「投資基金法」の討論会上で私は以下のように述べた．まず，この数年で基金業が大きく発展したことは肯定しなければならない．主流は良好で，一部の人々が言うように丸ごと真っ黒というわけではない．何もないところから始まった証券市場は赤ん坊であり，投資基金〔証券投資信託〕もまた赤ん坊であり，問題が出

るのは正常である．但し，数年来の基金発展の成績は良く，体制上の問題からやむを得ず多くの問題が発生したものとみなければならない．この数年の投資基金業の成し遂げたことを否定するのは，事実とあわない[54]．

呉暁求 仕手筋とは何か？ 私の理解によれば，仕手筋は主力投資家であり，大口投資家であり，その資金が多いことが問題であるとは言えない．もしも幾千万の株式投資家が各々10万元ずつ持ってきて口座を開設したならば，間違いなくその市場は健全な市場ではない．米国市場にも大口投資家がおり，各種のファンドにはともすると千億ドルの資金がある．彼らが仕手筋でないとすれば何なのか？ 大口投資家の役割は，市場の正常な流動性を保証することである．大口投資家がいなければ，証券市場はただの淀んだ水たまりである[55]．

韓志国 投機がなければ市場はなく，バブルがなければ市場はなく，仕手筋がいなければ市場はない[56]．

呉敬璉 『財経』誌の「基金黒幕」の記事は，わが国証券市場の大局に関係し，また真摯に対処すべき問題を提起した．その問題とは，仕手筋による相場操縦や「仲間同士での循環取引による株価吊り上げ」等の規定違反や違法行為である．私はこうした活動が公民の基本的権利に深刻な損害を与え，わが国の法律の尊厳を損なっていることから，司法機関が介入して違法者を取り締まるべきであると考えた[57]．続いて，2001年1月14日の中央電視台の『経済30分』の「仕手筋を評す」の中では，足元の株式市場では，投機が行われ，インサイダー取引や株価操縦は，既にピークに達しており，厳粛に対処すべきである，と述べた．

いわゆる仕手筋は，株価を操縦して暴利をむさぼる投機家を指す．その中には，仲介機関，上場会社の内部情報を握っている人，資金の供給者がいる．彼らは共謀し，株式を低価格で買い入れてポジションを作り，手中に大量の株式を持った後に投機を始める．投機の方法は大概，二通りである．一つは，関連する機関が組んで投機し，相互に非常に頻繁に売買することで価格を吊り上げる方法である．もう一つは，関連する上場会社が買い材料となる情報を出し，その後に株価を吊り上げる方法である．市場に

投入する大量の資金（銀行から調達した資金を含む）があれば，価格を吊り上げ，中小投資家あるいはその他の部外投資家を引き入れられる．仕手筋は多くの人々が追随してくるとわかった時，こっそりと株を放出し，雲隠れする．追随してきた人々は塩漬けにされる[58]．

どの国家の法律にも，証券取引所における株式取引は，「座庄」〔大口参加者による相場操縦〕を厳禁している．機関による株価操縦が一旦明らかになった場合は，厳重な制裁を受ける．「中華人民共和国刑法」や「中華人民共和国証券法」も，株式市場での株価操作とインサイダー取引行為を禁止している．インサイダー取引・株価操作等を行った者が負う法律的な責任は3種類ある．一つ目は行政責任，二つ目は民事賠償責任，三つ目は刑事責任である．この3種の法律責任のうち，行政責任の処罰主体は証券管理機関であり，民事賠償責任と刑事責任の処罰主体は裁判所である．株価操縦とインサイダー取引について，「証券法」と「刑法」はそれぞれ異なる条文でこれに対応しており，1997年10月1日に実施された「刑法」修正案では既に証券犯罪に関する条文（第181条，182条）が存在し，1999年7月1日に実施された「証券法」は，多くの方面でこれに歩調を合わせている（第71条，72条）．インサイダー取引と株価操縦行為は，「証券法」の関連規定にも，また「刑法」の関連規定にも抵触する[59]．

しかし，中国の証券市場では，その基礎が健全でなく法の執行が厳格でない等の原因から，証券市場取引の特性を理解しかつある種の権力を背景にした一部の人々が，株式市場を，違法・規定違反活動をしても懲罰を受けずにすみ，中小投資家（彼らは，往々にして，一部の人々から，思うままに分捕れる小市民と軽蔑される）のポケットに手を突っ込んでカネを取り出せる絶好の場とみなしている．問題の深刻さは，さらにこのように公然と法を犯している人々が長期間，司法処分を受けていないことにある．

明らかに中国の株式市場の状況は，私を批難している人たちが言っているほど容易ではない．書店や新聞の売店にある見きれないほど多くの図書，例えば『仕手筋とともに追撃』，『仕手筋と天下を行く』，『仕手筋のカネ儲けの要旨』，『小口投資家の仕手筋追随の技巧』等から，今日の中国株式市場における仕手筋の勢力がどれほど大きいかがわかる．中小投資家には，

「仕手筋に追随する」以外の道はほとんどない．したがって，民間にも「仕手筋なくして市場なし」，「仕手株市場」，「仕手株天下」といった類の言い方がある．一般の中小投資家も「仕手筋に追随して利益を得る」，「仕手筋とともに踊る」しかないという立場に満足している．事はかくも奇妙で，「座庄」は明らかに違法行為であるのに，どの株式が「仕手株」で，誰が「仕手筋」か等，大っぴらに憚るところなく政府系新聞・雑誌上で討論されている．法律は全く眼に入っていない．こうした状況下で，誰が「株式市場の主流は良好である」といった弁解を信じられようか？

仕手筋を海外の非連続的な取引市場における「マーケットメーカー」になぞらえる人もいる．「中国の株式市場は，いわゆる仕手筋を持つべきか否かという問題ではない．」「資本市場は機関による相場操縦から離れられない．国外の株式市場にも我々が現在話している仕手筋に類似した役割が存在している．彼らは『マーケットメーカー』と呼ばれているにすぎない[60]．」実際のところは，いわゆるマーケットメーカー（market maker）制度とは，わが国メインボード市場の連続オークション方式による証券取引制度とは全く異なる証券取引制度のことであり，一般に店頭取引市場で採用されている．マーケットメーカーとは，証券市場で一定の実力と信用のある証券会社等が特許ディーラーとなり，一般投資家に特定の証券の売買価格（双方向の価格オファー）を連続的に提示し，当該価格で一般投資家の売買要求を受け，自己の保有する資金と証券で投資家と証券取引を行うことを指す．マーケットメーカーは，こうした連続的な売買を通じて，市場の流動性を維持し，公衆投資家の投資需要を満たす．マーケットメーカー制度は，非「集中オークション」（即ち，「一対一」交渉の相対取引）の条件下で，株式取引の連続性を保障する．そして，各国の法律はマーケットメーカーが一方向で株価を操縦し，その他の投資家を誤らせることを厳禁している[61]．要するに，合法的なマーケットメーカーと中国の目下の違法・規定違反の仕手筋とは完全に異なる概念である．

では，なぜ中国証券市場では仕手筋が横行し，「仕手筋に追随して投機する」現象が長期間存在するのであろうか？　これには多方面にわたる原因があるとみられる．そのうち，非常に重要な原因として，仕手筋が直接

的あるいは間接的に投機のリスクを政府に転嫁できることがある．投機が成功した場合は自分の儲けとなり，失敗した場合は国が賠償してくれる．このようなメカニズムは，実質上，全国人民の財産を使って，違法・規定違反や相場操縦をする仕手筋を資金援助するものである．そこで，中小投資家でも少し分け前にあずかろうとする者が，仕手筋に追随して儲ける．こうしたメカニズムを取り去ることは，現行の国有経済体制の改造に関係する深層の問題にかかわる．

　以上の分析から，仕手筋の市場操作が存在を頼っている土壌を除去するには，二方面から同時に着手する必要がある．一つは，国有経済の改革を強めることで，企業と金融機関が現代的企業制度を構築するペースを加速することである．もう一つは，政府の監督管理部門が，厳正な規則と秩序を構築し，拠りどころとなる法律を作り，違法行為を追及することである．同時に，多くの中小投資家の自己の利益に対する自覚，自己の利益を守る決心と能力が，政府に証券市場の違法・規定違反活動を有効に抑制する措置を採ることを促す最も重要な力である．関連する法律は，投資家に，集団訴訟を起こし不正や詐欺を働く会社経営者や証券会社を起訴する権力を与え，また，これらの権力の実現を保証しなければならない．マスコミは多くの中小投資家を鼓舞し，社会世論の批判・監督の役割を発揮しなければならない．証券市場の健全な発展のために，経済学者も責任を負う．我々は自己の良識に基づき，正確な経済学の知識を伝播し，投資家を誤らせたり違法・規定違反活動のお先棒をかついだりする誤った言論を防ぎ，中小投資家がより良く自己の権利と利益を守ることを助けなければならない[62]．

注

1) 本章は『十年紛紜話股市』，上海遠東出版社，2001年版の序文である．
2) 呉敬璉（2000）「談"基金黒幕"」『十年紛紜話股市』，186-191頁．
3) 「感受呉敬璉」（2001年1月），同上書，202-222頁．
4) 呉敬璉（2001）「評説"庄家"」，同上書，223-225頁．
5) この度の株価下落の原因について，呉暁求氏は比較的客観的であった．「この下落の直接の導火線は中科創業と億安科技事件であり，これで，多くの株式

投資家がパニックに陥った．次に，利食い売りがある．2000年に中国の株式市場全体の上昇幅は50%に達し，これは世界第一位であった．適度な下落は正常とみられる．同時に証監会が出した一連の規範化措置も，多くの人は売り材料と見ている」．「呉曉求訪談："賭場論"是情緒化的説話」『21世紀経済報道』，2001年2月12日参照．

6) 「呉敬璉の一言が市場を破壊する」との言い方について，細かなことがわからない中小投資家の一種の自然な反応であるという人もいるし，「想像力の豊富な人の連想」「痕跡を残さない何者かによる誘導」の結果と言う人もいる．林海（2001）「是呉敬璉跟股民過不去，還是庄家跟呉敬璉過不去？」『中国青年報』，2001年2月23日参照．

7) 「股市的花樣年華還有多遠？」『証券市場周刊』，2001年1月20日．

8) 「九問呉敬璉」『証券市場』，2001年2月8日．

9) 『北京青年報』，2001年2月14日．

10) 「韓志国訪談：如果呉老贏得論戦将是股市一場災難」『21世紀経済報道』，2001年2月12日．

11) 「股市的花樣年華還有多遠？」．

12) 「"全民炒股"正常不正常？」『北京青年報』，2001年2月4日．

13) 「韓志国訪談：如果呉老贏得論戦将是股市一場災難」『21世紀経済報道』，2001年2月12日．

14) 「五位経済家質疑呉敬璉股市"托"声驟起」『財経時報』，2001年2月13日．

15) 蕭灼基（2001）「対我国資本市場若干重要問題的看法」『中国証券報』，2001年2月12日．

16) 「呉曉求訪談："賭場論"是情緒化的説話」『21世紀経済報道』，2001年2月12日．

17) 「五位経済家質疑呉敬璉股市"托"声驟起」．

18) もともと董輔礽氏が，この意味で「炒股」という言葉を使った．彼は，韓志国氏の『中国資本市場的制度缺陥』という本の序の中で「わが国証券市場では，通常『炒買炒売』と言われる激烈な短期的投機が行われている」と書いた（董輔礽（2001）「像対待新生嬰児那樣愛護証券市場——序〈中国資本市場的制度缺陥〉」，『中国証券報』，2001年2月12日参照）．それ以前に，『培育証券市場』の中で，「証券市場の投資家は主に個人投資家で，彼らの株式売買に参加する目的は，迅速にカネを儲けることであり，長期投資をする力はない．これが中国証券市場の強い投機性と弱い投資性を決定づけている」，「株式市場の少し大きな変動が，急いで買い入れたり急いで投げ売ったりと彼らの過剰な反応を引き起こすし，市場の比較的大きな震動を引き起こす」と指摘している（『人民日報［海外版］』，1999年7月3日）．

19) 呉敬璉（2000）「質疑"炒"股票」『十年紛紜話股市』，168頁．

20) 呉敬璉（2000）「互聯網：要発展還是要泡沫」，同上書，171-176頁．

21) 陸向謙，李夏（1994）「不要用行政手段干与股票市場」，『改革』，1994年第4期．
22) R. J. Shiller（2000），*Irrational Exuberance*, Princeton University Press.（『投機バブル　根拠なき熱狂——アメリカ株式市場，暴落の必然』植草一秀監訳，ダイヤモンド社，2001年）
23) 「中国股市：困境与出路——著名経済家蕭灼基教授訪談録」『首都経済』，1994年第3期．
24) 董輔礽（2001）．
25) 「五位経済家質疑呉敬璉股市"托"声驟起」．
26) 「韓志国訪談：如果呉老贏得論戦将是股市一場災難」．
27) 「五位経済家質疑呉敬璉股市"托"声驟起」．
28) 呉敬璉（1993）「談談"投機"」，前掲書，3-4頁．
29) 呉敬璉（1995）「我国証券市場的大計」，同上書，61-62頁．
30) 「"廣股份"侃"牛市"：股市如撃鼓傳花」『科技日報』，2000年8月14日．
31) 波濤（1999）『証券投資理論与証券投資戦略適用性分析』，経済管理出版社1999年版，64頁．
32) 波濤（1999），同上書，343-345頁．
33) 喬治・索羅斯〔ジョージ・ソロス〕（1998）『全球資本主義的危機——岌岌可危的開放社会』，台北聯経出版事業公司1998年中文版．（『グローバル資本主義の危機——「開かれた」社会を求めて』大原進訳，日本経済新聞社，1999年）．
34) 「五位経済家質疑呉敬璉股市"托"声驟起」，前掲．
35) 「韓志国：走出市盈率的陥穽——与呉敬璉教授商榷」『新証券』，2001年2月10日．
36) 「呉暁求訪談："賭場論"是情緒化的説話」『21世紀経済報道』，2001年2月12日．
37) 中央電視台の番組「経済半小時」（2001年2月7日）より引用．
38) 齊春宇（2000）「指数2000点股市投資価値還有多少？」，新華社『上市公司研究』，2000年第8期．
39) 「楊録：呉敬璉担憂股市」『財経時報』，2001年1月12日．
40) 齊春宇（2000）前掲書．
41) 呉敬璉（1993）「平穏地放掉泡沫中的空気」，前掲書，10頁．
42) 呉敬璉（1994）「如何看待1994年初的股票市場」，同上書，15頁．
43) 陸向謙，李夏（1994）「不要用行政手段干与股票市場」『改革』，1994年第4期．
44) 査爾斯・麦基（1841）『非同異常的大衆幻想与群衆性顛狂』，中国金融出版社2000年版．〔Charles Mackay, *Extraordinary Popular Delusions and the Madness of Crowds*. 『狂気とバブル——なぜ人は集団になると愚行に走るのか』塩野美佳，宮口尚子訳，パンローリング，2004年〕．

45) 呉敬璉（1994）「如何看待過度投機和泡沫経済」137頁．
46) 呉敬璉（1994）同上書，140頁．
47) 同上書，143-144頁．
48) 呉敬璉（1993）「平穏地放掉泡沫中的空気」，同上書，10-11頁．
49) 呉敬璉（1993）「股市出路在於加大"泡沫"的物質濃度」17-19頁．
50) 1994年7月，上海市場のP/Eレシオが25倍前後に低下した時，私は，一部の株式には投資価値があり，投資家は購入して厚いリターンが得られると明確に指摘した（呉敬璉（1994）「抓住股価下降的時機，把股市引入健康発展的軌道」，『十年紛紜話股市』38頁）．惜しいことに，当局がこの機を捉えて株式市場を健全な発展軌道に引き入れることはなかった．
51) 1994年に私は，著書『現代公司与企業改革』において，監督当局が同年7月30日に採った3つの「相場下支え」措置を批判した．
52) 「呉敬璉坦言要消滅股市泡沫是件很困難的事」，『上海証券報（網絡版）』，2001年1月12日．
53) 「股市的花様年華還有多遠？」，『証券市場周刊』，2001年1月20日．
54) 「五位経済家質疑呉敬璉股市"托"声驟起」．
55) 「呉暁求訪談："賭場論"是情緒化的説話」．
56) 「韓志国訪談：如果呉老贏得論戦将是股市一場災難」．
57) 呉敬璉（2000）「証券市場不能黒」，前掲書，192-201頁．
58) 呉敬璉（2001）「評説，"庄家"」，同上書，224-225頁．
59) 「北京正仁律師事務所高級律師，法学教授李偉民，刑法学博士祝二軍和司法部預防犯罪研究所教授武延平訪談録」，『中国経営報』，2001年2月20日．
60) 「著名経済学家劉紀鵬：股市不是賭場」『中国青年報』，2001年2月12日．
61) 王国剛（2001）「別拿庄家当做市商」『財経時報』，2001年2月20日．張文魁（2001）「黒庄横行損害投資者信心 誰還会在股市上投資」『中国経済時報』，2001年2月14日．
62) 呉敬璉（2001）「証券市場的一個公平秘密和規範之正道」，前掲書，208頁．

訳注1　本章の原題は「股市七題」であり，株式市場に関して7つのトピックを取り上げているが，本書（日本語版）は英語版と同様に，前半の4つのトピックを採録した．

15
企業における党組織の役割の改善
1993年5月[1]

1 国有企業改革の深化が,企業における党組織の役割について提起した新たな問題

　党組織の,企業における地位と役割に関して討論されて久しい.この問題は,今もって理論上も実践上もうまく解決されていないようにみえる.過去の計画経済において,国有企業は党委員会〔以下,党委〕の指導の下で,工場長責任制を実行していた.党組織の活動方式は,党組織の指導的地位を人格化して代表する党委書記が,企業経営の指揮系統において「トップ」になることである.当時も既に,党委が日常の経済的な事務におぼれる中で,「党が党を管理しない」,党が政府を代表している,また,権力と責任が対称的でないという問題が存在すると感じられた.政府と企業が分離しておらず,書記と工場長共に上級組織が任命する状況下では,企業が党委により指導されるか否かの問題は,誰が「トップ」になるかという問題にすぎず,誰も深く追及しないことであった.しかし,市場経済へ向かう,特に株式制を実行するという条件の下では,党委が経営指揮系統の最高指導者となることは明らかに好ましくない.そこで,工場長・総経理〔日本では社長に当たる〕・董事長〔取締役会長に当たる〕責任制を実行するように改め,「工場長が中心である」と強調した.近年,企業の指導者の軽率な決定により重大な損失が発生し,ひいては,汚職や窃盗,国家利益に損害を与える等の問題が現れるにつれて,これは党の指導を弱めた結果

であると提起する人もいる．しかも，この問題が所有者不在の条件下で，企業の指導者に対する監督が欠如しているために生じていることには意識が至らず，党委書記が「トップ」であると再度はっきりさせるとしている．ただし，「二つの心を一つの心にする〔党委書記と工場長・総経理の関係を調整する〕」問題は解決されていない．矛盾を克服するために，多くの国有企業は「兼務」の方法を採り，党委書記と董事長の二種類の職能を兼務させた．この方法で，二つの心があわないという問題は解決したものの，誰も企業の指導者を監督していないという問題はかえって深刻になった．

　中国共産党第14回党大会で，国有企業改革の目標は現代的企業制度の構築であるとされた．これは，国有企業改革において，過去の「放権譲利〔権限を下部組織に与え，利益を譲る〕」から制度革新に向かう歴史的な転換が生じたことを示している．

　企業は出資者が設立し，営利を目的として，社会に物品を提供する経済組織である．現代的企業制度あるいは現代的会社には2つの特性がある．一つは，多くの株主が共同出資し会社の法人財産を形成するが，株主の会社債務に対する責任は，株主の投入した株主資本までに限られる．もう一つは，所有者と経営者の分離である．つまり，所有者は彼らが任命した董事会を通じて，企業の生産活動について決定・監督する．そして，直接的な企業管理は，経営能力のある専門家が受託する．このようにして，まさにマルクスが言ったように，現代的企業制度は大型企業を興す最適な形式となる．出資者が会社の最終的コントロール権（剰余コントロール権）を掌握することを保証するため，出資者が組成した株主総会で任命された董事会が会社の最高意思決定機関となる．出資者と董事会の間の関係は，信任受託関係となる．董事会は会社の経営者を選択し任命する．両者の関係は，委託代理関係（エージェンシー関係）となる．まさに，現代的な会社では，こうした株主の董事会に対する，また董事会の経営者に対するインセンティブと監督の二層のチェック・バランス関係で構成される統治構造を通して，「財産権が明らかで，政府と企業が分離し，権力と責任がはっきりし，管理科学的である」現代企業制度に，安定し有効に運営される組織構造の枠組みが与えられ，また，出資者の企業に対する最終支配も保証

される．わが国の国有独資会社〔国家の資本が100％を占める〕と国家支配会社〔国家が支配権をもつ〕は，公益的な性質がやや強いものの，経済組織という点ではその他所有制の企業と根本的な区別は全くなく，したがって，同様の性質の企業統治構造を持つべきである．

　党委が企業の最高意思決定機関になることは，会社統治構造に内在する運用規則と矛盾するだけでなく，わが国における株主構造の多様化の大きな流れに背くものでもある．過去の国有企業は国家計画を完成する生産単位にすぎず，独立した市場主体でなく，企業は漠然と国家所有であり，党と政府は分離せず，政府と企業も分離せず，また，政府行政機関が直接，企業の「トップ」を決めていた．もしも，これらのことが経済環境と概ね一致していたと言うのであれば，国有企業が市場に入り，非国有経済の占める割合がますます大きくなり，大多数の元国有独資企業が株主構造の多様化した会社制企業に制度改革される中で，再び以前と同様の方式で党の指導的役割を実現しようとしても，実際の経済環境とは一致し難い．

2　企業における党組織の地位と役割の範囲を正確に定める

　企業内部の活動は党委の指導の下に置くべきであると主張する同志たちは，そうすることではじめて党の指導的地位が確保でき，政治的中核の役割を発揮できると考える．これは，いくつかの異なった問題を混同しているようにみえる．わが国では，共産党が執政党であり，党による指導の堅持の鍵は，国家の方針政策が党の主旨を体現し，また，各戦線上で活動する党員を通して党の路線・方針・政策が貫徹されることにある．鄧小平同志は繰り返し，「党委の指導の下にある工場長責任制・経理責任制を，準備の上，順序立てて変更する．試行を通して徐々に拡大する形で，工場管理委員会・会社董事会・経済連合体の連合委員会の指導・監督下にある工場長責任制・経理責任制をそれぞれ実行する」．「これらの改革を実行することは，党委を日常の事務から解放し，その力を思想政治工作と組織監督工作に集中させるためである．これは，党の指導を弱めるのではなく，党の指導をより改善し，より強化するものである」と指摘した．この意見に基づけば，国有独資企業においても，所有権を代表行使する機関がその任

命した董事会を通して，経営層に日常の経営決定を委託しまたそれを監督することになる．また，党委を企業という経済組織の最高意思決定機関の地位に置いてはならない．大多数の制度改革後の国有企業の状況を見ると，そうすることで関係不順・権力と責任の不明確・効率低下等の問題が生じることがわかる．

　企業の党委を企業の最高意思決定機関の地位に置くことは，党組織の性質にあわない．もしも企業党委のメンバーとその書記が「中国共産党章程」の規定に照らし，企業の党員により選挙されるのであれば，それが代表するものは主に当該企業の職員・労働者の利益である．一方，もし上級党委が彼らを指名するならば，上級党委は鄧小平同志が賛成しない「経済管理部門」になってしまう．企業間の関係からみると，これは，一つの政党に属する異なる基層組織が，企業利益獲得の相互競争の関係にあることを意味する．企業内部では，党委が所有者の代表であるならば，各利益主体や利益集団を超越した組織になれない．職員・労働者組織と例えば賃金収入・福利待遇等の問題を話し合う際，交渉の一方の側にあるのは明らかに適当でない．

　これでは権力と責任の均衡原則の貫徹が難しい．権力と責任が明確で，権力と責任がつりあっていることは，一切の組織が正常に働くことを保証する基本原則である．もしも党委が企業の最高意思決定機関であるならば，その決定が間違いであった時，経済的・法律的責任を負わなければならない．但し，政治的中核としての党委が，企業経営の経済・法律責任をいかに負うかは，解決が非常に難しい問題である．

　「中華人民共和国公司法」（「公司法」）によれば，会社の董事会は株主総会を経て選出され，董事会は董事長を選挙し，董事会は投票により会社のCEO（中国における総経理）を任命し，また総経理がノミネートしたその他の高級管理職を批准任命する．もしも会社の中間管理層を含む管理職を党委が任命するならば，逆に総経理に会社の経営状況の責任を負うことを要求するのは難しい．

　党委が企業の最高指導機関であると主張する同志たちは，通常，国有企業を念頭に置いて論じている．実のところ，党の指導の強化は国有独資会

社だけに関係する問題ではない．中国共産党は，社会主義革命と社会主義建設を行う指導的核心であり，この点は，中華人民共和国の国土上の一切の単位に対して適用される．第15回党大会は，公有制を主とし，多様な所有制経済が共に発展することが，社会主義初級段階の基本的経済制度であると決定した．この点は，既に「中華人民共和国憲法」に書き入れられた．国有制経済を以て論じるとしても，若干の特殊な産業領域で一定の期間なお国有独資形式を保持する必要がある場合を除いて，圧倒的多数の国有企業は会社化の制度改革を通して，株主構成の多様化を実現するであろう．こうした状況下では，党の指導地位と政治的中核の役割は，その執政党としての役割を通じて体現される．もしも党の指導的地位と中核的役割が，党委が企業の最高意思決定機関であることを通さなければ体現できないとすれば，次の二者のうちのどちらかとなる．民営企業と三資企業〔外資系企業〕を含むすべての企業に，党委が企業の決定を指導する制度を構築するか，あるいは，自己の指導する範囲を全国の経済活動の3分の1を占めるにすぎない国有企業に限り，その他の経済領域では自己の指導的地位と中核的役割を放棄する．明らかに，両者とも採用できる方法ではない．

3　企業において党組織の保証・監督の役割を充分に発揮させる

　現在，「中国共産党章程」によれば，国有企業における党組織の企業生産経営をめぐる「政治中核的役割の発揮」は，以下のように具体化される．「党と国家の方針・政策が当該企業で貫徹・執行されることを保証・監督する．工場長（経理）が，法により職権を行使することを支持し，工場長（経理）責任制を堅持し，改善する．誠心誠意「職工」〔従業員〕を拠りどころとし，「職工」代表大会の活動を支持する．企業の重大な問題の方策決定に参加する．党組織自体の構築を強化し，思想政治工作や労働組合・共青団〔共産主義青年団〕等の大衆組織を指導する」．

　党委が監督・保証の役割を発揮するためには，各種の企業党委は以下の活動を強化しなければならない．(1) 先鋒・模範的役割を発揮し，党員を通して，特に，法定プロセスによって董事会と経営陣に入っている党員の活動を通して，党の路線・方針・政策の貫徹を保証する．(2) 全体の党員

（特に管理職）を監督し，国家の法律を模範的に遵守し，苦労する時は先に立ち，楽をする時は最後にまわることを促す．(3) 党委は所有者・経営者・労働組合を超越する他，三者間に矛盾が発生した場合，国家の政策と企業の全局的利益の観点から調停する．(4) 政治思想工作を強化し，「群団」〔大衆団体〕に対する工作を行い，大衆を動員し経済建設に積極的に参加させる．企業の発展を促すことを通して，執政党の政治と経済の基礎を絶え間なく固めまた拡大する．(5) 董事会あるいは経営者が経営管理スタッフとして任用しようとする候補者に対して，政治審査を行い，意見と提案を出す．

　政治組織としての党委について，そのメンバーが会社の董事会・監事会〔監査役会に相当〕・執行機構に入れるか否かについては，「公司法」と会社の定款・規定のプロセスにより，株主総会等の関連機関が決定する．「公司法」によれば，会社の監事会と董事会を作るプロセスは一致しており，両者とも株主総会で選挙され，株主総会に責任を負う．現状を見ると，会社の監事会の役割はさらに強化される必要がある．党組織の代表が監事会に入り，「公司法」で規定される監督権と提案権を行使し，会社の財務・董事・管理職の職務行為に対して監督の責を果たし，会社の法による経営を保証し，施策の決定において執行党の政治意思と国家の各方針・政策を貫徹させ，董事・管理職の行為を監督することには，重要な意義がある．

注

1) 本章は国務院発展研究センター「国有企業改革と発展の課題チーム」が中国共産党第15期四中全会に提出した研究報告である．王元が執筆起草し，筆者が修正した．陳清泰・呉敬璉・謝伏瞻主編『国企改革攻堅15題』，31-39頁，中国経済出版社，1999年参照．

16
公開・透明で責任を問えるサービス型政府の構築

2003年6月[1]

　2002年11月,広州に最初に現れたSARS(「重症急性呼吸器症候群」,中国では通称「非典型的肺炎」,すなわち「非典」と呼ばれる)の流行は,関連部門の不注意と誤りにより,2003年の3月から4月の変わり目に,かつてない公共衛生の危機をもたらした.厳しい情勢に直面し,中国の最高政策決定層は,即座に抜本的にやり方を変えることを決断し,こうした事件を処理してきた伝統的な方法を捨てた.政府の施政の公開性と透明度を大幅に高め,職責を果たしておらず間違いを犯した役人を入れ替え,政府職員が人民の生命の安全を保護する職責を担うよう組織し指導した.これら一連の動きは,それ以前の政府指導者の仕事ぶりやマスメディア報道等の面における改善もあり,中国の社会政治生活に新風を吹き込んだ.SARS流行の初期に,一部の政府部門の仕事に重大な誤りが生じ,また,汚職をしたり尻込みしたり,最善を尽くさない役人が少なからず現れ,疫病が拡散しコントロール不能の危機を招いた.しかし,民に近づき,責任を負い,実務に励む党・政府の指導者のイメージは,全国から,また国際社会から強い賛同を得た.これにより,全国一丸となってSARSを迎え撃つ局面が素早く形成され,流行を比較的短時間で抑制できた.この度の危機の全過程をみると,我々の社会組織・公民の素養,特に,長年踏襲してきた政府の危機処理の方法に極めて大きな欠陥があることがわかる.それゆえ,この度のSARS危機は実際,社会統治の危機であった.流行が去った後,

我々は次の二者択一に直面している．一つは，失敗から学び，教訓をしっかりとくみ取り，機を逃さずに政治社会体制面の改革を推進し，今後似たような誤りが生じることを防止することである．もう一つは，喉元過ぎれば熱さ忘れるで，疫病流行のプレッシャーが一旦弱まると伝統的な思考方法の慣性が働き，再び旧体制・古いやり方に戻ることである．もし後者であるならば，結果は多くの庶民が心配しているように，「無駄にSARSにかかった」ことになり，今後，同じ失敗を繰り返すことになる．最近，衛生部と北京市の某役人が記者会見で全く驚くべきおかしな言説を発表したことで，こうした危険がまさに現実であることがわかった．

　我々は苦痛を思い出して，この度の危機からどのような教訓をくみ取るべきなのか？　どのように改革を推進すべきなのか？　筆者は，政府が公開性・透明度・党政府役人の問責制度から着手し，社会の統治方式と政府の施政方式を変えることが最も重要であると見る．

「サービス型」政府の構築

　改革開放以前の経済社会制度の最も重要な特徴は，「全能の大きな政府」が経済から政治に至る一切の事務の決定権を引き受けていたことである．経済面では，国有経済が天下を支配し，あらゆる種類の経済情報と経済資源を独占し，企業は政府の言われるままに動く算盤の玉にすぎず，個人はさらに揺りかごから墓場まで政府の決めた通りにしていた．このような体制のために中国経済は最終的に崩壊の縁まで押しやられたが，危機によって転機が訪れた．危機は，わが国の経済改革と対外開放を促進した．20年余りの苦難に満ちた努力を経て，わが国の経済制度は既に根本的に変化した．これらの変化の過程は複雑であるが，その本質は，実のところ簡単である．つまり，政府が独占を放棄し，経済における決定権を経済活動の当事者に返し，当事者たちに各自が掌握している情報と利益に基づいて判断させ，分散して決定させることにしたのである．この20年余りの間，中国が経済領域において成し遂げたことは世界も認めるものであるが，それは根本的に，個人の聡明さ・才智・創造力が解放された結果である．

　足元のわが国の経済体制はいくつかの重要な面でさらなる改革を待って

いるものの，市場経済の輪郭は我々の面前に既に現れている．しかし一方で，政治社会体制面の改革は，非常に見劣りする．鄧小平は16年前に，政治改革が長期にわたって経済改革に遅れてはならないと述べた．しかし，それ以降も，政治改革の推進はなお非常に緩慢であった．1990年代初期に政治改革は始まったが，いままでのところ，市場経済に必要とされる制限された政府や有効な政府からは相当大きく離れている．そして，今回のSARS危機は，政治社会体制に存在する欠陥を余すところなく暴露した．

伝統的な政治社会管理体制の主な弊害は，「全能の大きな政府」体制が，政府と人民の間の主従関係を逆さまにしたことである．130年前にマルクスとエンゲルスはパリ・コミューンの経験を討論した際，古く抑圧的な国家機関を打破した後，最も重要なことは，「社会の公僕が社会の主人になる」ことを全力で防ぐことであると繰り返し述べている[2]．「全能の大きな政府」の体制下では，一部の党政府機関と役人が「人民の為に奉仕する」「人民の公僕になる」というスローガンを壁に書いたり口にしたりするものの，彼らは実際のところは，「社会の主人」，「群衆」の「首長」の地位にあり，「国家目標」の名の下に自己の意志を社会に押しつけ，人民の重大で切実な利益に関する問題を含む一切の問題について，自己が治める「平民」に代わって決定できる．我々のように長期間の専制主義の伝統がある国家では，このように完全にひっくり返った関係を，治められる者が認めていえする．例えば，地方役人が平民の「父母官」と呼ばれ，清廉な役人が「民之父母」と称賛されるなど，多くのおかしなことをおかしいとも思わなくなっている．法に違反する一部の役人が自分の権勢を利用し平民に対して威張っても，選挙人や納税者による監督を受けないだけでなく，請願や陳情ですら「違法」「反抗」行為とみなされて禁止され，ひいては迫害にあう．

このような現代政治文明と全く相いれない古い規則と悪い習慣が存在するため，一部の責任を負う役人は，SARS伝染という大衆の生命の安全に関係する問題において，極めて無責任な態度をとり，情報を封鎖し，流行を隠し，虚偽の情報を撒いたにもかかわらず，意外にも，それを当然のことであり，政府の事務規定にも符合すると考えていたのである．

このように逆さになった主従関係を再び逆さにしなければならないが，そこで重要なことは宣言することではなくて，基本的人権と政府権力の制限を明確に設定した憲政秩序の構築である．つまり，中国共産党第16回党大会の決定に照らして，政治改革を推進し，政治文明を引き上げ，民主政治を発展させ，法治社会を構築することである．国家権力を掌握している党政府役人の責任を問えるようにしなければならない．人民による公務員監督権と罷免権の行使は，実施可能な法定プロセスを通して適切に保証されなければならない．

政務公開と公共情報の透明化

政府機関と政府役人は，通常，公共情報を独占することによって，政策決定権を独占している．政府が公務を執行する過程で生まれた情報は，本来，公共資源であり，公衆が公共事務と政府活動の状況を理解し公務員を監督する際の必要条件である．それゆえ，現代国家には通常，情報公開や「陽光政府」〔透明な政府〕の法があり，公共情報は，国家安全にかかわり法定プロセスを経て免除されたものを除き，すべて公けにされなければならない．情報開示制度を構築してはじめて政府と政府役人を公衆の監督下に置くことができる．しかし，全能政府体制では，往々にして公共事務や報告処理過程での情報が党政府機関の「内部秘密」とみなされる．こうした体制が長期間続いてきたことで，既に危機的事件に対応する際の決まった方式ができている．つまり，人民の知る権利は無視し，いわゆる「外鬆内緊」〔表面上は緩く見えるが内部では厳しい〕を実行し，厳格に秘密を守り，公衆が何も知らない状況下で，政府内部で手配し処理してしまう．ここにおいて，情報の獲得は一種の特権となり，法に違反する役人は公共情報を私有化し，レント・シーキングの道具とする．彼らはこのような不透明な制度を利用して，私利をむさぼり，公衆を愚弄し，また，上級行政機関を騙すこともできる．近年，賄賂を受け取り，法を曲げる多くの役人が，世論を押さえつけ，権力を笠に着て衆人の耳目をふさぎ，群衆を圧迫し威張り散らしている事件が長期間明るみに出ないことには心が痛む．

疫病流行等の突発事件に対応する際のこうした昔からの方法は根本的に

変わっていないため，SARS の拡散し始めた時期に，一部の政府役人は昔からのお決まりの方法で事を運んだ．SARS は，2002 年 11 月に珠江デルタに出現した．2003 年 2，3 月，公共衛生部門は既に，広東地区で原因と感染経路が不明な一種の急性伝染病が爆発的に流行していることを明確に知っていた．3 月 12 日に，世界保健機関（WHO）は，正式に全世界に向かって SARS 出現の警報を発した．但し，わが国の公共衛生部門は，公衆や医療機関に対して情報封鎖を続けた．各医院が知識の準備も物資の準備もない状況の下，広州で感染したが有効な治療を受けられず，太原と北京を転々として医者を探していた一人の山西省の患者が，この危険な急性伝染病を北京と華北地区全体に感染させる結果となった．北京の中国人民解放軍 301，302 病院の二病院だけで，数十名の医者と看護師が感染し，衛生部と道一本隔てただけの北大付属人民医院では，医務員が何の準備もない状況であわただしく出陣し，「格闘」したため，40 名余りの医務員が倒れ，主任医の丁秀蘭が病死した．4 月上旬に至り，疫病は北京全体に拡散したが，衛生部門の責任者はなお公然と北京の SARS 病例は 12 例，死亡は 3 名のみであるとし，「中国の一部地区における SARS の流行は有効にコントロールされている」，「中国における仕事・生活・旅行はすべて安全である」と断言した．人々は問わざるを得ない．もしも上述したような伝統的なやり方に従うことなく，流行の状況を隠さず公衆を騙さなかったならば，SARS の流行はこのような災難に発展したであろうか，また，これほど多くの人々の生命が犠牲となったであろうか．

　情報公開の面でこのような重大な誤りが生じたことには，もとより一部の責任者である役人に一定の責任があるものの，より重要な問題は，全能政府体制下で形成された昔からの規則と悪い習慣であり，それはマスメディアに対する行政的統制を含む．現代社会においては，新聞雑誌，テレビ放送，インターネット等のマスメディアは，まさに社会の情報交流の主要チャネルであり，公民が憲法で賦与された自身の知る権利と監督権を行使する有力な手段である．しかし，伝統体制下では，それらは，「宣伝道具」あるいは「世論道具」と呼ばれる．つまり，指導者の声を伝え，指導の意図を確かなものにし，指導者が希望する世論を形成する道具である．

このように，マスメディアの持つ重要な社会的機能は，この宣伝道具の機能に取って代わられ，ひいては，関連する指導者が，社会ニュースについて報道できるものと報道できないものを決めてさえいる．社会生活が日増しに豊かになり，生活のリズムが速くなり，「情報爆発」にある今日，マスメディアがあるべき役割を発揮することを抑制すれば，社会生活は情報遮断の状態に置かれるだけとなり，その経済・政治・社会にもたらす結果は深刻であろう．今回のSARS危機の初期においては，若干のマスメディアの指導者とニュースに携わる人々が宣伝主管部門から責められることをひどく恐れたことで，公衆と政府指導者がSARS流行を把握する機会が遅れてしまった．これが，SARSが迅速に拡散し，情勢がもう少しで完全にコントロール不能になりそうになった一つの重要な原因である．それゆえ，できるだけ早くマスメディア体制の改革を議事日程に載せるべきであり，それはSARS危機後のわが国の精神文明と政治文明引き上げの重要な作業となる．

社会集団の自己組織能力の引き上げ

　現代社会は利益が多元化し，社会活動も様々であり，公共事務も党・政府機関と行政役人にだけに頼って処理できないことから，民間社会を発展させて，広く各種社会集団の自治を実行しなければならない．しかし，伝統的な「大きな政府，小さな社会」体制の一つの重要な特徴は，国家権力を拡張させ，民間社会活動の余地をできる限り圧縮することであった．それゆえ1956年の社会主義改造の実現，特に1958年の「政社合一」〔農村での行政と生産組織の一体化〕の人民公社化の実現以降，いかなる民間組織ももはや存在せず，住民家庭の独立性すら非常に危うい状況になった．社会全体のありとあらゆる業種は，どのような産業や領域に属していようとも，ポスト（官職）本位の統一的で単調な官僚システム（bureaucratic system）の中に統合された．これは生気と活力に欠ける一種の「繊維化」したシステムであり，「社会のない国家（a state without society）」とも呼ばれる．もしも政府指導層が政策を決定し命令を下せば，この種の組織体系は国家の権威を用いて，調達可能な一切の資源を動員して，特定の国家目

標を実現しにくい．但し，このようなシステムには一つの致命的な弱点がある．つまり，社会集団は自ら組織する能力を欠き，事が起きると政府の命令に頼るだけとなり，国家が規定していないいかなる事，あるいは役人の許可を得ていないいかなる活動も停止するか，あるいは進めるのが難しくなる．こうした体制下では，豊富で多彩な社会生活や生き生きとして活気に満ちた政治局面が出現することは不可能で，当然ながら経済文化の全面的な繁栄も不可能である．

　中国は改革開放以後，家庭の機能が回復し始め，民営企業といった非政府組織の役割が日増しに大きくなった．但し，その他の面の社会集団組織，例えば社会の基層にある自治機構・産業の同業組合・専門的な目標を持つ基金会等の非政府組織（NGOs）は依然として非常に弱小であり，民間社会の発育程度が低いことを示している．この種の社会組織の欠陥を「社会集団空席」と呼ぶ学者もいる．今回のSARS危機においては，自らを組織する能力が弱く民間社会が発育不良であるという欠陥のため，政府が単独で戦う以外には，知識を普及し，資金を募集し，患者や医療人員の家族にサービス活動を提供する力を持つ社会集団組織はほとんどなかった．また，科学研究・医療施設等の社会組織はすべて官僚システムの中に戻っていたため，病原や治療方法についての正誤が厳格な学術規範と科学研究プロセスによって判断されるのではなく，役人が言うとその通りになる，つまり，上位の役人が真理となることで重大な損失がもたらされた．中国の科学者はSARSの前に敗れた，と言う人もいる．しかし，筆者には，失敗をもたらしたのは科学者ではなくて，行政化した官本位の科学研究体制と見える．政府が責任者の入れ替えや事実通りの情報公開等の果断な措置を採って以後，全国各地から北京に来ていた100万人に上る出稼ぎ労働者は，帰属する社会集団がないことから四散して故郷に逃げ帰った．そして，予防・治療の力が極めて弱い農村地区に疫病が拡散する極めて大きなリスクをもたらした．この一件で，大都市において，地方から来た住民に彼らの帰属する社会集団がないことが生む深刻な社会問題がはっきりとした．

　現在は，こうした「社会集団空席」を埋める時期に来た．良好な民間社会と社会集団組織の育成は，多くの面で政府の足りないところを補うだけ

でなく，政府の活動との間で良好な相互作用を生む．また，社会の成員の国家に対する求心力とアイデンティティーをより強くし，我々の社会の団結をより堅固で強力にするであろう．

注

1) 『財経』2003 年第 6 期．
2) 馬克思・恩格斯〔マルクス‐エンゲルス〕(1871)「法蘭西内戦」『馬克思恩格斯選集』第 2 巻，人民出版社，1972 年版，404 頁．〔『フランスの内乱』木下半治訳，岩波文庫，1952 年〕

17
憲法改正と憲政実施の要点

2003年6月[1]

　憲法改正は大きな課題であり大きな学問でもある．今回の座談会の通知を受けて以降，私は関連文献をずっと学んできたが，一部の問題については現在までもはっきりとした考えに至っていない．ここでいくつかの意見を提起し，皆さんの教えを請うことにする．

　（一）憲法改正は，憲法を憲政の要求に符合させるという，わが国の長期的な社会の安定に関わる大事であり，積極的に行うべきである．

　20年来，わが国の経済改革は大きな成果を収めてきたものの，政治改革の推進は緩慢であり，ある程度ちぐはぐな状況になっている．1986年9月に鄧小平が政治改革は長期間延ばせないと指摘してから今日まで既に16年が経ち，1997年の第15回中国共産党全国大会で法治国家の構築が提起されてから現在まで既に5年が経った．政治改革の加速は既に党と国家の議事日程に上っている．第16回中国共産党全国大会は政治改革推進の方面で以下のスローガンを提出した．それらは，社会主義民主政治，法治国家の構築，政治文明の引き上げである．政治改革は疑いなく上述した三方面で推進される．注意を要する点は，

・法治とは，憲法によって制定された法律は一切のものより上であることを指す．

・我々が必要とする民主は，憲政民主である．

・憲政主義は，正に現代の政治文明の真髄である．

したがって，以上の三方面の要求は，一点に，つまり憲政の実施に集中する．憲政は，制度面のアレンジと文化のサポートがセットになったものである．良い憲法を持ち憲政の実行に基本的な制度の枠組みを提供することは，有効で実行可能な解決方法である．

（二）憲法は国家の根本的な大法であり，頻繁に些細な修正をするのは好ましくないことから，一つの計画を制定し，3〜5年の間に，時代の要求にあった長期的に有効な憲法を制定すべきである．

憲法の性質は，毛沢東の話を用いれば，国家の「全般的な規約」である[2]．孫中山〔孫文〕は，「憲法とは国家の構成法にして，また即ち人民の保障書なり」と言った（『中華民国憲法史』前編序）．すなわち，憲法の実体的内容は，以下の三方面となる．甲）公民が享受すべき，また侵すべからざる権利の目録，乙）国家権力の構造と配置，丙）この権利に対するチェック・バランスの体系．

そして，現行憲法の本文には少なからぬ欠点がある．
・形式面では，現行憲法は主要な部分を建国の歴史・執政党の政治経済綱領・政府の各政策に使っており，国家構築については，往々にしてあまりにも抽象的である．
・内容面では，少なからぬ規定が，我々の現在の認識やわが国の現状から大きく隔たっている．わが国の現行憲法は1982年憲法を基礎とし，その後，1988年，1993年，1999年の三回の小幅修正を経て，党大会の新たな提起を憲法の本文中に加えた．1982年憲法は，「文化大革命」期間中に制定された憲法の明らかに誤った内容を否定したものの，当時は「文革」が終わってからあまり間がなく，経済改革も始まったばかりであったため，現在の国家構築を導く重要原則，例えば「党政分開〔党と行政機能の分離〕」，「社会主義市場経済の実行」，「非公有制経済は社会主義市場経済の重要な構成部分である」，「法治国家の建設」等は，まだ提起されていなかった．また，イデオロギーの上でも「左」の残した多くの有害思想が粛清を待っている．

こうした状況下で，現行憲法は基本的な枠組みにしても，具体的内容にしても修正を要するところが非常に多く，これは5年に一度の小幅修正で

解決できる問題ではない．したがって，2004年の全人代で憲法修正を議事日程に入れるか否か，あるいはどの程度修正できるかにかかわらず，我々は，全人代憲法修正委員会を始動するプロセスを作り，一定の期間，慎重かつ掘り下げた研究討論と熟慮を通して準備し，長期的に安定した有効な憲法を制定すべきである．

（三）民主と科学によって，憲法修正の質を保証する．

憲法本文の質を保証するためには，まず，大衆を参加させなければならない．多くの人々を憲法修正の活動に参加させなければ，憲法に対する公共の賛同は形成されないし，また政府の合法性も引き上げられない．また，これらの参加を通して初めて憲法を尊重し遵守する良好な憲法文化が形成される．建国初期の条件の下で，「五四憲法」〔1954年制定の中華人民共和国憲法〕制定時には全国を代表する8000人余りによる討論を組織し，5900余りの意見（疑問を除く）を集めた．2000年の『中華人民共和国立法法』によれば，普通の法律の立法過程ですら「人民が多くのルートで立法活動に参加することを保障」しなければならない．すべての公民の根本利益にかかわる憲法では，なおさら人民の広範な参加を保障することが必要である．私も，中国社会科学院法学研究所夏勇所長がたったいま提出した，憲法修正には民主と科学が必要である，との意見に賛成である．憲法修正は，法学・社会学・経済学・言語学の問題にかかわり，関係する専門家が参加して専門的研究を行うことが必要である．これら2つの面は，衝突するものではない．現在，マスメディアが取り上げていることは，往々にして修正を行う必要はあるものの理論上は確立している問題であり，マスメディアが繰り返し提起する一部の意見も表面的か，何らかの思惑があって大げさにしている感がある．これは参加している大衆が多すぎるからではなく，メディアが学問上の討論を回避しているためとみられる．夏勇教授の「法治とは何か――根源，戒め，価値」，「中国憲法改革のいくつかの基本的理論上の問題――『改革憲法』から『憲政憲法』へ」[3)]のような重みのある論文は，個別の学術雑誌でしか見られず，大衆の知るところではない．

民主と科学による憲法修正を成し遂げるために，「五四憲法」制定に倣

うことと，各国で行われている方法に倣うことを提案する．
・全人代常務委員会を主とし，各界の人士が参加する憲法修正委員会を設立する．
・憲法修正委員会は関係する役人と専門家を組織して，各国が施行している憲政の経験を系統的に研究し，わが国の憲法修正と憲政構築についての様々な可能性について論証し，憲法修正と憲政に関する公共討論を開催してそれに参加し，憲法修正の各種の提案を収集し研究する．
・高等教育機関と研究機関を組織し，憲法修正・憲政施行にかかわる重大な社会科学の問題について研究する．
・各級全人代，各級政協，各民主党派が憲法修正・憲政構築の討論を組織することを要求する．また，民間社会団体組織が憲法修正意見を提出することを歓迎する．

(四) いくつかの重大問題の研究が必要である．
(1)「三つの代表」重要思想に照らした憲法修正関連規定について

江沢民総書記は中国共産党第16回全国党大会の『政治報告』において「『三つの代表』を終始貫くことが，我々の党の，立党の根本・執政の基礎・力の源である」とした．足元では，過去数回の憲法修正の慣例にしたがって「三つの代表」を憲法に書き入れることを要求する声が大きい．

私は，「三つの代表」は，わが国の執政党が最近確立した指導思想で，わが国の政治生活に深遠な影響を与えており，この精神により現行憲法を修正することは完全に適当であり十分に必要であると考える．但し，「三つの代表」という文字を憲法に直接書き入れることは，必ずしも適当でない．先進的生産力の代表・先進的文化の代表・中国の最も広範な人民の根本的利益の代表となることは，共産党自体と党員に対する要求であり，一般民衆に対する要求ではない．そうである以上，この文字は，マルクス主義，毛沢東思想，鄧小平理論等と並列して，中国各民族人民の指導思想として提出することはできない．次に，「三つの代表」になることは，共産党と共産党員の努力する方向であり奮闘目標であるが，憲法が共産党や共産党員に賦与する憲法の権利ではなく，それを国家権力構造と配置の規則である憲法の正文として書き入れることは，容易に誤解を招きまた混乱を

生じさせる．

　一方で，「三つの代表」重要思想に基づく憲法修正は，実現しなければならない重要な任務である．しかし，この仕事は，いくつかの重大な問題にかかわるため，慎重に進めなければならない．例えば，「三つの代表」は，執政の基礎の拡大を意味している．個人経営主・私営企業主を含む新たに出現した社会階層は，すべて社会主義事業の建設者であるから，彼らの合法的な権益を保障しなければならない．こうした状況の下で，現行憲法にある，中華人民共和国の「人民民主独裁，すなわち実質上のプロレタリア独裁」等に関わる規定は，明らかに時宜に合わなくなった．しかし，これは国体の性質を定めるものであり，「大幅修正」の時に解決するのがよいと考える．もしも，この字句だけを修正すると，不必要な猜疑と議論を必ず引き起こすであろう．

(2) 公民の基本権利に関して

　現在，一部の新聞雑誌では，憲法に「私有財産の不可侵」を加えるべきであるという声が大きい．私は，単独で私有財産の神聖不可侵の条項を入れることは不必要であると考える．比較的簡単な方法は，単に現行憲法の第12条と第13条を合わせ，「社会主義の公共財産は神聖不可侵である」(第12条)との規定を取り消し，代わりに，「財産権は法律の保護を受ける．国家が公共の利益の必要から私人の財産を徴用する場合，合法的なプロセスに依り，公平で充分な補償を与えなければならない」とする．

　さらに注意すべきことは，人民の基本的権利は財産権にとどまってはならない．足元で比較的一致している増補意見は，

・人権と生命権の概念を導入する．

・「五四憲法」の人民の移動・ストライキ等の自由に関する規定を復活させる．

・人民の公共情報に対する知る権利の規定を増やす．

　等である．

(3) 憲法訴訟と憲法審査に関して

　憲法の持つ最高の法律効力と最高の法律権威を実現するためには，公共権力を持つ機関の憲法違反行為に対する追及と救済を行う有効なメカニズ

ムを構築しなければならない．わが国の現行憲法は，「一切の法律・行政法規・地方性法規は憲法に抵触してはならない．」，「一切の国家機関と武力，各政党と各社会団体，各企業事業組織は憲法と法律を遵守しなければならない．一切の憲法・法律違反行為は追及されなければならない．」（第5条）と規定している．中国共産党の党規約も，「党は憲法と法律の範囲内で活動する」と規定している．これらの規定は非常に良いものの，問題は憲法違反の処理行為に対して，誰がどのように追及すべきかというプロセスが全く具体的に規定されていないことである．したがって，違憲審査メカニズムを構築しなければならない．

・中華人民共和国憲法委員会を設立し，法定プロセスによって違憲申し立てを受理し，違憲審査を行う．

・違憲審査の対象は，立法機関が制定した法律，国務院が制定した行政法規，省・市・自治区の人民代表大会及びその常務委員会が制定した地方性法規，国務院の各部門・委員会と直属機関が制定した規章，及び党政機関の法規効力を持つ規定を含む．

・憲法委員会は，憲法に抵触する一切の法律，行政法規，地方性法規，規章，規定を取り消す権利を有する．

注

1) 本章は2003年6月6日の全人代呉邦国委員長の司会による憲法改正座談会上の発言の要旨である．
2) 毛沢東（1954）『関於中華人民共和国憲法草案』『毛沢東選集』，人民出版社1977年版，125-133頁参照．
3) それぞれ『中国社会科学』誌1999年第4期と『中国社会科学』誌2003年第2期に掲載．

監訳者あとがき

　本書は，中国の経済学者・呉敬璉氏の著作選集としてバリー・ノートン（Barry Naughton）教授（カリフォルニア大学サンディエゴ校）が編集し英語で出版された Wu Jinglian, edited with introductions by Barry Naughton, *Wu Jinglian : voice of reform in China*, The MIT Press, 2013, の日本語訳である．ノートン教授は，米国における現代中国研究の第一人者であり，体制移行，工業・技術，対外貿易，および中国の政治経済学を中心に，中国経済に関する著作を幅広く発表している．ノートン教授が編集した同書には，呉敬璉氏の著作（インタビューを含む）27編が収録され，ノートン教授による「序論」および解説が付されている．

　英語版が350ページを超える大著であるため，日本語版は，ノートン教授による「序論」と各部の解説（オリジナルは英語）および呉敬璉氏の著作17編を選んで収録した．英語版に収録されたすべての文献とそれらの中国語オリジナル論文の出典は巻末に対照表として掲載してある．同表中の中国語論文の出典は，原則として現在入手可能な最新の出版物とした．本文中では，未収録の著作は（文献n＊）と表記した．

　英語版は全体が4部構成になっており，日本語版もその構成を踏襲した．本書の読み進め方については，ノートン教授が「序論」の中で触れているが，ここでは日本の読者のために，若干の補足をしておきたい．

　第1部は，中国が今日直面している重要な経済問題に焦点を当てたものであり，多くの読者が関心を寄せる腐敗，格差，法治，民主などのトピックが網羅されている．ここに収録されたインタビューおよび論文は，現在の習近平政権が発足する前のものであるが，習近平政権の今後を占う上で読者にとって重要なインプットとなろう．とくに第2章，第3章は，1980年代以降の経済改革（体制移行）の過程をコンパクトにまとめ，中国の経

済改革が21世紀に入ってから停滞気味であった原因を鋭く分析したものである．経済改革をめぐる中国国内の社会勢力の関係を分かり易く整理しており，中国ビジネスに関わるビジネスマン，中国経済に関心をもつ学生や若手研究者にとっては必読文献と言える．

なお，英語版に収録されていた，2008年のグローバル金融危機への政策対応に対し警鐘を鳴らした論文（文献3*）は日本語版では割愛したが，呉敬璉氏が同論文中で指摘した副作用は残念ながら現実のものとなってしまった．

第2部は，呉敬璉氏の人物と思想形成を辿ったものである．中華人民共和国樹立直後に青春時代を送り，共産主義の理念の実現に燃えていた優秀な若者が，反右派闘争や文化大革命などの時代の潮流に巻き込まれ，その中で物事の本質を見極める能力を磨き，そして，50歳にして新たな領域への研究を開始し，中国の経済政策決定に重要なインプットを行う立場に就くという，波瀾万丈のストーリーである．さらに，呉敬璉という一人の人物を軸として，中国経済の振興と公平公正な社会を実現するために献身した多くの知識人の姿が描き出されている．現代の日本では巷に中国に関する情報が溢れているが，こうした人々のことは意外に知られていない．現代の中国を深く理解するためには，20世紀初頭から現代に至るまで，中国の国家建設や経済発展に尽くした呉敬璉氏に代表されるような人々が，時代の荒波の中でどのような苦境と内面的葛藤をくぐり抜けてきたのかを正しく認識する必要があろう．

第3部は，改革開放政策の初期（1980年代〜1990年代前半）の，経済改革戦略をめぐる政治経済論である．巻末の対照表から明らかなように，日本語版の第3部では，呉敬璉氏の著作は2編のみを収録するに留めた．これは，英語版に収録された論文が，ノートン教授も「序論」で述べているように「中国の改革過程を研究する研究者および歴史家が用いるべき資料であり参考文献」であり，日本の一般の読者にとっては専門的に過ぎると判断したためである．読者には，むしろ第3部の冒頭に登場するノートン教授の迫力ある解説を読むことで十分であると考える．それは，1980年代の中国における統合的な改革プログラムの策定や1990年代初頭に「社

会主義市場経済」を目標と定めるに至った政治プロセスなどに対する呉敬璉氏の貢献を，当時の政治経済的文脈の中に位置づけている．また，「公式表現」の含意など中国の政策決定過程の特質をも詳しく説明し，呉敬璉氏が注意深く用いた表現の微妙なニュアンスや政策アドバイザーとしての仕掛けや駆け引きを解説している．それらの点を感じとっていただくために，やや煩雑とは思われたがカギとなる用語に中国語と英語を併記した．もっとも，中国の政策決定過程にはなお明らかになっていない部分が多々ある（例えば，1986年の改革方案が棚上げとなった理由・経緯など）．ノートン教授の分析に興味をもつ学生・研究者は，巻末の対照表を手掛かりに中国語の原著に手を伸ばしていただきたい．

　なお，日本語版に収録した第11章，第12章は，それぞれ1988年，1993年時点で呉敬璉氏を中心にまとめられた経済改革プログラムのダイジェスト版である．これらを見れば，1980年代の呉敬璉氏を中心とするグループが，現在進行中の改革の原点にいたことがわかるであろう．また，同グループの当時の若手メンバーの多くが，現在の中国政府で経済改革を担う要職で活躍していることにも気付かされよう．さらに，日本型市場経済を評価している点（第11章）も興味深い．アジアにおける市場経済の先発国として，中国の市場化改革に果たしうる日本の役割は，我々が考えている以上に大きいのではなかろうか．

　第4部では，主に株式市場の発展と経済活動における党・政府の役割を取り上げているが，それらを貫くキーワードとして法の支配と公平公正な社会の実現が唱えられている．今や時価総額で東京市場に匹敵する規模となった中国の株式市場であるが，投資と投機の区別すら議論しなければならなかった市場であるという内実に驚愕する読者もいるかも知れない．今日においても，金融システムはまだまだ未熟であるのが現実であり，成熟したシステムの構築には法の支配の徹底が求められる．中国の市場化改革はまだ初歩的な段階にあり，経済の領域を超えた分野の改革を必要としている．これこそ習近平政権が直面している課題なのであるが，ここまで読み進めた読者は，法の支配のもとでの公平公正な社会の実現という夢が，呉敬璉氏の祖父母・父母の世代の中国の知識人が抱き続けてきたもの（第

2 部を参照) でもあることにも気付かされるであろう．

　なお，英語版に収録されていた，業界団体の独立性について論じた論文（文献 24*）は日本語版では割愛した．政府の役割の再構築（政府の介入の排除）という論点についての呉敬璉氏の見解は，第 15 章，第 16 章を参照いただきたい．

　本書の中で，第 1 章（インタビュー）以外の呉氏の著作 16 編はすべて原著（中国語）から日本語に翻訳した．中国語からの翻訳は，李粋蓉氏（第 2～4 章，第 6 章），関志雄氏（第 5 章），孫犁冰氏（第 7～10 章），津上俊哉氏（第 11・12 章），神宮健氏（第 13～17 章）が担当した．英語版では，オリジナル論文の内容の一部が省略されていたり，大胆に意訳されている部分もある．日本語版では原則として英語版に準じて省略することとしたが，読者の理解に必要と思われる部分は残し，また中国語の原文に忠実に翻訳するよう努めた．なお，ノートン教授による「序論」・各部の解説および第 1 章（インタビュー）については，曽根が英語版から翻訳した．

　翻訳に際しては，一般の読者にとって馴染みが薄いと思われる専門用語・概念には〔　〕または訳注で説明を加えた．また，現代中国の経済・社会問題の理解にとって重要と思われる用語には，中国語の表現も併記した．これらは，かえって煩雑と思われるかも知れないが，本書を通して多くの日本人に中国という国をより深く理解していただきたいがゆえである．

　周知のとおり，中国では 2012 年に習近平総書記をトップとする新しい指導体制が発足し，2013 年 11 月の中国共産党第 18 期中央委員会第 3 回全体会議（三中全会）で「改革の全面的な深化に関する決定」が採択された．この決定の内容は，概ね呉敬璉氏が主張する改革の再加速を宣言するものと言えよう．しかし，本書の中で呉敬璉氏が論じているように，その実行は容易なものではない．英語版の発行（2013 年）以降に個別の改革では新たな展開もみられるが，訳注として挿入することは敢えて控えた．この日本語版の出版以降も新たな改革措置が講じられることは間違いなく，現時点での追加情報でさえも早晩陳腐化するのは目に見えているからである．

　むしろ，現在進行中の経済改革の個々の施策に対しては，読者が本書をも

とに自身で評価していただくのが良いと考えた．本書がそのように活用されるならば，訳者としては望外の喜びである．

　最後になるが，本書を翻訳する機会を与えて下さったスタンフォード大学の青木昌彦名誉教授と，編集過程で御尽力いただいたNTT出版の永田透氏に，翻訳担当者を代表して心から感謝申し上げる．

曽根康雄
2015年2月

関連年表

	呉敬璉氏		中国の主な出来事（改革を中心に）
1930年	1月24日，南京市に生まれる．		
		1949年	中華人民共和国建国
1954年	復旦大学卒業 中国科学院経済研究所に配属される．		
		1955～56年	「社会主義改造」の高揚，農業の集団化，工業の国有化
1956年	6月9日，周南と結婚．		
		1956～57年	経済政策の調整に続き「百花斉放」と称する自由化
		1957年	6月8日より反右派闘争が開始される．
		1958～60年	大躍進運動
1963年	長女・呉暁蓮誕生		
1965年	次女・呉暁蘭誕生		
		1966～76年	文化大革命
1969年	経済研究所と共に河南省農村部にある「五七幹校」に下放される．		
1973年	北京に戻る。		
1975～78年	山西省昔陽県大寨村に派遣され，国務院研究室の『大寨政治経済学』制作プロジェクトに参加する．		
		1976年	毛沢東の死去 文化大革命の終息
1977年（末）	経済研究所の再開と共に同所に戻る．	1978年	中国共産党第11期三中全会の開催；改革開放の始動

		1979～82年	経済改革が農村部で成功を収める.
		1982～83年	改革に対する1回目の反動
1983～84年	イェール大学に留学		
1984年	国務院発展研究センターに勤務し, 政策アドバイザーとしての役割を始める.	1984年	中国共産党第12期三中全会の開催；改革の再開, 都市部改革の再始動
		1984～88年	改革アジェンダの作成に力を入れる.
1986年	経済改革の統合的改革方案を発表する. 8月に承認されたが, 10月に棚上げにされる.		
		1987年	1月16日, 胡耀邦が党総書記辞任に追い込まれる. 物価上昇圧力が増大する. 統合的改革方案が断念される (3～4月). 10月25日, 中国共産党大会で趙紫陽が党書記に就任する. 市場が企業を導く (市場引導企業) 方針が採択される. 鄧小平ら長老が正式に引退する.
		1988年	インフレ高進
		1989年	6月4日, 天安門事件. デモ参加者を鎮圧し, 趙紫陽や改革派の指導者が粛清される.
1989～91年	市場志向改革を擁護し, 保守派の巻き戻しに対抗する.		

		1992年	1月18日～2月20日，鄧小平が南方を視察する．経済改革の最もイデオロギー的な障害が終焉．
1990～93年	呉と彼の研究チームが具体的な経済改革アジェンダを起草する．	1992年	第14回党大会で「社会主義市場経済体制の構築」目標が採択される．
		1993年	第14期三中全会で包括的な改革プログラムが採択される（「50条決定」）．
		1994～99年	朱鎔基のもとで幅広い経済改革が実施される．
		1994年	課税ベースの拡大，税率の引き下げ，政府財政力の強化〔分税制〕など財政改革が実施される．
1995～97年	コーポレートガバナンスに関する研究に取り組む．	1997年	第15回党大会で所有制の多様化の同時推進が打ち出される．
1997～2007年	中国人民政治協商会議常務委員会委員	1996～2000年	国有企業部門の改革と大幅な縮小．大多数の小規模の国有・集団所有制工業企業の私有化または閉鎖．
2000年，2001年	中央テレビ主催の「今年の経済人」に選ばれる．呉の株式市場に対する批判が主な理由．	2001年	中国が世界貿易機関（WTO）に加盟する．
		2003～12年	胡錦涛・温家宝政権が誕生；改革の進捗が鈍化する．
2005年	第11次5ヵ年計画の専門家顧問委員会副主任．成長モデルの転換を提唱する．		
2010年	新たな改革を呼びかける．		

		2012年	第18回党大会で習近平政権が誕生；経済改革を一層進める方針が打ち出される．

『呉敬璉、中国経済改革への道』原著対照表

章	日本語タイトル	英語版文献番号	英語版タイトル
第1部　現在の課題：中国の改革からどのような21世紀型経済が現れるのか？			
編者による解説	直面する課題に取り組む		Addressing Current Issues
1	改革の再生に向けて：呉敬璉へのインタビュー	文献1	Toward a Renewal of Reform (2012)
2	中国経済改革30年の制度的思考	文献2	Thinking through China's Thirty-Year Economic Reform Process from an Institutional Perspective (2008)
（未収録）		文献3*	The Financial Tsunami and China's Economy (2009)
3	改革をめぐる3つの社会勢力のスタンスに関する分析	文献4	An Analysis of the Attitude toward Reform of Three Social Forces (2007-2010)
4	過大な所得格差の問題への適切な対処	文献5	Properly Handle the Excessive Increase of Income Inequality (2006)
5	なぜ中国で腐敗が蔓延するのか？	文献6	Several Methods to Effectively Check the Spread of Corruption (2003)
6	「大国の台頭」に見る各国の富強への道	文献7	How Nations Become Rich and Strong: Thoughts Inspired by the TV Show "The Rise of Great Nations" (2007)
第2部　自叙伝：社会的に献身した知識人コミュニティーの数世代に跨る歴史			
編者による解説	自叙伝のはしがき		Biographical Preface
7	企業家精神で人生の理想を追い求める：母への追憶	文献8	My Mother: Using an Entrepreneurial Spirit to Achieve Life's Goals (1995)
8	私の経済観の背景：中国経済の振興は市場指向の改革にかかっている	文献9	The Background to My Economic Thought (1991)

中国語タイトル	中国語出典
中国经济改革三十年历程的制度思考	吴敬琏经济文选 (2010) pp.39-68
金融海啸和中国经济	吴敬琏文集 (2013) 中 pp.998-1004
三种社会力量对待改革态度的分析	呼唤法治的市场经济（2007）pp.13-18/ 吴敬琏文集 (2013) 下 pp.1228-1232
妥善处理收入差距过大问题	吴敬琏文集 (2013) 下 pp.1158-1161
中国腐败的治理	战略与管理（2003 年第 2 期）/ 呼唤法治的市场经济（2007）pp.333-354
从《大国崛起》看各国富强之道	吴敬琏文集 (2013) 下 pp.1334-1344
以企业家的姿态实现自己的人生追求 -- 追忆母亲	吴敬琏自选集（2003）pp.605-610
中国经济的振兴由来于市场取向的改革	我的经济观 第 3 卷（1991）pp.537-545

9	顧準との親交	文献10	My Friendship with Gu Zhun (1997)
10	経済観の新たな段階へ	文献11	A Further Stage of Intellectual Biography (1991)
第3部：中国の経済改革を設計する			
編者による解説	改革の政策アドバイザーとしての経済学者	The Economist as Reform Policy Adviser	
(未収録)		文献12*	Economic System Reform and Adjustment of the Economic Structure (1980)
(未収録)		文献13*	The Opportunity to Embrace Across-the-Board Reform (1982)
(未収録)		文献14*	Should We Push Ahead with Piecemeal Reform, or Adopt Coordinated Reform? (1985)
11	経済体制中期（1988〜95年）改革計画綱要	文献15	Excerpts from "An Outline Plan for the Medium-Term (1988–1995) Reform of the Economic System" (1988)
(未収録)		文献16*	The Divergence in Views and the Choice of Reform Strategy (1988)
(未収録)		文献17*	A Discussion of Plan and Market as Resource Allocation Mechanisms (1991)
(未収録)		文献18*	Three Talks in Front of Comrade Jiang Zemin (1991)
(未収録)		文献19*	A Suggestion That We Adopt the Authorized Expression (Tifa) "Socialist Market Economy" (1992)
12	短・中期経済体制改革の包括的設計	文献20	A Comprehensive Design for the Near and Medium-Term Reform of the Economic System (1992)—with Zhou Xiaochuan
(未収録)		文献21*	An Evaluation of the Economic Situation and Suggestions to Policy Makers (1998)

我与顾准的交往	改革 -- 我们正在过大关 (2001) pp.289-299
中国经济的振兴由来于市场取向的改革	我的经济观 第 3 卷 (1991) pp.535-557
经济体制改革和经济结构调整	吴敬琏文集 (2013) 上 pp.3-17
经济发展战略与经济体制模式的选择（四，转向全面改革的时机）	吴敬琏文集 (2013) 上 pp.34-36
单项推进，还是配套改革	吴敬琏文集 (2013) 上 pp.313-314
经济体制中期（1988-1995）改革规划纲要	吴敬琏文集 (2013) 上 pp.380-421
中国经济改革战略的分歧与选择	吴敬琏文集 (2013) 上 pp.431-450
论作为资源配置方式的计划和市场	吴敬琏文集 (2013) 上 pp.103-136
在一个座淡会上的三次友言要点	计划经济还是市场经济（1993） pp.96-115
建议确立社会主义市场经济的改革目标	吴敬琏文集 (2013) 上 pp.144-151
近中期经济体制改革的一个整体性设计	吴敬琏文集 (2013) 上 pp.461-470
对经济形势的估量和对策建议	吴敬琏自选集（2003）pp.306-313

第4部：改革アジェンダを拡大する			
編者による解説	言論人となる		Becoming a Public Intellectual
13	わが国の証券市場構築の大計	文献22	The Fundamental Importance of Developing China's Stock Market (1995)
14	株式市場の何が問題なのか	文献23	What's Wrong with the Chinese Stock Market? (2001)
（未収録）		文献24*	Developing Independent Chambers of Commerce (2002)
15	企業における党組織の役割の改善	文献25	Improve the Work Style of Party Organizations in Enterprises (1999)
16	公開・透明で責任を問えるサービス型政府の構築	文献26	Build an Open, Transparent, and Accountable Service-Oriented Government (2003)
17	憲法改正と憲政実施の要点	文献27	Key Points of the Speech Given at the Symposium on Constitution Revision (2003)

我国证券市场的建设大计	吴敬琏自选集（2003）pp.404-422
股市七题（一 - 四)	吴敬琏文集 (2013) 下 pp.1071-1100
建设民间商会	吴敬琏文集 (2013) 下 pp.1246-1255
改进党组织在企业中的工作方式	吴敬琏自选集（2003）pp.359-365
建设一个公开、透明和可问责服务型政府	吴敬琏文集 (2013) 下 pp.1299-1305
修改宪法和实施宪政	吴敬琏文集 (2013) 下 pp.1293-1298

事項索引

A-Z
CPF　252
DES　254
H型の持ち株会社　43
M型企業　43
SARS（「重症急性呼吸器症候群」）　315

ア行
アジア金融危機　237
イェール大学　165, 214, 222
医療保険　252
インサイダー取引　125, 282
烏坎村　54
『英国産業革命史』　132
江蘇鉄本鋼鉄公司　38
縁故資本主義（クローニー・キャピタリズム）　2, 23, 44
オリーブ型社会　138
「オリーブ型の社会構造」　30
温州モデル　33

カ行
「買官売官」　89
「会社」化　250
会社制（公司制）　267
価格改革　241, 252
価格双軌制　115
学部紅衛兵総隊（総隊）　157
学部紅衛兵聯隊（聯隊）　157
カジノ　14, 260, 292
株価収益率（P/Eレシオ）　273
株価操縦　287
株式市場　265
株式制改革　267
株式投機〔「炒股」〕　290
家父長制　163
為替自由化　255
官倒　115, 117
官僚システム　320
官僚ブローカー　34, 117
企業の請負制　121
基金　287
「基金黒幕」　287
共産主義青年団　151
「共同富裕」　40
『金融狂熱史』　299
金融政策委員会　249
金陵大学　150
グローバル金融危機　28, 32, 48, 330
「計画から脱皮」　233
「計画的な商品経済」　219, 224
経済研究所　150, 178
経済の管制高地　44
「経済の命脈」　44
ケインジアン　41
憲政改革　263
憲政主義　323
源泉徴収　250
現代の企業制度　310
憲法改正　323
「五・一六兵団」　158
公開市場操作　249
工業技術研究院　46
「公式表現」　219
公司法（会社法）　53
工場長責任制　309
コーポレート・ガバナンス　2, 254

国家シンジケート　69
国際通貨基金（IMF）　241
「国進民退」　38, 42, 86, 95
『国富論』　132
国務院経済体制改革方案検討小組弁公室（「方案弁」）　222, 225
国務院常務委員会　226
国務院発展研究センター　34, 35, 165, 224
国有企業改革　309
国有資産監督管理委員会（SASAC）　52
五四運動　134
「五四憲法」　325
「呉市場」　218
五・七幹部学校　158
国家資本主義　43, 44
国庫券（政府短期証券）　249

サ行
『財経』　4, 36, 287
財産権制度　267
財経指導小組　226, 234, 235
先物市場　265
「座庄」　293
サブプライム・モーゲージ危機　41
三項基金　120
「三綱六紀」　134
「三反五反」運動　160
残余コントロール権　121
市場原理主義　11
「市場社会主義」モデル　72
市場による価格決定のメカニズム　266
「四清」運動　157
思想解放運動　93
四通集団〔ストーン・グループ〕　229
仕手筋　287
ジニ係数　90, 107, 109
社会主義市場経済　217, 220, 233, 324
社会主義初級段階　313

社会主義民主政治　323
上証総合指数　295
私有財産　327
「収」　10
重商主義　130
住宅の商品化　252
「集約的」　24
授権経営　122
「庄家」　287
証券監督管理委員会　284
証券投資信託　287
商工会議所（「商会」）　262
情報開示制度　318
所有者と経営者の分離　310
知る権利　318
シンガポール　252
新経済政策（NEP）　44
「新左派」　5, 12, 27, 263
新自由主義　11, 36, 41, 91
『新民報』　148
新中間層　138
進歩主義運動　138
人民解放軍毛沢東思想宣伝隊（軍宣隊）　158
新民主主義　54, 148-149
信用保証会社（信用担保公司）　46
政策性融資　250
政治改革　323
「政社合一」　320
政府と企業の分離　253
世界貿易機関（WTO）　31
ゼロサムゲーム　292
専業銀行　249
1989年の政治騒動　103
1993年の「中共中央の社会主義市場経済体制確立の若干の問題に関する決定」　267
全人民株式投機　288
「全民経商」　114
全面的な改革　214, 216, 224
「戦略的新興産業」政策　48

事項索引　347

双軌制　25, 67, 215, 217, 233
相互調整的なアプローチ　226
相互調整的な改革　215, 224
増値税　244, 250
増量改革　75, 77, 114, 102, 215
ソフト・ランディング　237
「粗放型」発展戦略　28
粗放的　24
蘇南モデル　85

タ行
第12期中央委員会第3回全体会議（三中全会）　224
第14期中央委員会第3回全体会議（三中全会）　36, 234
『第12次5ヵ年計画に関する党中央の提案（建議）』　52
第13回中国共産党全国大会　227
第15回中国共産党全国大会　323
第16回中国共産党全国大会　318, 323
第18回中国共産党全国大会　4
第16期三中全会　36
大批判指揮部　158
大躍進運動　61, 155
太陽光発電（ソーラーパネル）　48
チェック・アンド・バランス関係　310
中央企業　33
中央銀行　249
「中華人民共和国憲法」　313
中間経済組織　244
中間層　137
中国共産党　313
「中国共産党章程」　312
「中国経済体制改革総体設計」課題グループ　247
中国人民政治協商会議　52, 154
チリ　252
積立方式　252
天安門事件　27, 213, 216, 232, 233
ドイツ　242, 248

党委員会　309
投機　268, 269
投機家　273
投機筋　287
統合的な（経済）改革（プログラム）　8, 213, 215, 224
「倒爺」　243
『当代中国経済改革』　109
統治構造　310
「党政分開」　324
トレードオフ　108

ナ行
南海泡沫事件　270, 298
「南方視察（南巡）」　216
『二都物語』　84
日本　242, 248
ニューディール　138
「任法而治」　133
農家生産請負制（包産到戸）　64
農家生産責任制　36

ハ行
「八・一八」講話　86
バブル　268
バブル経済　270, 274, 275
反右派闘争　150, 153
非公有制経済　324
「批示」　6
非政府組織（NGOs）　321
「百花斉放・百花争鳴」運動　152
非流通株　126, 277, 285
貧富格差　91
ファニー・メイ　41
賦課方式　252
二重為替レート制　255
「二つの心を一つの心にする」　310
復旦大学　150
腐敗　253
プルーデンス　250
フレディー・マック　41

文化大革命　　1, 12, 62, 135, 157
分税制　　79, 250
北京師範大学　　150
「放」　10
包括的なアプローチ　　10, 217
「放権譲利」　　61, 105, 120, 310
法制　　133
法治　　133, 282
法治国家　　323
法治主義　　163
法の支配　　21, 30, 153

マ行

マーケットメーカー制度　　303
マグナ・カルタ（大憲章）　　131, 133
マルクス主義　　13
マルクス主義経済学　　8
「ミスター・マーケット」　　218
「三つの最（三個最）」　　39
「三つの代表」　　326
「三つの有利」　　81
名誉革命　　131, 133
メインバンク・システム　　254
毛沢東主義　　4, 12, 54, 156, 163

ヤ行

ユーゴスラビア　　241
「有進有退」　　81
輸出主導政策　　88
要素（投資）主導型成長モデル　　87
養老年金　　252
4つのドラゴン（四小龍）　　73
四人組　　133
世論の誘導　　39, 219

ラ行

立信会計事務所　　160
ルールなきカジノ　　126
流転税　　244
聯想集団〔レノボ〕　　47
レント　　9, 23, 116

レント・シーカー　　102
レント・シーキング　　2, 9, 23, 29, 34, 42, 70, 85, 89, 102, 104, 110, 117, 126, 230, 260, 268, 318
「レント・シーキング社会の理論」　　85
郎咸平事件　　35
『ローマ帝国衰亡史』　　162

人名索引

ア行
アクトン卿　90
安子文　226
烏家培　150, 154
栄敬本　164
易綱　109
エンゲルス　138, 317
王忍之　35, 229
王小強　226
汪洋　54
オーカン，アーサー・M　108
温家宝　7, 37, 53

カ行
ガーシェンクロン，A　73
郭沫若　191
郭樹清　3, 232
ガルブレイス，ジョン・K　299
韓非　133
ギボン，エドワード　193
許毅　230
許紀霖　146
喬石　231
クルーガー，A　118
クロムウェル　135
呉暁波　15
呉暁蓮　15
高尚全　226
康生　158
江沢民　216, 221, 230, 232, 326
顧準　12, 135, 146, 155, 159, 185
胡錦濤　37, 53
胡耀邦　214, 227

サ行
サミュエルソン，ポール　164, 266, 270
シーク，オタ　70, 164, 198
周恩来　151
習近平　22, 33, 51, 53
周叔蓮　224
周南　150
朱鎔基　2, 7, 37, 46, 217, 221, 235
シュンペーター　188
スミス，アダム　132, 203
薛暮橋　231
石小敏　226
銭頴一　43
宗井滔　164
曾培炎　234
ソロス，ジョージ　295

タ行
周小川　3, 147, 217, 226, 232, 234
ディケンズ，チャールズ　84
張卓元　32, 150, 224, 232
趙紫陽　2, 7, 35, 165, 214, 220, 221, 222, 226
陳永貴　162
陳清泰　49, 235
陳雲　165, 220
陳宗勝　109
陳銘徳　148
田紀雲　226
トインビー，アーノルド・J　132
鄧季惺　147
鄧小平　13, 26, 34, 86, 133, 165, 214, 220, 231, 232, 312, 317

董輔祠　164
鄧力群　229, 230
トルストイ　130

ナ行
ノース，ダグラス・C　45, 130, 134

ハ行
薄一波　160
馬洪　165, 223
馬賓　34
バフェット，ウォーレン　291
華国鋒　162
范燕青　38
バローネ，エンリコ　203
ブキャナン，ジェームス　85
フランコ，フランシスコ　131
フルシチョフ　155
ブルス，ウラジミール　70, 164, 198-199
ポールソン　40

マ行
モンティアス，マイケル　164
孫中山（孫文）　324
孫冶方　146, 155
ウェーバー，マックス　43
マルクス　13, 117, 202, 317
万潤南　229
毛沢東　13, 133, 151, 152, 324
孟磊　15

ヤ行
余永定　45

ラ行
ランゲ，オスカル　70, 181
厲以寧　226
李強　107
李剣閣　234
李栄融　53

李瑞環　231
李克強　22, 53
李実　109
リー・クアンユー（李光耀）　135
李先念　165, 220
李鵬　231
柳紅　15
劉国光　231
劉志軍　51
林毅夫　232
柳卸林　46
ルーズベルト　138, 271
レーニン　13, 44
楼継偉　3, 226, 234
ロー，ジョン　270
ローゼンバーグ，ネイサン　136
ロビンソン，ジョーン　193

［監訳者紹介］

曽根康雄（そね・やすお）［序論，各部解説，第 1 章］

1961 年東京都生まれ．日本大学経済学部教授．東京外国語大学大学院地域研究研究科修士課程修了．北九州大学大学院社会システム研究科博士課程修了．博士（学術）．野村総合研究所（香港）シニア・エコノミスト，清華大学客員研究員などを経て現職．著書に『江沢民の中国経済』（日本経済新聞社）『現代中国を知るための 40 章』（共著，明石書店）『中国経済はどう変わったか』（共著，国際書院）『中国は先進国か』（共著，勁草書房）など．

［訳者紹介］

李粋蓉（り・すいよう）［第 2 ～ 4，6 章］

1964 年中国生まれ．株式会社ニーズ主席研究員．1988 年京都大学経済学部卒業．野村総合研究所，野村證券経済調査部シニアエコノミスト，野村アセットマネージメントシニア・マネジャーを経て，2008 年 7 月より現職．著書に『アジアの発展とリスク』（共著，野村総合研究所）『最新中国経済入門』（共著，東洋経済新報社）『中国の国有企業改革』（訳書，日本評論社）『中国社会保障改革の衝撃』（共著，勁草書房）『中国証券市場大全』（共著，日本経済新聞出版社）など．

関志雄（かん・しゆう）［第 5 章］

野村資本市場研究所シニアフェロー．1979 年香港中文大学経済学科卒業，1986 年東京大学大学院経済学研究科博士課程修了，1996 年東京大学経済学博士．香港上海銀行本社経済調査部エコノミスト，野村総合研究所経済調査部アジア調査室室長，経済産業研究所上席研究員などを経て，現職．主な著書に『円圏の経済学』(日本経済新聞社，第 8 回アジア・太平洋賞特別賞受賞)，『中国を動かす経済学者たち』(第 3 回樫山純三賞受賞)『チャイナ・アズ・ナンバーワン』（以上，東洋経済新報社）『中国　二つの罠』（日本経済新聞出版社）など．

孫犁冰（そん・りびん）［第 7 ～ 10 章］

1971 年中国ハルビン市生まれ．新潟青陵大学短期大学部准教授．新潟大学大学院現代社会文化研究科博士後期課程修了．博士（経済学）．日本と東アジアの未来を考える委員会委員．

津上俊哉（つがみ・としや）［第 11，12 章］

1957 年愛媛県生まれ，現代中国研究家 津上工作室代表．1980 年東京大学卒業後，通商産業省に入省，在中国日本大使館参事官，北東アジア課長，経済産業研究所上席研究員を歴任．2012 年 2 月から現職．著書に『中国台頭』（第 25 回サントリー学芸賞受賞）『岐路に立つ中国』『中国台頭の終焉』（以上，日本経済新聞社刊），『中国停滞の核心』（文藝春秋社）など．

神宮健（じんぐう・たけし）［第 13 ～ 17 章］

1961 年東京都生まれ．野村総合研究所（北京）有限公司金融システム研究部長．米国 UCLA アンダーソン・スクール経営学修士．野村資本市場研究所北京事務所長などを経て，現職．著書に The Oxford Handbook of PRIVATE EQUITY（共著，Oxford University Press）『中国証券市場大全』（共著，日本経済新聞社）『日本再生への処方箋』（共著，野村総合研究所）など．

【著者】
呉敬璉（ご・けいれん，Wu Jinglian）
1930年，江蘇省南京市生まれ．1954年，復旦大学経済学部を卒業．1984年以来，国務院発展研究センター常務幹事，国務院経済体制改革方案弁公室副主任，第9・10期全国政治協商会議常務委員兼経済委員会副主任，国家情報化専門家諮問委員会副主任，国際管理学会（International Academy of Management, IAM）執行委員（2005～08年），国際経済学会（International Economic Association, IEA）名誉主席・執行委員，中国社会科学院大学院教授，北京大学経済学研究科教授，中欧国際工商学院教授，『比較』・『洪範評論』誌主編，を歴任．イェール大学，オックスフォード大学，スタンフォード大学，マサチューセッツ工科大学で客員研究員および客員教授，香港バプティスト大学および香港大学で名誉社会学博士．中国経済学賞受賞（2005年）．現在，国務院発展研究センター・上級研究員．

【編・解説】
バリー・ノートン（Barry Naughton）
カリフォルニア大学サンディエゴ校教授．経済学博士（イェール大学），国際学修士（同）．専門は中国経済，体制移行，政治経済学．主な著書：*The Chinese Economy: Transitions and Growth*（2007），*The China Circle: Economics and Electronics in the PRC, Taiwan, and Hong Kong*（1997），*Growing Out of the Plan : Chinese Economic Reform 1978-1993*（1995）〔第13回大平正芳記念賞受賞〕

*叢書《制度を考える》
呉敬璉、中国経済改革への道

2015年3月27日　初版第1刷発行

著　者	呉敬璉
編　者	バリー・ノートン
監訳者	曽根康雄
発行者	長谷部敏治
発行所	NTT出版株式会社
	〒141-8654　東京都品川区上大崎3-1-1　JR東急目黒ビル
	TEL　03-5434-1010（営業担当）／03-5434-1001（編集担当）
	FAX　03-5434-1008　http://www.nttpub.co.jp/
装　丁	Boogie Design
印刷製本	中央精版印刷株式会社

©SONE Yasuo et al. 2015 Printed in Japan　ISBN 978-4-7571-2339-7 C0033
定価はカバーに表示してあります．乱丁・落丁はお取り替えいたします．

叢書《制度を考える》創刊の辞

　20世紀の終わりに中東欧の共産主義政治経済体制が崩壊するにおよんで，久しく続いた資本主義市場経済との優劣論争には実質上幕が下ろされた．とはいえ，このことが直ちに市場制度による摩擦のない世界統合を意味するものではないということが明らかにされるのに時間はかからなかった．市場経済は，政治的，社会的，歴史的，認知的などの諸要因との複雑な相互作用を通じて発展するものであり，またその成果の社会に対する含みの評価も多様でありえよう．また現時点を中半に挿む1世紀間に，世界人口が3倍にも増加するという展望は，エネルギーや地球環境に重い負荷をかけ，世界経済の持続的な成長可能性や国際政治経済体制の安定性にたいする大きなチャレンジとなりつつある．

　こうした状況の下で，人間社会のあり方を規定する制度についての関心がここ十数年程の間に大いに高まってきたことは不思議ではない．その関心は，経済学，政治学，法学，社会学，文化人類学，歴史学，地理学，認知科学，哲学など広い分野に及び，また学問的知見も徐々に蓄積されつつある．しかし，それぞれの分野での研究成果が互いに影響し合うという状況にはほど遠く，また制度とは何か，というような基本的な概念に関してさえ，まだ合意が成り立っていないというのが現状である．しかし，制度とは何か，とは単なるスコラスティックな論争ではなく，現実の世界に大きな影響を持ちうる問題なのである．

　本叢書は，そういう状況を鑑みて，制度に関する進化しつつある学問的な知見を広く社会に伝えるという意図をもって企画された．とはいえ，その収録にあたっては，独創性・創成性，狭い分野境界を越えた潜在的影響力と洞察，鋭敏な分析方法や思考方式，歴史や制度比較にかんする新鮮な記述とその意味の読みとりなど，何らかの点において類書にない特色を持った書物を内外に広く求めて，選択していきたい．それらの書物が広く読まれることによって，日本における制度研究の視野と超学際的なコミュニケーションが拡がり，ひいては進化する学問的成果が，社会におけるよりよい制度の探索と共鳴することを期待したい．

　　　　　　　　叢書主宰　青木昌彦
　　　　　　　　協力者　池尾和人　池上英子　岡崎哲二
　　　　　　　　　　　　河野勝　瀧澤弘和　松井彰彦　山岸俊男